다문화교육론

박휴용 지음

Theories in Multicultural Education

동 문 사

서문

최근 세계 각국에서 이민자 및 이주노동자 문제와 그 원인으로 지목되고 있는 다문화주의가 큰 논란거리가 되고 있다. 유럽의 경우 아프리카나 중동지역으로부터 난민들이 끊임없이 유입되면서 경제불안과 종교 및 문화적 혼란을 우려하는 목소리가 커지고 있고, 북미의 경우 히스패닉계 이주민들이 나날이 급증하면서 정치적, 경제적 영향력이 커지면서 북미 주류사회에는 이를 큰 불안요소로 인식하고 있는 실정이다. 이렇듯 세계적 이주 현상과 다문화주의에 대한 사회적 불안감이 커짐에 따라, 다문화주의는 학계를 통해 1960년대에 공론화된 이후 가장 큰 논란거리가 되고 있다.

이러한 다문화주의에 대한 세계적인 논란에도 불구하고, 앞으로 지구촌은 다문화주의화라는 거대한 흐름을 결코 거스를 수 없을 것이다. 사회문화적인 측면에서 봤을 때, 세계화(globalization)가 1990년대부터 지구촌의 가장 큰 화두였다면, 2010년대에 들어서서는 다문화화(multiculturalization)가 오늘날의 세계상을 가장 잘 표현하는 용어가 된 것이다. 20여 년 전부터 전 지구촌을 휩쓴 세계화의 거센 흐름은 전 세계를 몇몇의 시장 권역으로 통합시켰고, 그리하여 값싼 노동력과 자원을 찾아 나선 자본과 다국적 기업들은 국가의 경계를 무의미하게 만들었다. 이제 더 이상 개별 국가들은 동일한(homogeneous) 민족, 언어, 문화, 정체성 등을 유지하기가 어렵게 되었고, 전 세계는 경제, 정보, 기술, 문화의 끊임없는 소통과 교류를 받아들일 수밖에 없게 되었다. 앞으로 다문화주의는 변화와 부침을 거듭할지라도 계속 지속될 것이며, 인류는 다양한 문화들, 종교들, 인종들, 언어들의 혼성화를 경험하게 될 것이다.

인류는 이러한 다문화화된 사회를 맞이하게 됨으로써, 지금까지 경험하지 못했던 새로운 사회적 현상들에 대비해야 하는 과제를 안게 되었다. 다문화를 미리 경험해본 선진 각국들은 그에 대비하여 이미 많은 다문화적 정책들을 시도해오고 있다. 하지만 그러한 다문화적 정책이 제대로 작동하는지의 여부는 다음과 같은 수많은 변수들의 영향을 받고 있다. 국가안보 이슈, 주류 문화계층에 의한 반사회적이거나 위법적 행위, 다양한 계층에 적용되어야 하는 법규의 새로운 개념화, 성별, 종교, 성적 취향 등의 사회적 소수자에 대한 사회적 태도, 급격한 경제상황의 변화와 양극화 문제, 그리고 문화적 다양화에 대비한 사회적 환경의 변화 등이 그 대표적인 예이다. 여기에 더해 급증하는 난민들의 유입, 강제이주 문제, 테러리즘을 둘러싼 사회적 갈등과 불안, 국가들 간의 군사적 갈등 등은 다문화주의와 다문화사회의 운영에 더 강한 영향력을 미친다.

위와 같은 다문화사회를 위한 직접적인 정책운영의 문제와는 별도로 다문화사회를 대비하기 위한 학교교육의 문제도 간과할 수 없는 부분이다. 교육이 한 사회의 유지와 발전의 근간의 역할을 하는 만큼, 다문화사회에 대비한 교육부문의 고려는 매우 중요한 사항일 수밖에 없다. 다문화사회에 대비한 교육은 다음과 같은 핵심적 역할을 갖는다.

첫째, 사람들로 하여금 자신이 갖고 있는 문화적 가정과 가치들이 무엇인지 인식하고 탐색하며 이해할 수 있게 한다.

둘째, 다른 문화들의 전통, 가치, 태도들과 접촉함으로써 문화적 다양성을 이해하고 포용할 수 있게 한다.

셋째, 오늘날의 다양한 가치들과 그것을 만들어낸 과정과 사건들을 연관시킴으로써 그 역사적 배경을 이해할 수 있게 한다.

넷째, 문화의 진화적 본성과 그것이 사회를 변화시키는 과정 혹은 가능성을 이해할 수 있게 한다.

본 저서는 위와 같은 다문화교육의 필요성에 대한 인식을 바탕으로 다문화사회 기반 학교교육의 핵심 영역 아홉 가지(이념, 도덕성, 정체성, 언어교육, 과학교육, 창의성, 역량교육, 그리고 예술교육)에 대해 논의하였다. 또한 본서는 저자가 그동안 다문화교육과 관련하여 연구하고 논의한 논문들을 재구성하여 엮은 6장과 최근 새롭게 대두되는 다문화 관련 이슈들에 대한 논문 3장을 더해 총 아홉 장의 주제로 구성되었다. 각 장의 내용을 간략히 소개하면 다음과 같다.

제1장은 다문화사회의 교육이념에 관한 장이다. 최근 지구촌의 사회적 성격을

대표하는 세 가지 이념인 다문화주의, 지속가능발전론, 그리고 세계시민주의에 대해 비판적 관점을 바탕으로 논의하고 있다. 이 장을 통해 독자들은 위 세 가지 개념들에 대한 올바른 이해와 통찰을 얻을 수 있을 것이다.

제2장은 다문화사회를 위한 도덕성 교육에 관한 장이다. 본 장에서는 점차 황금만능주의와 개인주의, 그리고 사회적 경쟁이 극심해지는 오늘날 사회분의기 속에서 다문화사회에 기반을 둔 도덕성 교육의 개념과 성격, 그 방향을 논의하고, 구체적인 도덕성 교육의 핵심원리를 제시하고자 하였다.

제3장은 다문화사회의 정체성과 인권에 관한 장이다. 다문화사회는 다양한 문화적, 관념적, 종교적 가치들이 혼재하는 사회 속에서 개인들이 정체성 형성과 정서적 안정에 큰 도전을 경험할 수밖에 없는 사회이다. 이러한 사회 속에서 다문화적 정체성의 개념을 이해하고, 특히 문화적 소수자들의 입장에서 그들의 정체성 문제와 언어인권의 문제에 관심을 갖고자 하였다.

제4장은 다문화 언어교육에 관한 장이다. 본 장은 세계화와 다문화사회를 맞이하여 영어교육에 대한 관심이 더욱 커지게 된 상황에서 다문화적 언어교육의 올바른 방향이 무엇이어야 하는가를 보다 비판적인 관점에서 논의하고 있다. 따라서 영어교육에 대한 후기식민주의적(postcolonial) 관점의 비판과 우리나라의 영어교육의 문제점에 대한 지적, 그리고 그 대안으로써 비판적 응용언어학의 도입에 대해 논의하고 있다.

제5장은 다문화 과학교육에 관한 장이다. 본 장에서는 과학과 문화의 연관성을 재조명함으로써, 다문화주의 및 다문화교육이 과학교육에도 기여할 수 있음을 강조하고자 하였다. 이를 위해 과학교육에 대한 재개념화를 통해 다문화 과학교육의 개념을 제시하였고, 그에 따른 다문화 과학교육의 방향을 제안하고 있다.

제6장은 다문화교육에서의 창의성에 관한 장이다. 본 장은 제5장의 다문화 과학교육에 대한 논의에 이어 창의성에 대해 새로운 이해와 접근을 제안함으로써 다문화적 창의성의 개념을 제시하고 있다. 이를 위해 다문화적 창의성의 요인을 분석하였고, 다문화적 창의성에 대한 연구의 촉진을 위해 보완적 연구 방향을 제시하였다.

제7장은 이중어 구사와 창의성의 관계에 관한 장이다. 세계화된 지구촌과 다문

화사회는 개인들에게 이중어 혹은 다중어 구사를 필요로 하고 있다. 본 장은 이중어 구사에 대한 인식론적 논의를 바탕으로, 이중어 구사력과 창의성의 관계에 대해 전반적인 이해와 관련 영향요인 별로 그 연관성을 논의하고 있다. 6장과 7장의 논의는 다문화교육 및 이중어 학습과 창의성의 관계성에 대한 학계와 일반의 이해에 큰 도움을 줄 수 있을 것이다.

제8장은 다문화시대의 역량교육에 관한 장이다. 본 장은 최근 전 세계적인 역량기반교육의 흐름에 대비하여 다문화사회에서의 역량기반교육의 올바른 이해와 방향을 제시하고자 하였다. 역량기반교육의 기원과 성격 그리고 그 방향에 대한 비판적인 논의를 통해, 앞으로 다문화화된 학교교육에 역량기반교육을 어떻게 적용해야하는지에 대한 통찰을 얻을 수 있을 것이다.

제9장은 다문화 예술교육에 관한 장이다. 다문화 예술교육에 대해서는 학계에서나 일반에서 아직 많은 논의가 이루어지지 않은 실정이다. 본 장은 다문화교육에 있어서 예술교육의 필요성을 재인식하고, 그 개념과 다문화예술교육의 방향을 제시하고자 하였다.

지금까지 소개한 바와 같이, 본서는 학교교육 차원에서 실천되어야 할 다문화교육의 핵심적 분야들에 대해 비판적인 관점을 바탕으로 논의하고 있다. 또한 본서는 그동안 저자가 출판해왔던 다문화교육 관련 여러 논문들 중에서 학교 교육과정의 중요 요소들과 관련한 주제들을 선별하였고, 거기에 최근 학계의 관심을 얻는 주제들(다문화교육의 창의성, 이중어구사, 예술교육)을 추가하여 구성하였다. 그럼에도 불구하고 본 저서의 논의가 다문화교육과 관련한 사회와 학계의 관심과 논의를 모두 담아내지는 못했음을 인정하지 않을 수 없다. 앞으로 다문화교육을 위한 더 많은 연구와 실천적 노력이 필요할 것이며, 본 저서가 우리 사회가 건전한 다문화사회로 정착하는 과정에서 작은 역할을 할수 있기를 희망할 뿐이다. 본서의 논의에 관심을 가져주고 출판을 허락해준 동문사 관계자들과 가까이에서 격려를 해준 가족들에게 고마움을 전한다.

2016년 2월
Tampa, FL에서 저자

목차

Chapter 01

다문화사회의 교육 이념*

1. 다문화주의 교육이념의 비판적 이해
2. 지속가능발전 교육론의 비판적 이해
3. 세계시민주의 이념의 비판적 이해

* 본 장의 내용은 [박휴용(2010). 교육과정 이념으로서의 세계시민주의에 대한 비판적담론분석. 교육과정평가연구, 13(1), 1-27]과 [박휴용(2012). 교육과정 이념으로서의 다문화주의와 지속가능발전교육론에 대한 비판적 논의. 교육과정연구, 30(1), 1-26]의 내용을 수정, 재구성한 것임.

국제연합은(UN)은 2005년에서 2014년 까지 10년간을 '지속가능발전을 위한 교육'의 해로 지정하고 지속가능발전론을 중심으로 전 세계적인 학교교육의 개혁을 촉구하고 있다. 이러한 맥락에서 Fejes(2006)는 세계시민주의(cosmopolitanism), 다문화주의(multiculturalism), 그리고 지속가능발전론(sustainable development)이 오늘날 전 세계적으로 초국가적 통치시스템(System of Governmentality)을 구축하려는 세 가지 주된 교육이념 혹은 사회적 담론이라고 주장한 바 있다.

최근 우리나라가 급격히 다문화사회로 전환되어가는 상황 속에서 다문화주의는 우리나라의 핵심적인 교육과정 이념의 하나가 되었고, 이로 인해 최근 다양한 수준의 여러 교육기관에서 교육목표 및 방법론으로써 다문화주의를 접목하고 있다.

본 장에서는 이처럼 세계시민주의와 더불어 전 세계적으로 사회교육 및 학교교육의 이념과 목표로서 유행하고 있는 다문화주의와 지속가능발전론이 우리나라 교육이념으로써 얼마나 타당하고, 미래적 가치기준으로써의 얼마나 적합한지에 대해 비판적으로 검토해 보도록 한다. 따라서 구체적으로 다음과 같은 논점들을 중심으로 논의를 전개하도록 한다.

첫째, 우선 다문화주의에 대한 비판적 견해를 소개하고, 후기식민주의적 비판의 관점에서 다문화주의와 세계시민주의의 관련성을 분석하고자 한다. 아울러 우리나라 다문화교육의 성격을 이해하기 위해 유럽 다문화교육모형구분(Swing, Schrievew, & Orivel, 2000)을 통해 우리나라 다문화교육의 위치와 방향이 무엇인지를 살펴보도록 한다.

둘째, 지속가능발전 교육론에 대한 비판적 시각을 소개하고, 지속가능발전론의 교육이념적 성격을 계몽주의적 근대성, 서구중심의 엘리트주의적 세계관, 그리고 경제적 실용주의라고 규정하고, 이를 극복하기 위한 대안적 방향을 제시하도록 한다. 끝으로 이러한 지속가능발전론을 미래의 학교교육의 의제로 활용하기 위한 교육과정 개발의 원리들과 학교정책 방향을 제시하고자 한다.

셋째, 세계시민주의에 대한 비판적 이해를 위해 그 배경과 이념적 성격, 그리고 신자유주의와의 관련성에 대해 논의하고자 한다. 아울러 그에 대한 대안으로써 비판적 세계시민주이와 생태주의 교육과정을 소개하고자 한다.

이러한 논의를 통해, 신자유주의적 세계화로의 급격한 변화 속에서 교육의 올바른 미래를 위해 우리가 견지해야 할 교육과정 이념들의 성격과 방향을 재정립하도록 한다. 본 장의 문제제기를 통해 교유과정 이념의 성격에 대한 학계의 다차원적이고 심층적인 논의가 촉발되고, 더불어 우리나라의 역사적, 사회적 상황에 적합한 올바른 교육적 가치와 철학들이 제시되어, 급격히 도래하는 다문화사회와 다원주의 사회를 대비하기 위한 올바른 공교육의 방향에 대한 정책적 판단이 내려지기를 기대한다.

1. 다문화주의 교육이념의 비판적 이해

우리나라에 체류 중인 외국인은 2010년 현재 120여 만 명을 넘어섰고(삼성경제연구소, 2010), 2050년경에는 이민자 수가 1200만 명 정도까지 늘어나서 우리나라 전체 인구의 약 21.3%에 달할 것이라는 전망이 있다(이현정, 2009: 26). 이러한 사회구성의 변화 속에서 우리나라의 주된 교육이념의 하나로 다문화주의를 도입하도록 하는 많은 연구와 논의가 이루어져 왔다(곽준혁, 2007; 김영옥, 2007; 김창근, 2009; 양영자, 2007; 유문무, 2010; 추병완, 2011).

예를 들어, 다문화교육은 다음 <표 1-1>과 같이 각 교육부문에서 주요한 교육목표 중의 하나로 인식되고 있다.

표 1-1 다문화교육 관련 목표진술의 예

대상 및 출처	다문화교육 관련 목표 진술
외국어교육 (KICE, 2003)	… 세계관이 확장될 뿐 아니라 타 문화를 이해하며 평화공존의 지혜를 터득하게 되어 언어와 문화의 발달에 기여할 수 있게 된다.
유아다문화교육 (양옥승, 2010)	궁극적 목적은 자유선택 능력의 개발, 공동체 의식의 기초형성, 문화적 감수성 및 다문화 이해의 기초함양, 창의력 향상 등이 될 수 있다.
D대학 연계전공 다문화사회 교육과정	간학문적 접근을 통해 다문화주의에 관련된 쟁점과 문제를 체계적으로 교육함으로써 다문화주의 사회에 대한 전문적인 소양과 지식을 갖춘 인재를 배양하는 것이다.

본 장에서는 위와 같은 교육과정 이념으로써 언급되는 다문화주의의 성격과 교육적 의의를 비판적으로 검토해보도록 한다.

1) 다문화주의의 비판적 이해

다문화주의는 식민지배국(민족 혹은 지역)과 그 피식민지 간의 지정학적, 사회문화적 다양성과 그에 따른 세력의 역동성의 문제에서 파생된 개념이다(Gunew, 2004). 즉, 다문화주의는 배타적 국가건설의 세계사적 흐름에서 나타난 역동적인 디아스포라(diaspora), 초국가적인 경제이주민 혹은 이주노동자의 발생, 그리고 세계 곳곳의 국지적인 분쟁의 결과로 발생한 난민들의 국경이탈과 관련되어 있기 때문에, 다문화주의는 단순히 문화적 다양성의 문제로서가 아니라 전 지구적인 정치, 경제, 역사적 담론으로 이해할 필요가 있는 것이다. Zizek이 다문화주의를 "지구적 자본주의의 공간적 통합을 도모하도록 하는 문화적 논리(cultural logic)"라고 정의하고 다국적 자본주의를 포장하는 문화적 논리로 설명한 바와 같이 (Zizek, 1997: 44), 오늘날의 대부분의 다문화사회 및 국가는 근·현대 세계사 속에서 식민주의 및 제국주의의 결과(서유럽국가들과 같은 식민종주국의 경우)이자 다국적 자본주의화(우리나라와 같은 후발선진국의 경우)의 동인으로 이해할 필요가 있다. 따라서 다문화주의를 올바로 이해하기 위해서는 후기 식민주의적 비판의 관점을 취하지 않을 수 없는 것이다(Harvey, 2005; Said, 1993).

한편, 프랑크푸르트 학파(Frankfurt School)는 문화를 순응하는 육체를 양산해내는 훈육적 과정(Foucault, 1991, 2003), 아비투스(habitus)를 통해 사회 속의 권력관계를 자연스럽고 보편적인 관계로 인식하게 만드는 과정(Bourdieu, 1977), 사람들을 사교적이고 순응적이며 길들여진 동물로 바꾸는 훈련과정(Deleuze, 1999) 등으로 보았다(Hoy, 2005). 즉, 프랑크푸르트 학파의 비판이론에 따르면, 문화적 다양성이라는 결과의 차원을 이해하기 전에, 그 원인이 되는 사회적 권력관계와 재생산의 과정을 이해할 필요가 있다는 것이다(Foucault, 2003; Hoy, 2005).

이처럼 오늘날 지구상의 수많은 다문화사회들은 서로 다른 역사적, 사회문화적, 정치적 헤게모니를 갖는 문화들이 역동적으로 상호작용하면서 이루어져왔고

(Calavita, 2005), 다문화주의는 이러한 주류문화와 비주류문화들의 대립구도 속에서 주로 주류문화의 담론으로 이념화되고 실천되어 왔다(Green, 2004). 예를 들어, 캐나다에서는 '인종적으로 차이 나는 사람들'(racialized differences)을 가리킬 때 다문화주의란 용어를 처음으로 사용하면서, 유럽계 이민자들을 '눈에 안 띄는 소수민'(invisible minorities), 비유럽계 이민자들을 '눈에 띄는 소수민'(visible minorities)으로 구별하였다(Gunew, 2004: 16). 마찬가지로, 호주에서는 이주민 문화를 가리킬 때 '다문화주의'란 용어를 사용하였기 때문에 호주 원주민들은 그러한 '다문화주의' 담론의 대상이 되는 것을 꺼려했고, 뉴질랜드 정부는 '다문화주의'가 마오리족 독립운동에 활용되는 것을 막기 위해 그 대신 이중문화주의(biculturalism)란 용어를 공식화한 바 있다(Leckie, 1995).

요컨대, 다문화주의란 용어는 주류집단의 비주류집단에 대한 '꼬리표붙이기'(labeling)나, 소수집단들 사이에서 토착집단과 외래집단을 구별하기 위한 인식표로 사용되어왔고, 지배집단은 다문화주의 이념을 통해 소수집단들을 사회적으로 통합하기 위한 수단으로써 활용되어 왔고(Steinberg & Kincheloe, 1997), 우리나라의 다문화주의도 소수의 다문화가정에 대한 사회통합의 목적에서 도입되어 활용되고 있다(곽준혁, 2007; 김창근, 2009). 따라서 다문화주의가 교육이념으로써 얼마나 타당한지를 논의하기 위해서는 다문화주의의 역사적 배경을 이해하고, 다문화주의의 이념이 통치(governmentality)를 위한 담론적 기교나 사회적 포섭과 배제의 근거로 활용되고 있다는 사실을 우선적으로 주목할 필요가 있다(Fejes, 2006; Foucault, 2003).

Tip

제국주의(Imperialism)

니체는 삶에 대한 인간의 의지를 권력에 대한 의지(Wille zur Macht)로 규정했다. 여기서 권력은 곧 소수가 다수를 지배하는 힘이고, 니체는 이러한 권력에 대한 의지가 타자를 지배하려는 인간의 본능이라고 보았다. 후에 푸코는 모든 인간관계에서 이러한 지배와 피지배의 관계를 발견할 수 있다고 주장한 것이다. 니체와 푸코의 관점에서 본다면, 제국주의는 집단적인 '자기'가 집단적인 '타자'를 지배하는 행위이고, 이러한 행위는 인간 세계에서 끊임없이 지속되는 성질의 갖는 것이다. 권력에 의해 지배되는 세계에서는 권력을 가진 중심부가 제국이 되고,

그에 의해 지배당하는 주변부가 식민지가 되는 것이다. 식민지는 오로지 제국에 봉사하기 위해 유지되고, 그 과정에서 자원, 토지, 인력(노동력 및 군사력)이 수탈당함과 동시에 제국의 문화와 기술, 규범 등을 모방하게 된다.

현대 자본주의 하에서의 제국주의는 과거의 민족적 군사적 제국주의와는 달리, 신자유주의적 세계화와 시장주의의 확산으로 인해 그 형태가 보다 경제적, 문화적 제국주의의 성격을 띠게 되었다. 국경의 경계가 허물어진 현대 사회에서는 한 국가 안에서도 제국주의가 존재하고, 그 형태는 매우 다양화, 정밀화, 편재화되고 있다. 제국주의가 권력에 의한 지배체계라는 사실을 떠올린다면, 이러한 새로운 형태의 제국주의는 자본가와 노동자의 관계, 지배집단과 피지배집단의 관계, 정보기술 소유자와 그에 의존하고 있는 대중과의 관계 등에서 쉽게 발견할 수 있다. 군사적 제국주의가 주변국으로의 지리적 영토확장을 목표로 하였다면, 오늘날의 제국주의는 시장적 영토확장을 목표로 하고 있다. 이러한 제국주의가 낳은 관념적 잔재에는 여러 가지가 있다.

첫째, 권력의 생성과 유지에 대한 정당화이다. 니체가 권력에 대한 의지가 인간성의 본질이라고 지적한 것은 그것을 옹호하거나 변론하기 위한 것이 아니라, 그것을 해체하도록 한 것이었다. 반면 권력의 의지를 정당화하는 사람들은 이를 당위적인 것으로 이념화하려고 한다.

둘째, 제국주의는 주변인, 타자 등에 대한 우월의식을 기반으로 한다. 인류 역사의 모든 제국주의적 침략에는 바로 이러한 우월의식을 기반으로 주변부에 대한 지배와 수탈을 정당화하였다.

셋째, 피지배자들은 제국 혹은 식민 본국에 대해 단순한 모방을 넘어서 우상화, 동일시화하게 된다. 이것이 억지로가 아니라 자발적으로 이루어진다는 주장이 바로 헤게모니 이론이다. 우리가 지배자이든 피지배자이든지 상관없이 우리는 제국의 시스템에 흡수되어 가고 있는 것이다.

넷째, 제국주의의 발전은 민주주의의 발전과 맥락을 같이 했다는 점이다. 초기 민주주의의 토대가 되었던 아테네와 근대 민주주의의 토대가 된 영국의 차이점은 아테네 제국이 직접 민주주의를 기반으로 한 반면, 대영제국은 대의 민주주의를 기반으로 했다는 것이 다를 뿐이다. 대외적인 제국주의의 팽창은 대내적으로 민주주의 시스템에 토대하였다는 것이다. 결국 민주주의의 환상에서 벗어나서 구체적으로 어떤 민주주의를 지향할 것인가의 문제를 고민해야 한다.

요컨대, 오늘날 시장적 제국주의가 급속히 확장되어가고 있는 상황에서 제국주의적 중심부와 주변부가 무엇인지를 파악하는 것이 무엇보다 중요하다. 그리고 그러한 제국주의적 시스템이 우리들의 의식 속에 어떠한 관념적 틀을 형성시키고 있는지를 자각할 필요가 있다. 권력을 정당화하고, 타인에 대해 우월의식을 갖고, 권력에 자발적으로 동일시하면서, 우리가 민주주의 사회에 살고 있다는 착각에서 벗어나야 하는 것이다.

출처 : 정상수(2014). 제국주의(개념사 14). 서울: 책세상.

2) 다문화주의의 대안으로서의 다원주의

세계시민주의는 필연적으로 인간성(humanity)의 보편적 가치들을 문화적 다양성을 통해 표출하도록 하는 다문화주의와 더불어 문화적 다양성을 담보하는 수단으로써 다언어주의(multilingualism)를 지지하게 된다(Appiah & Gutmann, 1996). 이러한 세계시민주의와 다문화주의의 밀접한 관련성을 이해하기 위해서는 세계시민주의 이념이 어떻게 세계화 및 다문화주의의 담론과 연결되어있는가를 살펴볼 필요가 있다. 본 절에서는 이를 세계화의 목표달성을 위한 이념으로써 세계시민주의를 내세우고 그 방법론으로써 다문화주의를 강조하는 '세계화 → 세계시민주의 → 다문화주의'라는 도식화를 통해서 분석하도록 한다. 이 논리를 학교교육의 문제에 적용한다면, 다음과 같은 세 가지 담론들의 연결이 이루어짐을 알 수 있다.

> [담론 가] 미래사회의 방향으로서의 세계화 =
> [담론 나] 세계화를 지향하는 교육이념으로써의 세계시민주의 =
> [담론 다] 세계시민주의 교육의 한 방법론으로써의 다문화교육

즉, 최근 학교교육의 차원에서 다문화교육의 필요성이 강조되는 논리적 근거는 위와 같은 담론의 등식화에서 기인하는데, 본 절에서는 다문화교육과 관련한 이러한 등식화가 갖는 문제점을 다음과 같이 지적하도록 한다.

첫째, '세계화'란 용어는 그 자체가 어떤 의미를 담보하고 있지 않은 '텅 빈 기표'(empty signifier: Buenfil-Burgos, 2003)에 불과하므로, '세계화'는 미래교육의 목적이나 방향을 제시해줄 수 있는 이념적 내용으로 부적합하다([담론 가]에 대한 비판). 오늘날 세계화의 현실적 모습은 다문화주의가 지향하는 다양성의 존중이 아니라, 오히려 급속도로 보편화 및 표준화되어가는 세계 속에서 토속문화를 쇠퇴시키고, 국가적 정체성의 소멸시키며, 사회문화적 다양성을 침해하는 결과를 초래할 수 있다. 따라서 우리는 다양성을 저해하는 신자유주의적 세계화나 '신자유주의에 제도적으로 길들이기'(Gill, 2001) 위한 다문화주의가 아니라, '신자유주의적 세계화에 저항하는' 다문화주의를 추구해야 하는 것이다.

둘째, 세계시민주의가 서유럽의 세계관을 바탕으로 한 민주주의 이념, 이성적(과학적) 진보를 지향하는 계몽주의적 사고, 그리고 개인주의에 바탕을 둔 신자유주의적 미래상에 바탕으로 하고 있다고 지적받는 것처럼(박휴용, 2010), '위로부터의 세계화'(Brecher, Costello, & Smith, 2000)의 이념적 토대로 활용되는 세계시민주의는 올바른 교육이념으로써 바람직하지 않다([담론 나]에 대한 비판). '위로부터의 세계화'는 자생적이고 자발적인 세계화(즉, '아래로부터의 세계화')가 아니라 신주유주의적 세계화의 흐름을 바탕으로 학교교육을 통해 학생들을 끊임없이 포섭과 배제의 메커니즘으로 통제하려는 경향을 지니고 있다(Popkewitz & Lindblad, 2000). 문제는 그러한 포섭과 배제의 기준이 보편적, 공감적 원리에 의한 것이라기보다는, 기득권적 사회질서 유지와 신자유주의적 세계화를 위한 담론적 수단으로 사용되고 있다는 있다(Popkewitz & Lindblad, 2004).

셋째, 세계시민주의 교육의 한 방법론으로 다문화교육을 고려함에 있어서, 다문화주의의 이면에는 문화근본주의(Cultural fundamentalism)에 대한 가정이 깔려있다는 사실을 직시할 필요가 있다([담론 다]에 대한 비판). 문화근본주의란 외래민족의 문화와 토착민족의 문화 사이에는 근본적인 차이가 존재한다는 신념인데(Stolcke, 1995), 이는 민족 간의 문화적, 역사적 차이점을 부각하여 본성화(naturalization) 시킴으로써 여러 문화들을 정형화하려는 과거 유럽인들의 생물학적 인종개념의 하나의 파편이다(Fejes, 2006; Policar, 1990). 이러한 문화근본주의의 시각을 품은 채 다문화가정과 같은 소수문화집단을 바라보는 것은 유럽식 오리엔탈리즘을 통해 동양 혹은 비유럽을 바라보는 시각(타자적 시각)이나 다문화가정에 대한 온정주의적 시각과 근본적으로 다르지 않다(Green, 2004; Said, 1993). 따라서 이러한 문화근본주의적 시각에 바탕을 두고 세계시민주의를 위한 방법론으로써 다문화교육이 시도된다면, 다문화주의가 지향하는 기본적인 가치-다양성, 이해, 공존 등-를 실천하는 데 한계를 가질 수밖에 없다.

요컨대, 다문화주의의 위와 같은 이념적 한계를 극복하기 위해 후기 식민주의적 비판의 관점에서 다문화주의를 이해하고, 주류문화의 관점에서 바라보는 다문화주의가 아닌, 모든 문화는 혼성적(hybridity: Bhabha, 1994)이라는 사실에 바탕을 둔 다원주의적 시각이 필요하다(Feinberg, 1995). 예를 들어, 유럽처럼 수많은 소수민족 공동체들이 국가의 구분과는 상관없이 섞여 공존하고 있는 것은, 한 국가의 구성에서 민족적, 문화적 동일성을 추구하려는 것은 하나의 신화에 불과하다는 사실을 잘 보여준다(Swing, Wchriewer, & Orivel, 2000).[1] 다원주의적 관점의 또 다른 중요성은, 문화적 차이가 주류문화에 의해서 규정되는 것이 아니라, 각 문화의 고유한 문화적 다양성을 그 자체로 존중하고 있다는 점이다. 따라서 다원주의적 관점에서의 다문화교육은 학교에서 다루어지는 지식의 생산, 재생, 순환과정이 특정 집단의 독점이나 특권을 유지하는데 사용되는 현실을 비판적으로 인식하고, 학교교육의 진정한 목표설정이 그러한 구조 속에서 소외되었던 집단, 문화, 계층들의 과거와 미래에 대한 논의에서 출발하여야 한다는 것을 보여주어야 한다(McCarthy, 1998).

3) 한국의 다문화교육의 모델

본 절에서는 우리나라 다문화교육의 위치와 성격을 파악하기 위해 다음 <표 1-2>와 같이 유럽의 다문화교육 접근방식을 네 가지 모형과 일곱 가지 사례로 설명한 Swing, Schrievew & Orivel(2000)의 구분을 통해 논의해보도록 한다.

표 1-2 유럽의 다문화교육 모형구분

모형	사례	모형구분의 참조 틀	의도하는 학교교육 방향
A. 분리주의 (Separatism)	플랑드르인(Flemish)의 민족주의	• 양 민족집단의 언어와 전통에 있어서 문화가 중심역할	• 국가기관들의 분리 운영
	웨일즈인(Welsh)의 민족주의		• 웨일즈 문화의 재생, 웨일즈어-영어 이중어주의 • 미래의 정치적 독립

1) 유럽에는 스코트족(Scots), 웨일즈족(Welsh), 플랑더스족(Flemish), 프리슬란드족(Frisians), 바스크족(Basques), 게르만족(Germans), 헝가리족(Hungarians) 등과 같은 토착민들이 있고, 그에 더하여 세계 곳곳에서 온 피난민들(refugees), 과거 식민지로부터의 노예의 후손들, 이주노동자들, 지중해 지역에서 온 수 많은 이주민들이 이민 2세대에 속한다. 아울러 제 3세대는 제2차 세계대전 이후 이주해 와서 국가적 테두리 속에서 살아가면서 아직 동화되지 못한 채 타자로서 남아있는 사람들로 이루어져 있다. 이러한 유럽이민 3세대의 자녀들은 유럽 사회에서 생존하기 위해 지속적으로 지배집단의 사회적 이념 및 목표들에 동화되어 그 집단의 언어, 문화, 가치관들을 배워야 한다(Swing, Schrievew & Orivel, 2000).

모형	사례	모형구분의 참조 틀	의도하는 학교교육 방향
B. 분화된 다원주의 (Segmented pluralism)	독일의 이방인(Auslander)을 위한 프로그램	• 어떤 교육프로그램을 도입하든 간에 차이가 지속되리라는 가정	• 지배집단인 독일은 이방인을 여전히 타자로 인식함
C. 민족들 간의 문화적 다원주의 (Cultural pluralism within nations)	플랑드르 지역(Flanders)[2]의 시범적 이중문화프로젝트 (C1)	• 각 문화적 틀에서 서로 다른 절대적 기준이 존재	• 두 종(자신과 주류집단)의 문화적 준거들이 소수집단의 개인들 속에 공존
	브뤼셀내의 불어사용(Francophone) 학교에서의 간문화적 프로젝트(C2)	• 상호참조의 틀이 퍼짐 • 다수 학생들은 비유럽적 준거 틀을 소개받음 • 상대성 존중	• 양 집단이 서로의 문화적 참조들을 받아들임. • 주류집단이 커리큘럼을 통제.
D. 모호한 동화 (Ambiguous assimilationism)	프랑스의 미구분된(Undifferentiated) 교육과정	• 주류집단의 커리큘럼이 모든 학생들의 필요에 부합하리라는 가정	• 타자의 행위들에서 나타나는 차이가 좁혀지지만, 여전히 차이에 대한 인식은 존재함
	영국의 국가교육과정(National curriculum)	• 모든 학생이 동일한 문화적 전제를 받아들여야 한다는 가정	• 소수민족 학생들을 주류문화의 세계관에 동화시키려는 노력을 지속함

위의 네 가지 모형에 대한 구분에서 나타나듯이, 유럽의 다문화교육정책은 분리주의(A)와 다원주의(B, C), 그리고 동화주의(D)로 나누어지고, 다원주의는 다시 분화된(segmented) 다원주의(B)와 문화적 다원주의(C)로 나뉜다. 분화된 다원주의는 독일 내 투르크족(Turks)의 예와 같이, 독일 내에 "이방인을 위한 프로그램"이 다양하게 존재하면서도 독일인과 이방인 사이의 구별이 끊임없이 존재하는 경우이다. 반면 문화적 다원주의는 다시 이중어/이중문화 시범프로젝트(C1)와 초국가적 단체의 지원을 받는 간문화적 프로젝트들(C2)로 나누어지는데, 전자는 소수민 학생이 자신들의 문화와 주류문화, 두 가지의 문화적 참조들(cultural

2) 현재의 벨기에 서부 · 네덜란드 남서부 · 프랑스 북부를 포함한 북해에 면한 중세의 국가로 현재 소속된 국가구분과는 상관없이 그 지역적 특색을 유지하고 있다(저자 주).

references)[3]을 내면화하게 된다고 가정하고 있다. 반면, 후자인 간문화적 프로젝트(C2)는 소수민 학생과 주류집단 학생이 서로의 문화를 참조해가면서 배우게끔 하는 것인데, 그럼에도 불구하고 지배문화가 교육과정에 대한 통제권을 유지하고 있는 경우이다. 하지만 사실 대부분의 유럽 국가들은 프랑스나 영국의 동화주의 교육과정(D)처럼 소수민 학생은 거의 획일적인 동화주의의 영향력 하에 놓여 있다(Swing et. al., 2000: 238-239).

위의 구분에 비추어 볼 때, 우리나라의 다문화주의 및 다문화교육은 '모호한 동화(D)'의 수준에 해당한다고 볼 수 있다. 즉, 다음 <표 1-3>의 다문화교육 목표와 같이 우리나라에 거주하는 다문화가정의 자녀들은 한국의 가치와 문화, 언어에 동화되어야 한다는 전제를 바탕으로, 그러한 동화를 촉진하는 차원에서 행해지는 다양한 다문화프로그램을 경험하고 있는 것이다(최영환, 2008: 99).

표 1-3 다문화교육의 이중적 목표

목표/대상	다문화 학생을 위한 목표	주류문화 학생을 위한 목표
기본목표	한국 사회와 교육에 적응	다문화 학생에 대한 이해와 지원
확대목표	다문화 경험과 지식의 극대화	다문화 경험과 지식의 공유

즉, 다문화 학생들의 목표는 한국사회에 적응하는 것을 기본으로 하여, 다문화적 환경에 대한 경험을 활용하는 것이고, 주류문화 학생들의 목표는 다문화 학생들을 이해하고 도와주는 것이 다문화교육의 기본 방침인 것이다. 이처럼 다문화교육이 근본적으로 소수민 학생들과 주류 학생들 간의 근본적인 차이를 전제로 하고 있고, 그렇기 때문에 프로그램의 방향을 이중적으로 잡을 수 없다는 점에서 '모호한' 동화정책이 될 수밖에 없을 것이다.

이처럼 우리나라에서 논의되는 다문화주의의 담론과 다문화교육의 정책방향을 이해하기 위해서는 그 이념적 정향성(orientation)에 대한 논의를 우선적으로 하고, 궁극적으로 다문화사회를 정착시키기 위한 문화적 다양성의 수용과 인정, 인

3) 이러한 문화적 참조물들의 예는 언어, 종교, 가치관 등인데, 그 중 언어가 가장 중요한 구별인자이다(Tribalat, 1996). 그 이유는 종교나 가치관이 해당 집단의 정체성을 구분하는 기준은 되지만, 그것을 확인하기가 어려운 반면, 언어적 차이는 정체성을 구분하는 기준도 되고 가시적으로 쉽게 확인할 수도 있기 때문이다.

간의 존엄성과 인권에 대한 존중, 지구촌 공동체에 대한 책임, 생태환경에 대한 존중 등과 같은 다문화교육의 핵심적 가치들(Bennett, 2007: 12)이 왜 필요한지에 대한 비판적 논의가 필요한 것이다. 이러한 비판적 인식을 바탕으로 이민자들의 문화와 그들의 정착과정에 대한 세심한 이해 및 시민사회 차원에서의 문화적 · 사회적 통합의 노력이 이루어져야 할 것이며(김창근, 2009; 윤문무, 2010), 그러한 방향으로 다문화교육의 실천방안이 결정되어야 할 것이다.

2. 지속가능발전 교육론의 비판적 이해

본 절에서는 지속가능한 발전의 개념에 대한 비판적 검토를 통해, 이를 우리나라 교육목표의 이념으로 올바르게 이해하기 위한 대안적 방안을 논의하도록 한다.

1) 지속가능발전 교육론에 대한 비판적 이해

지속가능한 발전(sustainable development : 이후 '지속발전')이란 용어는 1980년 UN환경프로그램(UNEP: United Nations Environment Programme) 등의 세계기구들이 주도했던 '세계보전전략'의 의제로 등장하였다가, 이후 세계환경개발위원회가 발표한 브룬트랜드보고서(Brundtland Report, 1987)에서 구체화되었던 개념이다. 이 보고서는 지속발전을 '미래세대의 필요를 침해하지 않는 범위 내에서의 개발'로 정의하면서(UNCED 1992), 전 세계 빈곤국가들의 현재적 필요와 인류의 미래적 필요를 동시에 충족시킬 수 있도록 환경의 자정능력을 고려해야 함을 강조하였다. 이 지속발전의 개념은 다음 네 가지 핵심적 논점을 포함하고 있다(Smith, 1991)

첫째, 자원활용, 인구증가 및 기술발전과 같은 문제들 간의 상호관련성 문제, 둘째, 선진국, 개발도상국, 그리고 저개발국가들 사이의 식량, 에너지, 그리고 산업관련 자원들의 생산과 분배 문제, 셋째, 불균형한 개발, 국가들 간의 경제적 불균형, 그리고 경제적 지배나 이념적 차이의 문제, 넷째, 환경파괴 및 생태적 재앙과 같은 환경문제 등이 국제기구 차원에서 최초로 제기된 점이다.

이후 유엔총회(제57차 : 2002. 12.)에서 지속발전을 통해 미래를 준비하기 위한 가장 핵심적 방안이 교육에 있다고 보고, '지속가능한 발전을 위한 교육'(Education for Sustainable Development : 이하 지속발전교육)이란 개념을 교육부문의 실천에 통합시키고자 하였다. UN이 2005~2014년을 '지속발전을 위한 10년'으로 지정한 후 지금까지 지속발전교육을 실천하기 위한 여러 가지 교육적 방안들이 제시되었는데, 이는 <표 1-4>의 예를 통해 확인할 수 있다.

표 1-4 지속가능교육을 위한 방법론적 전략

학자	교육적 방법론
최도성 (2005)	• 국가교육과정에 포함하여 유치원에서부터 대학까지 모든 단계에 핵심적인 목표와 내용으로 적용 • 지속발전교육의 정착을 위한 법적 및 제도적 토대가 마련되어야 함 • 여러 과목과 분야의 협력관계 구축을 통한 체계적이고 통합적 접근 • 관련 문제들을 교육자료나 학습과정에 포함(정보네트워크 구축 및 확대)
DES (2007)	• 학교교육과정과 교사교육에 지속발전교육 개념 적용 • 경영전문가 훈련 등을 포함한 고등교육정책에 적용 • 심화학습, 성인학습, 비정규학교 부문에 적용 • 대중매체 등을 통해 지속발전교육에 대한 대중의 인식과 이해를 증진 • 지속발전과 관련한 교육연구 개발 장려
이삼열 (2007)	• 기존의 개발관행에 대한 비판적 인식 토대 • 새로운 시스템으로의 변화를 위해 총체적 접근과 통합적인 반성 필요 • 미래지향적인 비전과 장기적인 안목을 바탕 • 국제사회에 대한 이해와 세계시민의식 등의 고취
토마스 (Thomas, 2010)	• 지식습득보다는 학습의 과정(processes of learning)에 집중 • 간학문적 사고(interdisciplinary thinking) 및 총체적 사고 등을 훈련 • 문제해결능력, 협동작업을 바탕으로 학생들이 보다 적응적, 혁신적임 • 창의적으로 새로운 변화에 대처할 수 있는 능력

<표 1-4>에서 최도성(2005)의 연구는 지속발전교육을 학교교육에 적용하는 전반적인 전략을, DES(2007)는 지속발전교육의 개념을 다양한 교육부문에 적용할 필요성을, 이삼열(2007)은 지속발전교육을 통해 새로운 학교교육의 방향성에 대

한 인식이 필요함을, 마지막으로 토마스(Thomas, 2010)는 학교교육의 내용차원에서 지속발전교육을 촉진하기 위해 학생들에게 기대되는 능력의 차원에서 언급하고 있다. 이처럼 지속발전교육을 학교교육에 적용하기 위한 여러 방법론적인 전략들을 개발하는 것도 중요하겠지만, 그보다는 지속발전교육의 이념적 정향성, 즉 지속발전교육 개념의 이론적 출발점과 실천적 타당성, 그리고 그것의 지향점이 무엇인가를 우선적으로 고려해야 할 것이다.

한마디로 지속발전의 개념은 최초로 세대 간의 형평성의 문제를 제기했다는 사실과, 빈국들의 필요(needs)와 부국들의 욕구(wants)를 구별하였다는 점에서 의미가 있지만, 지구상의 천연자원을 자본화하고 자연을 끊임없는 개발의 대상으로 간주한 신고전주의 경제학의 토대에서 벗어나지 못한 개념이다(Söderbaum, 2007; Turner, 1993). 즉, 인간이 자연을 통제해야 한다는 서구문명의 자연관이 갖는 근본적인 한계에 머물러 있다는 것이다(Geisinger, 1999). 이러한 비판적 관점에서 포터(Porter. 2005: 5)는 현재와 같은 인류중심의 자연관에 바탕을 둔 '소극적'인 지속발전의 개념이 아니라, 인류와 자연생태계 간의 새로운 관계정립을 바탕으로 한 '적극적'인 개념의 필요성을 주장하며, 다음 <표 1-5>와 같이 지속발전에 대한 상반된 세계관을 비교하였다:

표 1-5 지속발전에 대한 기술적 및 생태적 입장

학자	소극적/보수적	적극적/급진적
Shrivastava(1995)	기술중심적(technocratic)	생태중심적(ecological)
Purser, Park & Montuori(1995)	인류중심적(anthropocentric)	생물중심적(biocentric)
Fill & Mulhauser(2001)	개발주의자(exploitationist)	보전주의자(conservationist)
Hoffman & Ventresca(2002)	물질적(material)	상징적(symbolic)
Laufer(2003)	녹색제거주의자(greenwashing)	녹색주의자(greening)

즉, 지금까지 지속발전과 관련하여 국제기구들을 통해 제안되었던 담론들은 기술중심적, 인류중심적, 개발주의적, 물질적 관점이었다는 것인데, 인류와 지구생태계의 궁극적인 공존을 위해서는 그와는 전혀 다른 관점들이 필요하다는 것

이다.[4]

요컨대, 브룬트랜드 보고서에서 최초로 제안된 지속발전의 개념은 너무 모호하여 다양한 국가들 및 집단들이 자신들의 이해관계에 따라 달리 해석할 수 있는 여지를 갖고 있다(Pezzey, 1989). 지속발전의 이러한 개념적 모호성과 선언적 정의가 갖는 상징적 의미는 지속발전에 대한 전 세계 여러 기관들의 동의를 이끌어 내는 데 결정적인 역할을 했지만, 동시에 그로 인해 수많은 정치적 혹은 철학적 논쟁들을 불러일으켰고, 이 개념이 교육이념으로써 어떤 가치를 갖고 있는가에 대한 비판적 논의가 필요하게 된 것이다(Jickling, 1999).

2) 지속발전론의 이념적 성격과 그 대안들

본 절에서는 지속발전의 개념이 갖는 이념적 특징으로 계몽주의적 근대성, 서구중심의 엘리트주의적 세계관, 경제적 실용주의 세 가지를 들고, 각각에 대한 비판적 대안을 제시하도록 한다.

첫째, 지속발전 개념은 세계시민주의와 마찬가지로 계몽주의적 근대성을 바탕으로 하고 있다. 계몽주의 시대에 들어서면서 인간은 신으로부터 부여받은 자기결정성(self-determination)을 실현해나가기 위한 자율성과 독립성, 이성적 사고를 지닌 개인이라는 근대적 자아정체성의 개념을 갖게 되었는데(Porter, 2005), 지속발전의 개념도 이러한 주체로서의 인간이 대상으로서의 자연을 이성적이고 자율적인 판단에 통제할 수 있다는 계몽주의적 사고로부터 출발하고 있는 것이다(Gergen, 1999). 같은 맥락에서 Milne, Tregidga, & Walton(2009)은 지속발전의 개념이 오늘날 인류가 자연을 이해하는 논리 실증주의적, 과학적 패러다임의 연장선상에 있다고 지적하면서, 다음 <표 1-6>과 같이 오늘날의 과학적 세계관과 그에 대한 대안적 세계관을 비교하였다.

4) 이처럼 생태적 측면에서 지속발전에 대해 반대하는 입장은 '자유시장주의', '사유재산권 보호', '정부규제 완화', 그리고 '국가안보 유지'의 차원에서 친환경적 정책에 소극적인 보수주의 대변론자나 환경주의에 대한 회의론자와는 전혀 다르다(Jacques, Dunlap, & Freeman, 2008).

표 1-6 오늘날의 과학적 세계관과 그 대안적 세계관

주제	오늘날의 과학적 세계관	보완적(대안적) 세계관 관점
과학이론	• 객관성 • 실증주의 • 외부자로서의 전문가	• 주관성 • 해석학 • 맥락주의 • 참여적 과학자
이념적 성향	• 지속가능성에 대한 기업중심적 해석, 극단적 시장주의 • 신자유주의적 사유화의 선호	• 지속가능성에 대한 비판적 해석 • 시장 및 개발에 대한 정부의 관여 • 보건, 환경문제에 대한 생태학적 접근
국제기구의 성격	현재의 기업중심 세계화 촉진기구(예, WTO, World Bank, IMF 등)	지역공동체, 지역시장을 우선시하는 대안적 기구(예, World SHE)

<표 1-6>에서 비교되듯이, 오늘날 인류가 겪는 생태적, 환경적 위기의 근본원인이 지구자원 및 환경에 대한 서구의 과학적, 환원주의적 세계관에 기인하고, 이러한 개발위주의 패러다임은 장차 인류의 미래를 대비하는 데 필요한 생태주의 패러다임과 갈등을 겪을 수밖에 없다는 것을 주목할 필요가 있다. 그럼에도 불구하고, 현재 서구 선진국들 주도로 제기된 지속발전의 방향과 이를 위한 정책결정들이 이러한 상충되는 패러다임에 대한 근본적인 개선 없이 선언적 차원에서 피상적으로 이루어지고 있다(Yencken 1994). 따라서 올바른 지속발전교육의 방향에 대한 논의를 위해서는 지구환경을 바라보는 기존의 논리실증주의적 패러다임(Sarbin & Kitsue, 1994)을 극복하고, 그 대안이 될 수 있는 새로운 인식론적 담론인 자연주의, 현상학, 상징적 상호작용주의, 해석학, 비판이론 및 포스트모더니즘적 시각 등을 통해 생태환경적 미래를 바라보고, 이를 제반 학교교육에 어떻게 반영될 수 있을지를 고민해야 할 것이다(Schwandt, 1997).

둘째, 현재 지속발전에 대한 논의가 유럽 선진국이나 사회엘리트 계층과 같은 기득권집단에 의해 주도되고 있다는 사실이다. Morrison & Dunlap(1986)은 지속발전론과 같은 환경론이 대부분 기득권층에서 주창되었고, 그로 인한 혜택이 자신들에게 돌아가면서도 그 비용은 사회전체가 충당하고 있다는 점 등을 들며, 환경론은 엘리트주의적이라고 주장하였다. 같은 맥락에서 Driessen(2002)은 UN 및 EU 회원국들, 각국의 관료집단, 그리고 부유한 사회단체 및 재단 등의 주도로

추진되어온 지속발전의 아이디어는 순전히 서구중심의 엘리트주의적 미래 전망으로써, 환경을 보호한다는 명목으로 정작 오늘날 세계 도처에서 일어나는 저개발국의 경제발전이나 자원분배의 문제와 같은 현실적이고 즉각적인 생존의 문제에는 무관심하다는 지적한다. 결과적으로 이러한 환경론자들의 주장은 사회적 불평등을 생산, 강화, 유지하는 효과를 가져 오게 되는 것이다(Bullard, 1990).

최근 자유무역협정을 통해 선진국들이 '사다리 걷어차기'(Kicking away the ladder : 장하준, 2002) 전략-과거 자신들의 경제발전 과정에서 활용했던 보호주의 경제정책을 저개발국가들은 사용하지 못하게 막는 전략-으로 국제무역에서 우위를 지키려고 하는 것처럼, 지속발전의 이념은 미래를 대비한다는 명목 하에 빈곤국들의 여러 가지 현실적 문제들은 외면함으로써, 환경과 지구자원에 대한 기득권자들의 이해관계만을 대변하고 있다는 것이다. 따라서 이러한 미래적 환경론과 현재적 사회정의의 목표가 대립되는 현실에 대한 비판적인 논의를 바탕으로, 지속개발의 개념이 지닌 교육이념으로서의 가치를 판단해야 할 것이다.

셋째, 지속발전 개념의 이념적 가치는 결국 지속발전이 경제성장과 인간발달 중 궁극적으로 어디에 초점을 두고 있느냐에 따라 평가되어야 한다(Daly, 1996; Lloyd, 2009; Yencken, 1994). 전자인 경제성장의 차원에서 지속가능성을 이해하려는 입장은 현 세계의 사회경제적 시스템의 근본적인 개혁 없이 실용주의의 관점에서 자연환경을 바라보면서 정치적 전략의 차원에서 환경보전의 문제를 다룬다. 따라서 그들은 개인이나 사회, 그리고 기업체들이 보다 지속가능한 경로의 경제개발을 통해 기술적, 경제적 수단을 모색하기를 바라는 것이다. 반면, 후자인 인간발달의 차원에서 지속발전을 추구하려는 입장은 끊임없는 경제성장과 지구자원의 개발을 추진하려는 현재의 시스템에서 탈피하여, 사회적 공정성(equity)과 생태적 한계에 관심을 가짐으로써 자연환경과 인류의 생태적 공존에 더욱 집중하도록 하는 것이다(Meadows, Meadows, & Randers, 1992). 결국, 인간발달의 차원에서 지속발전을 바라보는 것이야 말로 자연환경에 대한 인류의 책임과 사회에 대한 도덕적 의무 모두에 관심을 갖고, 세대 간의 형평성과 현 지구촌 구성원들 간의 형평성의 문제를 동시에 고려하는 것이다.

요컨대, 지속발전의 개념 역시 보편타당한 정당성을 담보하고 있다기보다는 오늘날의 실증주의적, 시장지배적, 신자유주의적 이념을 바탕으로 한 신고전주의 경제학적 관념을 중심으로 하여, 서구열강과 다국적 기업들에 의해 주도되는 국제기구들에 의해 제안된 경제개발 논리의 성격이 짙다(Söderbaum, 2007). 따라서 지속발전교육의 의의를 올바로 판단하기 위해서는 과학의 사회적 역할, 경제학이론의 정치적 패러다임, 사회 권력 계층의 이념적 정향성 등의 문제를 어떻게 받아들여야 할 것인가에 대한 논의를 바탕으로, 오늘날 국제사회의 질서 속에 존재하는 경쟁주의 및 물질주의와 다원주의 및 인본주의 사이에 이념적 대립관계를 이해할 필요가 있다. 이러한 비판적 이해를 바탕으로 지속발전의 이념을 제반 사회문제에 어떻게 적용할 것인가에 대해 검토하고, 교육적 방안을 모색해야 할 것이다(Morris, 2002).

3) 지속발전론의 학교교육 적용방안

지속발전교육을 교육과정에 적용하기 위한 여러 방안들이 제시된 바 있지만(김주훈, 심재호 외, 2010[5]); 본 절에서는 지속발전교육의 개념을 성급하게 교육과정에 적용하기 이전에 지속발전교육의 개념에 대한 근본적인 문제제기에서 출발하여 지속발전교육의 가능성을 탐색해야 한다고 본다. 이는 세계시민주의 및 다문화주의에 대한 비판적 검토와 마찬가지로, 지속발전의 이념은 논리 실증주의적 과학주의("과학기술 활용"의 담론), 서구문명 중심의 엘리트주의적 사고("선진한국", "일류국가"의 담론), 경제적 실용주의 위주로 이념화된 지속가능성 개념("경제성장"의 담론)의 틀에 갇혀 있음을 직시하고, 이를 대신하여 미래의 발전상을 끌어낼 만한 근본적인 담론의 변화 혹은 패러다임의 전환이 필요하다는 것이다.

지속발전교육의 대안적 패러다임을 통한 미래의 학교교육과정의 모형이 무엇인가를 제시하기 위해, OECD(2003)가 지속발전교육의 방향으로 제시한 다음 <표 1-7>과 같은 미래 학교교육의 변화모습에 대한 시나리오의 분석을 통해 논의해보기로 하자.

5) 김주훈 등(2010)은 그 방안으로 1. 창의성과 인성교육 강화, 2. 기후 변화와 에너지 문제의 이해와 녹색성장 강조, 3. 환경, 경제, 사회의 통합적 접근 강화, 4. 프로젝트 학습의 도입, 5. 과정 중심의 수행평가를 강조하였다.

표 1-7 학교교육의 미래에 대한 시나리오(OECD, 2003)

시나리오(Scenarios)		학교운영의 주된 원리(Glatter 모델)
1. 현상유지 (Status-Quo)	A. 관료적 학교체제의 지속	• 행정조직 운영의 효율성, • 질적 통제(Quality control)
	B. 교사이탈 : 붕괴 시나리오	• 위기경영(Crisis management)
2. 학교재건 (Re-schooling)	C. 핵심적 지역자치 센터	• 지역강화(Local empowerment) 및 학교강화(School empowerment)
	D. 집중적 학습조직	• 학교강화(School empowerment)
3. 학교해체 (De-schooling)	E. 네트워크사회(학습네트워크)	• 국가통제탈피(Lack of governance)
	F. 시장모델의 확장	• 경쟁시장(Competitive market)

<표 1-7>에서는 첫 번째, 현상유지 시나리오 중 관료주의적 학교체제의 지속(A)의 경우는 급격한 변화를 모색하지 않은 상태에서 전체 학교시스템의 통일성을 추구하는 것이고, 두 번째, 교직이탈로 촉발되는 붕괴시나리오(B)는 교직의 노화, 도덕성 상실, 수급문제, 비전문화 등으로 인해 공교육이 존폐의 위기를 맞는 경우이다. 세 번째, 학교재건 시나리오 중 핵심적 지역자치센터로의 재탄생(C)은 중앙집권적 교육행정의 영향력은 줄어들고 지방자치제를 기반으로 학교의 사회적, 공공적 역할이 부각되는 경우이다. 네 번째, 집중적 학습조직으로서의 학교(D)는 학교가 지식의 생산(연구), 재생산(학습), 및 분배(공유)의 핵심공간으로서의 역할을 맡게 되는 경우이다. 다섯 번째, 학교해체의 시나리오 중 네트워크 사회에서의 학습 네트워크로서의 학교(E)는 현재의 학교제도가 새로운 시대적 요구에 더 이상 부응할 수 없다는 인식 하에 학습의 기능만 남고 학교의 물리적, 행정적 구조가 사라지는 경우이다. 여섯 번째, 시장모델의 확장(F)은 미래의 다양한 학습자들의 욕구에 대비할 수 있게끔 교육에 대한 정부의 공적 관리는 사라지고, 그 대신 시장원리에 주도된 개인적이고 선택적 프로그램들이 학교의 기능을 대신하는 경우이다.

한편, OECD(2003)가 제시한 위의 시나리오 중, 본 연구가 지지하는 미래의 학교교육의 모습과 가장 가까운 시나리오는 핵심적 지역자치 센터로서의 학교의 기능을 강화하는 시나리오(C)라고 볼 수 있다. 이 모델의 학교는 학교가 지역사

회의 여러 기관과 밀접한 연대와 공조를 유지하면서, 급격히 변화하는 대중의 학습에 대한 욕구에 적절히 부응하기 위해 인적, 물적자원을 확보하는 것이 중요하다. 이를 위해서는 중앙정부로부터의 지원에만 의지하는 것이 아니라, 지역공동체 자체적인 자금충당, 조직 및 봉사를 바탕으로 학교가 운영되어야 하는 것이다. 이 모델의 학교는 학생들에게 보다 지역적 특색에 맞는 개인학습, 직업준비, 사회적 참여의 기회를 제공할 수 있고, 훨씬 융통성 있고 역동적인 교육과정을 운영할 수 있는 것이다(OECD, 2003).

요컨대, 지금까지 본 절에서 논의한 내용을 바탕으로 기존 지속발전교육의 개념과는 다른 대안적 학교교육과정의 개발의 원리로써 다음과 같은 것들을 들 수 있다.

첫째, 서구적 민주주의 이념을 탈피한 토착적이고 맥락적인 민주주의의 실천(contextualism : Toulmin, 1990)이다.

둘째, 이성중심의 지식관과 실증주의 및 과학주의적 사고의 한계에서 벗어난 앎에 대한 해석학적 관점(hermeneutics : Ricoeur 1981)의 허용이다.

셋째, 신자유주의적 개인주의에 바탕을 둔 교육정책들을 파기하고 공동체적 사고를 존중하는 학교교육의 방향 촉진이다.

넷째, 구조주의적 담론의 한계를 극복하여 사회적 구성주의(social constructivism : Berger & Luckman, 1991)를 통한 학문 이해이다.

다섯째, 다양한 소외집단에 대한 관심과 그들의 목소리에 귀를 기울이는 내러티브적 관점(narratives : Abbott, 2002)에서의 학생이해 및 담론분석(discourse analysis : Fairclough, 1995)을 통한 교육환경의 이해이다.

여섯째, 양적 접근에만 의존한 평가와 분석이 아니라, 다양한 질적 분석을 통해 현상을 이해하는 균형 잡힌 연구방법론의 도입이다.

일곱째, 다원주의 원리에 기반한 학교교육에서 가장 중요한 비판적 사고를 바탕으로 한 문화적 탐문(cultural inquiry : Hoffman, 1999)의 기회를 제공할 수 있는 교육과정을 짜야 할 것이다.

이와 같은 대안적 방법을 통한 지속발전교육의 적용이 곧 계몽주의적, 엘리트주의적, 실용주의적 세계관이라는 지속발전 개념이 갖는 이념적 한계를 극복하고, 앞서 언급한 지역자치적 교육의 핵심적 센터로써 지역적 특성 및 학교의 역할을 강화하여 미래사회에서의 올바른 학교의 역할을 정립할 수 있을 것이다. 한마디로, 지속발전교육의 궁극적인 지향점은 기술 중심의 경제개발에 바탕을 둔 인류의 미래상 대신 자연과의 조화로운 공존을 지향하는 생태중심적 미래나 개인주의와 보편주의를 바탕으로, 신자유주의적 세계화의 이념적 토대가 되는 세계시민주의가 아니라 토착성(Aboriginality)과 공동체성을 강조하는 지역중심적 미래가 되어야 할 것이다(Bourn, 2009).

결론적으로, 본 절에서는 오늘날 급속히 전개되고 있는 신자유주의적 세계화 속에서 우리 사회에서 회자되는 다문화주의와 지속가능발전교육 개념이 어느 정도 우리나라의 교육이념으로써 타당한가를 비판적인 재검토하였다. 여기서는 세계시민주의가 과학중심의 근대성, 이성중심의 계몽주의, 신자유주의적 개인주의라는 이념적 한계에 갇혀 있다는 지적(박휴용, 2010)과 같은 맥락에서, 최근 급격히 다문화사회로 전환되는 상황 속에서 학교교육 이념의 또 다른 핵심으로 등장한 다문화주의도 세계시민주의와 유사한 이념적 한계를 지니고 있음을 밝혔다. 본 절은 이러한 다문화주의가 교육이념으로써 타당성을 견지하기 위해서는 후기식민주의적 비판을 바탕으로 문화근본주의의 극복한 다원주의적 시각을 정립하고, 무엇보다도 이주민들에 대한 '한국문화 길들이기'나 시혜적 정책 차원에서의 다문화교육이 아닌 내국인 학생과 다문화가정의 학생에게 공통적으로 비판적 인식력을 키워줄 수 있는 교육을 모색해야 함을 강조하였다. 더불어 본 절은 지속발전교육의 이념적 성격이 계몽주의적 근대성, 서구 중심의 엘리트주의적 세계관, 경제적 실용주의라는 틀에 갇혀 있다고 지적하고, 그 대안적 가치로써 생태주의적, 공동체적, 통속주의적(vernacularism: Pollock, 2002) 가치가 필요함을 지적하였다.

이상의 논의를 바탕으로, 미래의 교육과정에서는 다음과 같은 교육정책이 모색되어야 할 것이다.

첫째, 세계시민주의 이념과 관련하여 지구적(global) 관심뿐 아니라 지역적(local) 관심이나 필요를 우선 직시하고, 선별된 고등교육의 기회와 보편적 기본

교육의 균형 잡힌 분배를 통해 대중교육이 엘리트교육에 의해 희생당하지 않도록 해야 한다. 결국 개인주의를 바탕으로 한 교육목표가 아니라 사회 속의 자신의 위치와 역할을 자각하고, 함께 하는 사회를 만들기 위한 성장의 과정으로써 학교교육을 통해서 반성적이고 통찰력 있는 사회적 구성원을 길러내는 교육을 지향해야 하는 것이다.

둘째, 다문화교육과 관련해서는 정규학교 교육이나 학교 밖 교육에서 교육의 기회를 얻지 못한 소수민들에게 정규교육과 계속교육의 기회를 얻을 수 있도록 하고, 다원주의 교육정책을 통해 소수민, 장애인 등 사회적 약자계층과 소외된 사람을 위한 적극적 교육정책(affirmative action policies)을 수립한다. 또한 궁극적으로 학생들은 단순히 지식의 습득이 아니라, 능동적인 다양한 학습과정에의 참여를 통한 개별적인 의미의 획득과정이라는 것과 자신들의 개인적, 사회적, 문화적 정체성에 대한 자각이 교육의 출발점이라는 사실을 깨닫도록 해야 한다. 더 나아가 개별적인 지식의 습득이 아니라, 전체 문화가 기여하는 집단적인 지식의 구성을 정규 학교교육을 통해 경험할 수 있도록 해야 할 것이다.

셋째, 지속가능한 발전을 위한 교육과 관련해서는 공교육제도가 경제논리 및 신자유주의적 논리에 의해 시장화 및 사유화에 침식당하지 않고, 교육의 민주화와 평등성 실현을 위한 학교교육을 모색해야 하며, 학교교육이 경제적 측면에서 자원개발이나 사회적 측면에서 인력재생산의 기능에만 집중하는 것이 아니라, 교육을 통한 문화적 전통 및 다양성의 유지, 공동체 사회를 위한 원칙의 수립, 인류와 자연의 공존을 위한 가치들을 가르치고 배우는 기회가 되어야 할 것이다.

결론적으로, 본 절에서 시도했던 다문화주의와 지속발전교육론에 대한 비판적 재인식을 통해서 우리가 나아가야 할 21세기의 교육은 다양한 개인들을 교육의 기회를 통해 포용하고, 다원주의적인 사회시스템과 참여적 민주주의와 차이에 대한 관용을 지향하는 사회를 만들기 위해 노력해야 할 것이다. 그러한 사회에서는 인종적 우월성, 자기문화 중심주의, 종교 근본주의, 그리고 개인적 우월감 등의 사고들은 점차 사라지게 되고, 다양성, 다원주의, 공동체, 생태적 환경과 같은 가치들의 의미와 역할을 인식할 수 있을 것이다. 결과적으로 학교교육을 통해 지구적 관심과 지역적 관심을 동시에 이해하고, 자본주의적 사유화에 침식당하지 않은 공교육제도의 활성화를 통해 기회균등(equality)과 수월성(excellency) 사이에서 균형을 잡는 민주적 학교를 실현할 수 있을 것이다.

3. 세계시민주의 이념의 비판적 이해

본 장에서는 최근 다문화사회의 주요한 교육목표들 중의 하나로 널리 받아들여지고 있는 세계시민주의의 타당성에 대해 논의해보도록 한다. 이를 위해 먼저 세계시민주의 이념의 기원과 역사적 변천을 간단히 살펴보고, 세계시민주의의 세 가지 성격에 대한 비판적 논의를 시도하며, 세계시민주의 교육과 신자유주의적 세계화의 관련성에 대한 논의를 통해서 세계시민주의에 대해 올바로 이해해보도록 한다.

1) 세계시민주의의 이해

(1) 세계시민주의의 기원과 이념적 성격

세계시민주의는 모든 인류를 인종, 민족, 종교, 사상, 문화 등의 차이에 관계없이 공통된 도덕적 가치 및 정치경제적 체제를 공유하는 하나의 공동체로 만들어 가고자 하는 이념이라고 정의할 수 있다. 이 세계시민주의란 명칭의 기원은 기원전 4세기경 그리스 견유철학자인 디오게네스(Diogenes)가 스스로를 '세계의 시민'(kosmou polites : "I am a citizen of the world")이라고 칭했던 것에서 유래한다. 이는 디오게네스가 자신을 그리스 시민으로서의 지역성에 국한시키지 않고 세계의 시민으로서의 보다 보편적인 도덕성을 갖춘 존재로 인식하도록 했던 그의 열망을 표현한 것이다. 고대 그리스인들의 이러한 사고는 곧 스토아학파에 의해 삶의 목표에 대한 철학으로 발전되어, 인간은 자신이 속한 현실적(지역적 : polis) 삶과 자신이 나아가야 할 보편적 삶(세계적 : cosmos)을 동시에 추구해야 한다는 스토아학파적 인간관으로 완성되게 된다. 즉, 인간은 태생적인 지역공동체에 속한 자신과 미래의 궁극적 지향점인 세계 공동체에 속하게 될 존재로서의 이중적 정체성을 갖게 마련이므로, 올바른 교육이란 개인이 이러한 세계시민주의 의식을 기르고, 인류의 보편적 가치를 공유할 수 있도록 돕는 것이라고 여기게 된다. 스토아학파는 자연적 질서와 사회적 질서를 통합적으로 실현해낼 수 있는 원동력은 결국 인간의 이성에 있다고 믿었고, 올바른 시민교육이란 바로 합리적 이성을 지닌 세계시민을 양성하기 위한 교육으로 이해했던 것이다(Poulsen, 2008; Sowell, 2007).

이러한 세계시민주의는 르네상스 이후의 유럽사회에 새롭게 재등장하게 된다. 30년 전쟁이 가까스로 종지부를 찍게 된 17세기 후반의 유럽은 각자의 주권을 가진 국민국가들 간의 국제정치적 안정성과 각 국민국가 내부에서 정부와 국민들 사이의 위계적 질서의 필요성이 절실했는데, 이때 세계시민주의의 이념이 중요한 교육적 역할을 하게 된다(Meyer, Boli, Thomas, & Ramirez, 1997). 즉, 다언어, 다문화의 역사성을 지닌 유럽이 국민국가의 탄생과 더불어 각 국민국가를 중심으로 다양한 민족들 및 문화들을 아우를 수 있는 의사소통 수단과 이성적 국가통제 수단이 필요했는데, 그 수단으로 활용되었던 세계시민주의 이념을 통해 당시 유럽이 직면한 정치사회적 문제와 국민과 국가들 간의 갈등을 극복하도록 했던 것이다. 결과적으로 18세기에 이르러 세계시민주의는 정치적 · 이념적 성격이 두드러지면서 과학주의와 더불어 18세기 유럽을 대표하는 두 가지 주된 시대정신의 역할을 하였다(Toulmin, 1990).

르네상스 이후의 유럽에 새롭게 등장하여 근대국가의 토대를 다지는 데 큰 역할을 했던 세계시민주의는 18~19세기를 거치는 동안 유럽제국들의 제국주의적 팽창을 위한 이념적 토대의 역할을 다시금 하게 된다(Fuhrmann, 2003). 즉, 유럽제국들의 제국주의적 팽창을 위해 국민국가 내부에서의 사회적 위계질서(성차별 · 계급차별 등)의 정당화에 세계시민주의 이념이 활용되었고, 대외적으로는 그러한 정당화가 제3세계에 대한 종교적 · 민족적, 그리고 인종적 차별로 이어지게 되었다. 여기에서 세계시민주의는 그러한 차별이 신의 섭리에 기반을 둔 이성적인 판단에 의한 것으로 가르치기 위한 이념으로서 활용되었고, 그러한 판단에 대한 도전은 모두 비이성적인 행위로 간주되었던 것이다.

이러한 세계시민주의 이념이 21세기에 접어든 오늘날 다시 유행하게 된 데에는 20세기 후반 이후 재현된 민족주의, 다문화주의, 그리고 신자유주의적 세계화 등의 역사적 사회적 배경이 존재한다(Pollock, Bhabha, Breckenridge, & Chakrabarty, 2002: 7). 예컨대, Nussbaum(1996, 1997)은 미국의 민족적 혹은 애국주의적 사회분위기의 문제점을 극복하기 위한 방안의 하나로서, 세계시민주의 교육을 제안함으로써 교육이념으로써의 세계시민주의의 의미에 대한 논쟁을 미국 교육학계에 불러일으켰다. 이처럼 21세기에도 여전히 인류문명의 위기를 보여주는 지구환경 파괴의 문제, 국지적 전쟁이나 민족분규에 의한 대량학살, 그리고 자본주의의 세계적 확산 및 심화에 따른 전 지구적 불평등의 문제들에 대한 문화적 · 정치적 대항이념으로써 세계시민주의가 부활하게 되었던 것이다(Appiah, 2006; Beck, 2004).

요컨대, 세계시민주의는 민족주의나 애국주의와 같은 분파주의를 극복하고, 그 현실적 실천방안으로써 중립적 성격의 세계정부(world government) 같은 초국가적 기구를 설립하는 것을 목표로 하고 있다. 하지만 그 선언적 방향성과는 달리, 보편적인 윤리관에 입각한 중립적이고 객관적인 가치라기보다는 유럽의 사회문화적 배경에서 출발하여 유럽 국민국가들의 탄생과 유지, 제국주의적 팽창이라는 역사적 · 정치적 · 경제적 필요에 의해 만들어지고, 선전되며, 정당화되어온 또 하나의 정치적 이념임을 알 수 있다.

(2) 세계시민주의의 세 가지 성격

세계시민주의의 이념적 성격이 인간의 이성에 대한 믿음을 바탕으로 한 개인주의적 동기와 근대적 합리성에 기반한 사회발전을 추구한다는 점에서 본질적으로 모더니즘, 이성주의, 그리고 개인주의라고 하는 서구유럽 중심적 사고의 틀에 묶여 있음을 살펴보도록 한다. 이와 같이 세계시민주의에 내재된 세 가지 성격의 분석은 세계시민주의의 교육적 의미 및 그 한계에 대한 비판적인 논의의 토대가 될 것이다.

① 모더니즘

르네상스 이후 유럽에서의 세계시민주의의 재출현은 모더니즘의 탄생과 맥락을 같이 한다. 모더니즘의 시작은 16세기 유럽에서의 독립된 주권국가로서의 국민국가의 탄생에서 비롯되어 17세기 초반 유럽의 자연철학자들에 의해 주도된 근대 과학의 발전에 힘입은 바 크다(Gay, 2007). 이러한 17세기의 과학적 모더니즘은 당시 오랜 전쟁의 후유증에 의한 유럽의 회의주의적 사회분위기에서 오는 불안감을 극복할 수 있는 사상적 틀로써 그 이전까지의 불확실성, 모호성, 다양성 등에 대해 관대했던 휴머니즘적 태도를 극복할만한 사상이 절실히 필요했던 것이다(Toulmin, 1990: 105). 그리하여 등장한 것이 바로 수학적, 이성적 확실성과 실증주의를 바탕으로 사회질서를 이해하기 위한 이성적 자유와 자연질서를 이해하기 위한 인과적 필연성을 강조하였던 데카르트의 이성주의적 방법론이었다(Guba, 1990). 결국 세계시민주의에 내재된 인간이성에 대한 기대와 과학적 합리성의 중시는 서구유럽중심의 모더니즘적 가치관에 크게 의존하고 있는 것이다. 문제는 세계시민주의가 근대적, 합리적, 이성적, 과학적이라는 이미지와 결합하여 서구유럽의 정치적·문화적 가치를 대변하는 이념으로 자리 잡게 되었고, 그와 동시에 여타 비유럽적 이념 및 가치관은 세계시민주의와는 거리가 먼 전근대적, 불합리한, 비이성적, 비과학적인 이념으로 인식되게 되었다는 사실이다. 요컨대, 세계시민주의가 대중들의 관심을 끌고 미래적 교육이념이라는 환상을 심어줄 수 있었던 것은 바로 이러한 서구 중심의 합리주의적, 과학주의적, 근대주의적 진보의 이미지가 세계시민주의 이념에 녹아 있기 때문이다.

② 이성주의

자연의 질서와 인간의 질서를 동시에 이해하도록 했던 인간이성에 대한 믿음과 더 나아가 이성적 사유를 통해서 자연과 인간을 철저히 분리하도록 했던 데카르트적 세계관에 기초한 세계시민주의는 칸트(Kant, 1784)의 계몽주의적 사상에 의해 이념적 완성을 이루게 된다. 이러한 칸트의 계몽주의적 전통은 근대적 학교교육의 철학적, 사상적 토대를 이루게 되고, 따라서 근대적 학교는 세계시민주의 사상에 바탕을 둔 인간이성을 회복함으로써 얻어지는 미래적 낙관론에 기반을 하고 있다(Misgeld, 1975). 이러한 이성주의에 기반한 낙관론은 주로 자율성, 자기책임감, 합리성 등의 가치를 내세우며 미래준비, 자기계발, 문제해결능력 양성 등의 관념들을 학교교육을 통해 가르침으로써 체제순응적인 인간상을 길러내는 것이 학교의 올바른 사회적 기능이라고 인식하는 경향이 있다.

하지만 이러한 모더니즘에 기반한 이성주의적 낙관론은 가치중립성에 대한 회의, 탈이성적 접근의 필요성, 다양성과 주변성의 역할을 강조하는 포스트모던적 사고에 의해 크게 비판을 받고 있다(Giddens, 1990; Harvey, 1990). 실제로 감정, 예술, 체육 등의 비이성적 영역은 지금까지 학교 교육과정에서 이방인의 취급을 받고 있으며, 그로 인해 많은 학생들이 이성적 진보의 영역에서 소외됨으로써 교육현장은 세계시민주의에 대한 희망보다는 두려움과 저항의 분위기가 팽배해 있는 것이다(Popkewitz, 2008). 팝퀴즈(Popkewitz)는 세계시민주의적 이념이 교육정책에 영향을 미치고 있는 대표적 사례가 최근 미국에서 추진 중인 NCLB(No Child Left Behind) 정책인데, 그 실천양상을 보면 교육적 기회균등의 확장보다는 경쟁주의를 부추기고 가시적인 교육성과 확인에 급급한 나머지 교육불평등을 더욱 심화시키고 있다고 지적한다.

③ 개인주의

세계시민주의가 학교교육을 통해서 적응성, 융통성, 자율성, 그리고 효능성 등이 뛰어난 아동을 양성하려는 작업은 이미 오랫동안 유아교육 분야에서 이루어져 왔다(Hultqvist & Dahlberg, 2001). 예를 들어, 바우어스(Bowers, 2001, 2003)는 Maslow의 욕구위계론(hierarchy of needs)이 자아실현을 사회적 욕구보다 위에 놓음으로써 산업주의적 사회심리학을 수립하여 개인주의 및 산업화주의를 촉진하는 역할을 했다고 주장한다. 이와 같은 근대산업주의 사회에서 학교교육의 역할은 아동들이 바로 위와 같은 개인적 능력을 계발하고, 급변하는 삶 혹은 직업의 세계에 적응함으로써 미래를 준비할 수 있도록 돕는 것으로 여겨졌다. 하지만 랑시에르(Ranciere, 2006: 78)는 이와 같은 개인주의의 강조는 결국 엘리트 집단에게 이득이 되는 결과를 가져오게 된다고 주장한다. 즉, 개인주의가 강조되는 사회는 수월성, 경쟁주의 등의 사회분위기를 촉발하여 많은 대중이 이러한 사회적 경쟁의 구조에 뛰어들지만, 결과적으로는 오직 뛰어난 소수 엘리트들만이 경쟁에서 승리하는 방향으로 나아가게 된다고 지적한 것이다.

이와 같이, 교육의 개인적 측면, 즉 유능한 직업인으로서의 이상적 개인의 모습을 극대화시킨 것이 바로 신자유주의적 인간관이고, 그러한 인간관을 바탕으로 학교교육의 목표를 설정하고 교육과정을 구성해온 것이 신자유주의적 세계화를 지향하는 교육의 본질이다(Duhn, 2006: 198). 즉, 신자유주의적 세계화는 개인의 안전과 번영에 대한 책임이 국가로부터 개개인에게로 옮겨가게 되는 과정이고, 이러한 신자유주의적 세계화를 지지하는 집단들은 국가의 간섭 없이 스스로를 다스리는 자유롭고 '능력 있는' 개인의 이미지를 극대화시키려는 경향을 갖고 있는 것이다(Cruikshank, 1999). 이러한 신자유주의적 세계화 속에서의 한 시민으로서, 개인의 이미지를 부각시키기 위한 이념적 원천이 바로 세계시민주의에 놓여 있는 것이다(Beck, 2002).

(3) 신자유주의적 세계화와 세계시민주의 교육

세계시민주의가 강조하는 핵심적 가치들 중에는 배타적 민족주의의 탈피, 인권・자유・평등과 같은 보편적 이념의 추구, 그리고 국경이나 지역성의 한계에 얽매이지 않은 교류와 소통의 가능성이라고 하는 긍정적인 측면이 존재한다. 그런데 이러한 세계시민주의에 대한 긍정적 전망들은 앞으로 세계시민주의에 바탕을 둔 국제질서의 정립이 작금의 세계화 과정을 통해서 이루어질 것이라는 막연한 기대를 낳게 되었다. 문제는 이러한 세계시민주의가 동반한 오늘날 세계화의 흐름이 구미 중심의 다국적 자본에 의해 주도되는 신자유주의적 세계화라는 점이다(Kahler, 1998; Kohler & Chaves, 2003; Smith, 2007; Stiglitz, 2002). 결국 세계시민주의는 정치적 측면에서의 세계화의 완성으로써, 오늘날 국제정치적 정세변화 속에서 세계시민주의 사회의 특징들이 나타나기 시작한다고 보는 것이다(Held, 2001).

하지만 앞서 세계시민주의의 기원에서 논의한 것처럼, 세계시민주의는 근래에 만들어진 이념은 아니다. 팝퀴즈(Popkewitz, 2008)는 계몽주의의 영향으로 근대적 학교교육이 체계화된 이후부터 오늘날까지 학교교육의 개혁에 대한 요구가 꾸준히 존재했었는데, 그러한 교육개혁에는 항상 세계시민주의 교육에 대한 목표가 포함되어 있었다고 주장한다. 예컨대 앞서 언급한 누스바움(Nussbaum, 1996, 1997)의 세계시민주의 교육의 제안도, 다민족, 다인종적 배경을 가진 미국 학생들이 자신들의 고유한 문화적 전승들을 고집하기보다는 세계시민으로서의 보편적 가치를 배움으로써 미국 내의 민족주의적 갈등을 근본적으로 해결할 수 있다는 믿음에서 나온 것이다. 하지만 이 주장에 반대하는 사람들은 세계시민주의 교육이 학생들에게 자신들의 문화가 가지는 고유한 가치를 등한시하게 되고, 폄하하는 경향을 낳게 되며, 결과적으로 자신의 문화와 정체성에 대한 부정적 인식을 갖게 되어, 결국 자신을 서구유럽중심주의적 이성관 및 가치관에 동화시킬 위험이 있으므로 세계시민주의 교육에 대한 잘못된 환상을 버려야 한다고 지적한다(McDonough & Feinberg, 2003).

이에 해리스(Harris, 2003)는 세계시민주의가 대중의 재교육을 통한 계몽이라고 하는 칸트적 이념에 근거하고 있다는 점에서는 자유주의적이지만, 실제로는 유럽식 민족주의를 내포하고 있는 또 하나의 분파주의적 이념(sectarian ideology)이라고 주장한다. 더군다나 칸트의 세계시민주의적 계몽사상은 인종주의와 유럽중심주의라는 근본적인 이념적 한계에 갇혀 있다(McCarthy, 1999). 결국 누스바움의 주장처럼 세계시민주의 교육은 종종 배타적 민족주의나 애국주의에 대한 대항개념으로써 언급되고 있지만, 본질적으로는 세계지향적 민족주의(globalized-nationalism) 혹은 민족적-세계시민주의(national- cosmopolitanism)와 같은 제국주의적 민족주의의 한 형태에 지나지 않는다는 것이다(Kymlicka, 2001; Tan, 2005).

더욱이 세계시민주의 교육이념은 오늘날 교육목적의 설정에만 영향을 미치고 있는 것이 아니라, 교육과정의 이론적 논의, 교육방법론과 관련된 학습이론, 발달이론 등에 포괄적으로 영향을 미치고 있다(McDonough & Feinberg, 2003). 그 이유를 팝퀴즈(Popkewitz, 2008)는 학교교육이 담당하는 사회적 포섭(inclusion)과 배제(exclusion)의 기능에서 찾고 있다. 즉, 학교교육을 통해 도달해야 될 궁극적 모델로서 세계시민주의적 인간관을 설정하고 이 기준에서 벗어나는 것은 모두 배제의 영역으로 축출해버리는 것이다. 지금까지 교육학의 이론으로 다루어져 왔던 수많은 교육철학 및 학습이론들-듀이의 실용주의 사상, 손다이크의 행동주의 심리학, 현대의 비판이론, 문제해결 및 협동이론 등-은 학생들이 성취해야 할 기준, 모범, 단계들을 설정하고 그 기준에 도달여부에 따라 포섭과 배제의 대상으로 나누는 준거의 역할을 해 왔다는 것이다. 이와 같은 맥락에서 랑시에르(2006)는 교육학(Pedagogy)이 근본적으로 규칙과 표준을 학생들에게 각인시키고, 이를 통해 학생들의 모든 경험들을 범주화하며, 문제를 설정하고, 모든 절차들을 정립하며, 사고와 행동을 규정하는 정치적인 행위의 역할을 해 왔다고 주장한다. 결국 세계시민주의 이념은 학교교육과정의 목표뿐만 아니라 교육과정의 내용 및 방법에도 스며들어 있어서 그 이념에 기준에 맞는 학생들을 선별, 양성, 격려하는 역할을 하고 있다는 것이다.

요컨대, 지금까지 논의한 바와 같이 스토아적인 가치로서의 보편적 도덕성으로서의 이성의 개념, 칸트적 계몽사상에 입각한 교육의 목표들, 그리고 모더니즘적 패러다임이라는 태생적 한계에 갇혀 있는 세계시민주의 이념이 과연 미래지향적 교육이념으로써의 가치가 있는가에 대한 비판적인 검토가 요구되고 있는 것이다 (Mehta, 2000). 따라서 다음 절에서는 현재 전 세계적으로 세계시민주의 이념이 국가적 교육과정에 어떻게 반영되어 있는지에 대한 분석을 통해서 보다 구체적인 논의를 제시해보도록 한다.

2) 대안 : 비판이론의 관점에서 본 세계시민주의

20세기 초 자연과학과 사회과학를 지배했던 과학주의적, 논리 실증주의적 패러다임은 20세기 중반 이후부터는 현상학, 해석학, 해체주의, 포스트모더니즘, 그리고 비판이론 등과 같은 새로운 인식론적 담론들의 출현으로 인해 큰 변화를 맞이하게 되었다(Guba, 1990; Schwandt, 1997). 세계시민주의 이념의 토대가 이성적 합리주의라면, 본 절은 그러한 이성적 합리주의의 해체와 극복을 위해 비판이론의 관점에서 세계시민주의에 대한 새로운 이해를 시도하도록 한다.

(1) 비판적 세계시민주의(critical cosmopolitanism)

비판이론은 네오막시즘과 프랑크푸르트학파의 비판적 사회학에서 출발하여, 변증법 철학, 정치경제학, 역사학, 사회과학, 그리고 심리분석학 등에 뿌리를 두고 후기구조주의 및 포스트모더니즘, 페미니즘과 다각적인 이론적 소통을 하고 있는 학문분야라고 볼 수 있다(Ingram, 1990). 비판이론이 사회적 재생산의 구조와 이에 대한 저항논리의 분석에 주력하는 것과 같은 맥락에서, 비판적 세계시민주의는 세계시민주의 이념이 어떠한 기제로서 기존의 사회구조를 재생산하는 역할을 하고 있는가에 주목한다. 즉, 세계시민주의가 지향하는 민주시민이 개인주의적이고 엘리트주의적이라면, 비판적 세계시민주의는 그러한 엘리트주의적 민주시민의 양성이 과연 공동체적 가치를 추구하는 참여적 민주주의에 부합되는지를 점검하고, 부합되지 않는다면 그 대안적 이념이 무엇인지를 밝히는 것이다. 여기서는 비판적 세계시민주의의 성격으로써 자발적 세계시민주의, 통속주의, 후기식민주의적 비판이라는 세 가지 관점을 제시하도록 한다.

첫째, 위로부터의 세계화가 다국적 기업과 세계 금융자본이 독과점적으로 세계의 산업, 금융, 인력시장의 구조를 재편해 나가고, 이를 위하여 단일문화나 단일가치의 세계적 확산을 조장하는 구조라고 한다면(Shiva, 1993), 아래로부터의 세계화는 분배, 공존/연대, 자기조직화, 다양성의 논리에 의해 생태학적인 지구촌을 가꾸어나가는 구조이다(Brecher, Costello, & Smith, 2000). 이처럼 세계화가 위로부터의 세계화와 아래로부터의 세계화로 구별되듯이, 폴락(Pollock, 2002)은 회유적(coercive) 세계시민주의와 자발적(voluntaristic) 세계시민주의를 구별한다. 여기서 회유적 세계시민주의는 신자유주의적 세계화라는 현실적 상황에 의해 선택의 여지가 없이 외부로부터 강요되다시피 주어지는 세계시민주의의 이념이라고 한다면, 자발적 세계시민주의는 내적인 필요와 주체적 선택에 의해 세계정세의 변화에 적응해나가는 과정에서 자연스럽게 이루어지는 나와 이웃의 소통이다.

둘째, 세계시민주의에 대립되는 입장은 (배타적) 민족주의가 아니라 통속주의(vernacularism)라고 볼 수 있다.[6] 그동안 역사적 · 문화적 연구관심에서 소외되어온 통속주의는 세계시민주의 이면에 놓인 신자유주의적 세계화에 대한 비판에 있어서도 민족주의의 논리보다 유리한 위치를 확보할 수 있다. 비판적 세계시민주의는 통속주의를 바탕으로, 보편적 도덕성 · 시민정신 · 인권 · 합리성 등과 같은 근대화 이념을 대체할 수 있는 토착화된 세계시민주의에 대한 이해를 가능하게 한다. 그리하여 비판적 세계시민주의는 보편화된 세계시민주의 이념들이 대변하는 서구유럽중심의 근대적 가치관이 어떻게 학교교육을 통해 전달되고 있으며,

6) Pollock(2002)은 세계시민주의에 대항하는 이념으로써 통속주의를 내세우며, 이 두 가지 이념의 그 차별성을 능동적(voluntaristic)이냐, 강압적이냐(coercive)에 두고 있다. 즉, 세계화 및 세계시민주의가 대중의 자발적 참여에 의한 것이 아니라, 자본의 논리, 힘의 논리에 의해 어쩔 수 없이 따라야만 하는 현실에 의한 것으로 강압적이라면, 통속주의는 대중이 선택할 수 있고, 시대의 변화에 자연스럽게 적응해나갈 수 있는 환경이 마련된다면 이는 능동적인 성격을 띤다고 본다(pp. 29-39).

그 결과가 지역사회에 어떤 결과를 초래하고 있는가에 주목한다.

예컨대, 요즘 우리나라의 학교교육과정에서 세계시민주의 이념의 영향을 가장 크게 받고 있는 분야가 바로 영어교육 분야일 것이다. 세계화의 열풍에 의해 영어교육의 중요성이 커짐에 따라 학교교육에서 미치는 영향이 점차 커지고, 과도한 사교육비 지출 및 조기유학 등과 같은 사회적 여파도 또한 엄청나다. 이러한 영어교육의 급격한 팽창은 교육과정에 명시된 국가경쟁력 강화, 글로벌 인재양성, 세계시민의식 교육 등과 같은 표현들에 의해 그 타당성과 정당성이 보증되고 있는 것이다. 결과적으로 이러한 영어교육의 현실은 세계시민주의-세계화-영어의 불가분한 연결고리, 즉 교육목표로서의 세계시민주의-변화되는 국제적 환경으로서의 세계화-이에 대비하는 도구적 수단으로서의 영어능력이라는 논리적 연관성에 대해 그 누구도 문제제기할 수 없는 인식론적 신조를 만들어버렸다(박휴용, 2006).

셋째, 미놀로(Mignolo, 2002: 173)는 세계시민주의가 강조하는 인권, 세계시민권 등의 개념을 올바로 이해하기 위해서는 모더니즘이 갖는 식민주의적 역사와의 관련성을 이해할 필요가 있다고 주장한다. 예를 들어, 칸트의 세계시민주의가 내세웠던 정의, 평등, 인권의 이념은 그가 가진 인종주의적이고 유럽중심주의적 편견에서 벗어나지 못하고 있다는 것이다. 이를 극복할 방법론의 하나로 미놀로는 그동안 근대화의 과정에서 소외되었던 변방의 목소리들을 중심으로 한 세계시민주의를 기획하는 주변부 사고(border thinking)나 주변부 인식론의 도입이 필요하다고 주장한다. 이러한 주변부 사고의 가능성을 확대하는 것이 바로 비판적 혹은 변증법적 세계시민주의의 역할이고, 그로 인해 보편주의적 가치가 아닌 다원주의적 가치를 이끌어 낼 수 있는 것이다.

(2) 비판이론에서 본 학교교육의 목표와 방법론

프레이레(Freire, 2007: 128)는 막연하게 인식되는 휴머니즘은 종종 구체적이고 실존적인 현실 속에 존재하는 인간에 대해 간과한 채 도덕적 인간(good man) 등과 같은 이상적인 모델을 창조하는 경향이 있음을 지적한다. 프레이레에 따르면, 진정한 휴머니즘은 총체적인 인간성에 대한 자각을 허용하는 과정 속에서 나타나고, 그것이 하나의 선행조건으로써, 의무로써, 상황으로써, 과업으로써 인식될 때만이 인간성에 대한 올바른 이해에 도달할 수 있다고 보았다. 즉, 교육과정의 목표로써 선언적으로 이상적 인간상을 제시하는 것만으로는 학교교육을 올바로 이끌어 갈 수 없다는 것이다. 그렇다면 비판적 세계시민주의는 어떠한 학교교육의 비전을 제시할 수 있는가?

비판적 세계시민주의를 토대로 한 학교교육의 비전에 대한 여러 학자들의 견해(Bowers, 2001, 2002; Young 2008)를 요약하면, 다음과 같은 목표로 제시될 수 있다.

진보적이고 비판적 교육학을 통해서 유럽중심의 철학적, 사상적 접근방식의 한계를 극복하고, 자연생태계와의 관계성 회복을 통한 인류발전의 비전을 설정하여 우리의 삶이 개별적으로 유리된 삶이 아닌 사회문화적 생태적 공동체를 실현하는 방향으로 나아갈 수 있도록 하는 교육과정이 필요하다.

툴민(Toulmin, 1990: 186-193)은 비판적 세계시민주의의 관점에서 학교교육의 내용적 성격은 다음과 같은 특징이 있어야 한다고 보았다.

첫째, 오늘날 학교교육과정의 내용지식은 근대적 지식의 특징에 영향을 받아 문어적, 보편적, 전 지구적, 초시간적 성격을 가지고 있으므로, 이를 극복하기 위하여 비판적 세계시민주의는 교육내용의 선정과 구성에 있어서 구어적(oral), 개별적(particular), 지역적(local), 적시적(timely) 성격을 회복하려는 노력을 포함해야 한다고 본다.

둘째, 교육내용의 안정성이나 발달적, 위계적 구조에 구속된 정적인 지식을 다루기보다는 다양한 관점을 내포한 지식, 현실사회에서 끊임없이 출현하는 인류의 문제들에 대해 열린 역동적인 지식을 다룰 수 있어야 한다고 주장한다.

셋째, 학교교육에서 다루어지는 지식은 국가의 경계, 문화의 경계, 지역의 경계, 학문의 경계, 방법론의 경계 등의 경계(boundary)에 구속되지 않고, 그러한 경계를 내적인 원동력에 의해서 뛰어넘는 학문적 통섭을 시도해야 한다고 보았다.

최근 10년간 한국사회는 IMF와 세계화라는 격동적이고 거스르기 힘든 변화 속에 놓여있었고, 앞으로의 국제정세는 과거처럼 국가적 · 민족적 테두리 안에서만 안주할 수 없는 현실이다. 툴민이 앞서 언급한 비판적 세계시민주의는 오늘날 우리나라가 겪는 신자유주의적 세계화를 기반으로 한 세계시민주의 이념의 대안적 가치로 자리매김할 수 있을 것이다. 신자유주의적 세계화가 서구유럽중심의 '위로부터의 세계화'라고 한다면, 비판적 세계시민주의는 이에 저항하는 '아래로부터의 세계화'(Brecher, Costello, & Smith, 2000)를 지향하는 세계시민주의 이념이 된다. 따라서 비판적 세계시민주의는 다양성, 혼성, 소통, 공존 등의 개념을 포섭할 수 있는 미래의 교육과정과 그 목표를 지향해야 할 것이고, 그러한 다양성과 공존을 기반으로 한 교육과정의 모형 중의 하나가 바로 다음 절에서 논의할 생태주의 교육과정이다.

3) 교육과정 목표의 대안 : 생태주의 교육과정(ecological curriculum)

생태주의 교육과정(ecological curriculum)이란 인류와 자연, 개인과 사회의 유기체적 연계성을 촉진할 수 있는 방향으로 교육의 목적, 방향, 내용 및 방법 등을 모색하는 교육과정이므로, 아동들에게 의미 있는 학습을 강조하고, 경쟁보다는 협동, 수월성과 평등성의 조화, 그리고 삶과 배움의 환경에 대해 관심을 갖는 교육과정을 일컫는다. 예컨대, 모리스(Morris, 2002)는 '생태주의적 자각'(ecological consciousness)이라는 개념을 통해서 생태주의 의식이 교육과정에 어떻게 반영될 수 있는가를 제시하면서, 의식에 있어서의 현상학적 및 기능적 모형이 교육과정 개발에 기여할 수 있는 가능성을 제시하고 있다. 여기서 생태주의 의식은 인간을 상호의존적인 생태적 존재로서 자각하게 하고, 궁극적으로 수많은 상이한 목소리들과 삶들이 어우러져 살아가는 세상을 지향할 수 있도록 일깨워주는 것이다.

결국 미래의 바람직한 교육환경은 생태주의에 기반한 교육과정을 통해 교육활동의 참여자들이 상호의존적이고 순환적이며, 자생적인 관계망을 구축함으로써 완성된다. 이를 파이너(Pinar, 2004)는 기존의 교육과정과는 전혀 다른 패러다임에 바탕을 둔 생태정의적 진보주의(Ecojustice Progressive) 교육과정으로 명명하고 있다. 이러한 생태정의적 교육과정은 궁극적으로 학교와 사회의 연계, 개인과 사회의 연계, 앎과 삶의 연계성을 촉진하는 교육과정이라고 이해할 수 있다.

또한 생태주의 교육과정은 본질적으로 세계시민주의의 이념적 기반인 모더니즘, 이성주의, 개인주의와는 전혀 다른 패러다임 속에서 현대사회와 학교교육에 과잉된 과학주의적, 물질주의적, 경쟁주의적 환경이 갖고 있는 문제점을 생태주의의 원리를 통해서 풀어나가려는 것이다. 그러므로 생태주의는 근대적 이성주의의 선봉이었던 뉴턴식 사고에 의한 위계성, 엄밀성, 표준화, 그리고 통일성이 강조된 교육과정이 아닌 차별성, 다양성, 평등성, 그리고 적응가능성이 강조된 교육과정을 지향하고 있다(Toulmin, 1990: 194). 예컨대, 볼라(Bohla, 2004: 197)가 제안한 생태주의 교육과정의 주안점들 중에서 다음과 같은 것들에 주목할 필요가 있을 것이다: 즉, ① 전 지구적 필요성뿐 아니라 지역적 필요성을 직시하고, ② 공교육제도는 사교육시장에 휘둘리지 말고 민주성과 기회균등이라는 공적인 역할에 충실해야 하며, ③ 장애인, 소수민족, 빈곤층 등의 소외된 사람들을 위한 교육정책의 수립이 필요하며, ④ 학교교육의 목표가 자본주의적 · 경제주의적 논리에 의한 산업인력생산을 위한 것만이 아니라, 문화와 전통의 계승과 발전을 도모하는 균형 잡힌 교육과정이 되도록 해야 하고, 마지막으로 ⑤ 교육과정은 '의식화로서의 학습(learning as conscientization)'과 학생들의 회고적 사고력을 극대화시키는 방향으로 나아가야 한다는 것이다.

지금까지는 생태주의 교육과정이 구체적으로 개념화되거나 생태주의적 모형을 교육현장에 직접 적용하는 시도는 그리 많지 않았으나(Weaver-Hightower, 2008)[7], 이제는 생태주의적인 교실환경, 교육과정, 그리고 교사 등에 대한 구체적인 논의가 활성화될 필요가 있다. 즉, 앞으로의 생태주의적 교육과정은 첫째, 학교(교육)시스템이 과연 생태주의적 시스템으로 이해될 수 있는가 하는 문제, 둘째, 생태주의적 접근이 교육현실의 당면문제를 해결하는 데 어떤 도움을 줄 수 있는가에 대한 문제, 그리고 셋째, 어떠한 생태주의적 모델 혹은 원리를 통해서 구체적인 교육문제에 대한 해결책을 도출해낼 수 있는가에 대한 문제 등에 대한 논의를 포함해야 할 것이다.

결론적으로, 본 절의 문제제기는 현재 대중들의 담론 속에서 회자되는 세계시민주의는 서구유럽 중심적 패러다임-모더니즘, 이성주의, 개인주의-에 갇힌 세계시민주의에 대한 이해의 틀을 벗어나고 있지 못하다는 것이고, 그러한 세계시민

7) 생태주의적 접근(Bronfenbrenner, 1979)을 교육학에 적용하기 위한 시도는 이미 1970년대에서부터 시작되어 왔으나, 처음에는 단순히 하나의 은유로서 인식되었다.

주의 이념이 신자유주의적 세계화와 더불어 우리나라를 비롯하여 세계 각국의 교육과정 속 교육목표의 담론 속에 녹아 있다는 것이었다. 세계시민주의 이념은 민주시민양성, 인권, 문해/평생학습이라는 세 가지 핵심어를 통해 전 세계 교육과정의 목표에 반영되어 있었는데, 이는 첫째, '민주주의 그리고 시민'과 같은 유럽중심주의적 정치이념에 근거하고 있으며, 둘째, 불명확하고 선언적인 의미의 인권개념에 토대하고 있고, 셋째, 문해/평생교육의 개념은 산업주의적 효용성의 논리를 뒷받침하는 이념으로 오용될 위험성이 다분함을 알 수 있었다.

따라서 본 절은 이러한 세계시민주의의 한계에 대한 대안으로 비판적 세계시민주의의 관점을 통해 세계시민주의에 대한 올바른 이해가 필요하며, 그 실천적 방법론으로써 생태주의 교육과정의 관점을 교육과정의 목표와 내용으로 도입할 필요성이 있음을 제시한다. 결론적으로 Gallagher(1992: 21)의 주장처럼 21세기 교육의 미래는 특정 민족/인종/지배집단의 가치관, 문화, 이익에 의해 좌우되거나 엘리트주의 및 업적주의 등의 결과론적인 판단에 영향을 받지 않고, 궁극적으로 통합적이고 다원주의적 사회체제에 합당한 도덕성, 참여적 민주주의, 차이에 대한 관용 등을 포괄하는 이념을 학교교육을 통해 가르치는 방향으로 나아가야 할 것이다.

Chapter 02

다문화사회의 도덕성 교육*

* 본 장의 내용은 [박휴용(2013). 다문화사회를 위한 인격교육의 성격과 방향. 인격교육, 7(2), 45-67]의 내용을 수정한 것임.

1. 다문화사회의 도덕성 교육

사람의 도덕적이고 심리적 품성(品性)을 표현하는 말로는 인품, 인간성, 인성, 됨됨이, 덕, 덕성, 덕망, 품격 등의 용어가 두루 쓰인다. 이러한 용어들은 개인의 성향에 대한 규범적(規範的) 판단으로써 대개 사회적인 가치척도가 그러한 판단의 준거로 사용된다. 개인의 성향을 판단하는 이러한 사회적 가치척도는 공공성, 사회적 조화 정도, 이타심, 타인에의 귀감, 인간의 동물적 본성의 초월 정도 등을 바탕으로 하고 있다. 본 장에서는 이러한 개인의 성향이 다문화사회에서 어떤 개인의 품성, 인격, 성격을 도덕적 혹은 윤리적 가치로 규범화될 수 있을까 하는 문제를 논의하도록 한다.

21세기 현재 우리가 도덕성이라는 개념보다는 인성이라는 개념이 훨씬 자연스럽고 타당하게 이해되는 이유는 오늘날의 사회가 이미 개인주의적인 윤리관에 잠식되어 있다는 것을 보여준다. 즉, 과거에는 사회적이고 규범적인 차원에서 논의되었던 도덕성의 개념은 사라지고, 개인의 도덕적 자질의 본질을 개인적 특성 차원에서 바라보기 시작했다는 것이다. 물론 인간의 품성에 대한 가치척도는 사회 혹은 문화마다 다양하다. 인간의 도덕적 관념들을 표현하기 위해 서양심리학에서는 성격(character)과 인성(personality)이란 용어가 섞여 쓰이고 있는데, 국내 학계에서는 이를 인격(character)과 품성(personality)이라고 부르기도 한다. 여기서는 우선 인간의 품성에 대한 올바른 개념적 이해를 위해, 도덕교육론의 연구가 잘 이루어진 서양심리학에서의 인격(character)과 인성(personality)의 개념적 차이에 대해 우선적으로 논의해보도록 한다.

현대의 심리학은 지능, 창의성, 동기 등과 같은 인간의 여러 특성들(traits)을 연구의 대상으로 삼고 있고, 인성도 바로 그러한 연구대상들 중의 하나이다. 인성에 대한 현대 심리학의 관심은 크게 세 가지 차원에서 연구되고 있다: 개인들을 차별화시키는 사고, 감정, 행동의 지속적인 패턴이 무엇인가, 이러한 패턴의 저변에서 발생하는 현상들은 어떤 것인가, 그리고 사람들의 인성들(personalities)이 시간이 흐름에 따라 어떻게 발전하고 변화하는가가 그것이다(Noftle, Schnitker, &

Robins, 2011). 여기서 인성이란 바로 첫 번째 문제인 “개인들을 차별화시키는 사고, 감정, 행동의 지속적인 패턴”이 바로 인성의 특성인 것이다. 인성에 대한 심리학적 연구의 선구자인 Allport(1931)는 인성에 대한 범주화를 시도함에 있어서, 역사적 맥락에 의존하고 있고 비과학적인 접근이라는 이유로 전통적 의미에서의 인간의 도덕적 특성(moral characteristics)들을 배제하도록 하였다. 그러면서 순수하게 과학적으로 인성을 이해하기 위한 차원으로써 “뛰어난, 바람직한, 선호할 만한” 등과 같은 판단적(judgmental) 접근을 배제함과 동시에, 평가적이고 기술적인 표현(‘사교적인’, ‘공격적인’)에 의한 분류는 허용하는 식으로 인성에 대한 범주화를 시도하였던 것이다(Allport & Odbert, 1936). 도덕적 특성(character traits)도 마찬가지로 인간의 심리적 특성 중 하나로 여겨지는데, 인성이 가치독립적(value-free) 개념으로 이해되는 데 비하여, 도덕성은 가치부여적(value-laden) 개념으로써 이해된다. 그렇지만 인성과 도덕성이 어떤 차이를 갖는가에 대해서는 심리학자들마다 다르게 받아들여지고 있고, 오늘날에도 그 분명한 차이가 명확히 구별되어 쓰이기보다는 인간 특성의 구성요인들을 구명하기 위한 과학적이고 타당한 방법론을 계속 모색하고 있다(Noftle, Schnitker, & Robins, 2011: 209).

현재까지의 도덕성과 인성의 구분에 관한 논의를 정리하면, 도덕성(character)은 심리학에서 다루는 인성(personality)에다가 도덕적인 요소를 추가한 개념으로써, 도덕성의 정도(character strengths)를 판단하는 방식으로 흔히 쓰인다(Park, Peterson, & Seligman, 2004). 즉, 인격을 “사고, 감정, 행동에 반영된 긍정적 성격으로, 그 정도의 차이가 존재하고 개인별 차이가 측정될 수 있는” 특성으로 정의하고 있는 것이다(Park, Peterson, & Seligman, 2004: 603). 이러한 정의를 바탕으로 도덕성은 그 구성요소들(constructs)간에 어떤 인과관계가 있는지, 자체적으로 도덕적 가치를 갖는 특성들이 무엇인지, 그리고 연속적(continua)인 도덕성의 정도 중에서 특히 긍정적인 차원(예컨대, 잔인함, 소심함과 같은 부정적 속성이 아니라 온정, 용기와 같은 긍정적 속성)이 무엇인지를 중심으로 논의되고 있다.

요컨대, 앞서 논의한 품성 교육의 개념 정의에 따르면, 도덕성은 인간의 인성(personality) 특성에서 도덕적 판단을 가능케 하는 요소들이 첨가된 것으로나, 혹은 도덕적 가치를 부여할 수 있는 인간의 여러 특성들 중에서 특히 긍정적인 측면을 가리키는 것으로 이해할 수 있다.[1] 하지만 다문화사회의 인간의 도덕성에 대한 새로운 개념정의는 앞서 논의한 서양 심리학적 패러다임에서 탈피하여, 그 철학적 본질과 성격에 대한 재성찰을 바탕으로 새롭게 개념정리 할 필요가 있다. 즉, 다문화사회의 도덕교육의 방향성은 다문화교육의 목적과 철학을 바탕으로 한 새로운 도덕성 교육의 개념 및 성격에 대한 이해를 바탕으로 해야 한다.

2. 도덕성 교육[2]의 가치기준

다문화사회를 위한 도덕성 교육의 성격을 파악하기 위해, 기존의 도덕교육의 이론적 틀 속에서 도덕성 교육을 어떻게 이해할 수 있을 것인지에 대해 다음 네 가지 대조적 개념 틀을 바탕으로 논의해보자.

1) 자유주의 합리론 대 공동체주의 규범론

도덕교육(moral education)론에는 크게 두 가지의 상반된 입장의 대립이 지속되어 왔다. 즉, 하나는 피교육자 스스로의 자율적인 도덕판단능력을 발달시켜 주어야 한다는 칸트의 도덕철학이나 피아제(Piaget)나 콜버그(Kohlberg)의 인지발달이론에 근거한 '도덕발달이론' 등과 같은 발달론적, 합리주의적 입장이고, 다른 하나는 뒤르껭(Durkheim)의 도덕사회화 이론이나 미국의 '도덕성 교육(character education)' 이론과 같이 사회의 지배적인 가치 기준을 내면화시킨다는 규범적인 입장이 그것이다. 전자의 합리주의적 입장은 이성, 정의, 자율성 등을 중시하는

1) 이러한 정의는 Allport(1937: 52)가 규정한 "도덕성(character)은 인성(personality)이 평가된 것이고, 도덕성에서 가치평가를 배제한 것이 인성이다"라는 표현과도 일맥상통한데, Allport는 도덕성이나 인성이나 그것이 가리키는 인간의 특성으로서의 내용은 거의 동일하지만, 바라보는 시각에 따라 차이가 나는 것으로 보았다.

2) 지금까지 국내외의 윤리 및 도덕에 관련한 연구는 거의 대부분 도덕교육(moral education) 혹은 윤리교육(ethics education)의 용어로 통일되어 사용됐다. 따라서 본 절의 선행연구 분석에서는 'moral education'은 '도덕 교육'으로, 'character education'은 '도덕성 교육'으로 통일하여 사용하기로 한다.

자유주의적 경향을 띠는 것이고, 후자인 규범적인 입장은 전통, 권위, 사회적 연대를 중시하는 공동체주의적 경향을 띤 것이다(추병완, 2004: 44-45).

우선 현대 도덕론에 큰 영향을 끼친 칸트(I. Kant)의 도덕론[3]은 한마디로 도덕적 내용이나 가치보다는 도덕적 추론능력과 같은(도덕적) 사고의 형식을 중시한 것이었다. 하지만 헤르바르트(J. F. Herbart)는 칸트의 이러한 인간의 이성적 능력을 바탕으로 한 초월성에 바탕을 둔 도덕론을 현실적으로 실현 불가능한 것으로 비판한 바 있다(Louden, 2000: 19). 이처럼 칸트식의 도덕교육은 이성주의적, 엘리트주의적, 사변적이라는 한계를 갖고 있고, 그 교육적 의의도 모호하다는 비판을 받았던 것이다(Peters, 1979; 윤민봉, 1990 재인용). 결국 그러한 비판을 바탕으로, 1980년대 이후에는 형식주의보다는 습관화를 통한 덕의 형성을 추구함으로써 지적 측면과 감성적 측면을 결합하여 행위자를 통해 드러나는 도덕적 행위에 초점을 맞추는 '덕 윤리학'에 바탕에 둔 도덕교육론이 대두되게 되었던 것이다(이원봉, 2011).

반면, 뒤르껭(E. Durkheim)의 도덕교육론의 핵심은 도덕성(morality)이란 본질적으로 사회적 규칙들과 활동으로 구성된 사회적 현상이므로, 개인은 주어진 사회적 규범이나 공유되는 사회적 가치에 기여하는 방향으로 사고, 행동해야 한다고 보았다(Durkheim, 1961). 이러한 뒤르껭의 도덕교육의 핵심은 도덕적인 행동을 자극하는 기질을 기르는 방향으로 규율정신, 집단에 대한 애착, 자율성 등에 의해서 이루어져야 한다는 것이다(김순언, 1989). 뒤르껭의 도덕관에 대해 지나치게 사회결정론적 입장이라는 비판도 있었지만(Graziosi, 2008), 뒤르껭의 도덕론은 도덕적 판단의 준거를 사회에 두었을 뿐, 사회적 규범이나 공동체적 가치를 실현하기 위한 규율정신에 의한 개인의 자율성을 강조했다는 점을 상기해야 한다(허경행, 1984).

그렇다면 도덕성 교육은 개인주의나 형식주의적 측면에 초점을 맞추어야 할 것인가, 아니면 공동체주의나 규범적 내용의 측면에 초점을 맞추어야 할 것인가?

3) 칸트의 윤리학은 초월적 자유라는 이념에 근거하고 있다. 칸트는 『순수이성비판』에서 인과법칙의 지배를 받는 경험적 자아와 인과법칙을 사슬을 끊고 스스로 새로운 인과계열을 시작할 수 있는 예지적 자아를 구분하고, 자유로운 예지적 자아만이 도덕적 행위자가 될 수 있다고 보았다(이원봉, 2011: 174).

위의 두 입장의 공통점은 바로 개인의 도덕적 판단의 자율성을 강조했다는 것이고, 차이점은 도덕성의 준거가 개인의 이성적 판단에 있느냐 아니면 사회적 맥락이나 공동체적 가치에서 찾을 수 있느냐의 문제이다. 우리가 설정하도록 하는 도덕성 교육의 방향은 바로 이 두 가지 입장 사이에서 적절한 균형을 유지하면서, 도덕적 판단을 내리는 과정에서의 개인의 자율성의 문제를 어떻게 다루느냐에 의해 판가름될 것이다.

Tip 다문화주의, 문화적 보편주의, 문화적 상대주의, 가치다원주의 비교

•다문화주의(multiculturalism)

스튜어트 밀의 자유주의 사상의 맥락에서 이해할 수 있는 순전한 관용(laissez-faire tolerance : 약한 다문화주의)에서부터 소수 문화에 대한 공적인 지원을 의미하는 포용정책(강한 다문화주의)으로까지 넓은 범주를 가지고 있다.

•문화적 보편주의(cultural universalism)

인류의 문화는 구조적으로 보편적 특질을 가지고 있기 때문에, 그러한 보편적 구조를 선험하고 있는 문화가 있다고 가정한다. 이러한 가정 하에서는 각 민족들 혹은 집단들의 문화는 그러한 보편적 특질의 표준 하에서 비교가 가능하기 때문에 보다 발전된 문화와 미개한 문화의 구분이 가능하고, 특정한 문화가 다른 문화보다 우수하다고 생각할 수 있다. 이러한 사고는 식민주의적 사고의 한 파편으로 어떤 문화들은 오류가 있고, 명예롭지 못하며, 심지어 경멸스럽기까지 하다는 인식을 불러일으킨다.

•문화적 상대주의(cultural relativism)

문화란 측정불가능하고 비교되거나 서열화될 수 없다는 입장이다.

•가치다원주의(value pluralism)

다원적 가치를 용인하는 정치적 문화집단은 객관적으로 그렇지 못한 문화집단보다 뛰어나다고 본다. 다문화주의는 다양한 가치들에 대해 적응하고 촉진함으로써 바로 이러한 정치적 문화집단들 속에서 의미 있는 역할을 할 수 있는 것이다(George Crowder, 2013).

2) 근본주의(절대주의) 대 도덕적 상대주의

인간사회의 도덕적 가치는 어디에서 오는가? 한 사회의 윤리의식 및 도덕적 관념의 형성에서 근본주의적 사고는 매우 중대한 영향을 끼치고 있다[4]. 근본주의적 교리는 복수성(plurality)이나 차이를 인정하지 않고, 자신에 대한 합리적 혹은 지적 비판을 허용하지 않으면서 자신의 권위에 반하는 대상이나 주장은 배척한다. 그러므로 이러한 근본주의를 바탕으로 한 도덕관은 보편적인 인권이나 인본주의적 가치, 혹은 개인의 자기결정성(self-determination) 등을 중요시하기보다는, 지도자의 권위적 가르침과 배타적인 진리주장, 그리고 독단적인 신적 계시 등에 의존하여 판단하는 비타협적인 태도를 취하게 되는 것이다(Green, 2003: 3-4). 이처럼 근본주의는 역사적, 문화적, 종교적 맥락을 바탕으로 형성되어 사람들의 사고와 의식, 세계관, 가치관 등에 지대한 영향을 끼치고 있으므로, 자연스럽게 사람들의 도덕적 윤리적 관념에 영향을 미칠 수밖에 없다. 그런데 문제는 오늘날 많은 도덕적, 윤리적 가치들이 이러한 근본주의적 가정 위에서 규범화된 것이라는 사실이다. 우리는 근본주의적 가정과 자문화중심주의적 맥락 속에서 형성된 가치들 및 규범들을 바탕으로 우리의 도덕적 사고와 행동을 규정하고 있는 셈이다.

한편, 도덕적 상대주의는 모든 도덕적 가치는 그 가치가 만들어진 시대, 문화, 집단 등의 독특한 상황맥락에 의거하여 평가되어야 한다고 본다. 왜냐하면 순수한 수학적 명제조차도 그 명제를 이해하고 평가하는 사람들의 논리와 사고가 정초하고 있는 문화에 영향을 받고 있는 만큼, 우리의 사고, 이해, 지식, 가치, 도덕 등 모든 것의 기초가 되는 것이 바로 문화라고 보기 때문이다. 예를 들어, McClellan(1999)은 미국 공교육에서 근대성의 영향(Effects of Modernity)으로 인해 도덕교육의 패러다임이 크게 바뀌었는데, 가장 큰 특징은 전통적 도덕관념들이 도전을 받으면서 보다 상대적 가치의 관점들이 생겨났다는 것이고, 특히 인지적 발달론(cognitive developmentalism), 페미니즘이나 젠더(gender)이론의 등장, 그리고 다문화주의 등과 같은 문화상대주의적 시각이 그 주요 요인이었다는 것이다. 만일 이처럼 도덕성 자체가 문화적 산물이고, 문화가 본질적으로 상대성을 가진 실체라면, 도덕성도 마찬가지로 상대적인 성격을 띨 수밖에 없을 것이다. 이처럼 문화적 상대주의를 바탕으로 한 도덕적 상대주의는 한마디로 도덕적 가치

4) 근본주의란 가장 최초의 원초적이고 순수한 어떤 가치를 지향하면서, 과거의 신화적 시대의 선과 질서를 바탕으로 옳고 그른 것을 구분하도록 경계 짓게 하는 모든 관념을 포함한다(Hobsbawm, 1990: 167).

의 다양성과 가치다원주의(value pluralism)적 입장을 지지하고 있는 것이다.

실제로 신베를린주의자(Neo-Berlinians)와 같은 여러 학자들이 가치다원주의가 오늘날 사회상에 가장 적합한 도덕적 세계관이라고 주장하면서, 가치 다원주의는 자유주의자적 관점도 강하게 뒷받침하고 있다고 본다. 하지만 이러한 주장에 대한 반박도 만만치 않다(Talisse, 2011). 즉, 도덕적 상대주의(가치다원주의 혹은 윤리적 다원주의)는 여러 가지 장점을 가지고 있지만(Rorty, 1992; Stocker, 1990), 그럼에도 도덕적 상대주의는 두 가지 주요한 한계를 갖고 있다는 것이다.

첫째, 도덕적 목표상실에 대한 우려이다. 메이슨(Mason, 2001)은 사회적, 대인관계적, 그리고 개인적으로 도덕적 측면에서 받아들일 수없는 결과를 야기할 수 있다는 점에서 도덕적 상대주의에 반대하면서, 진리는 인식론적인 차원으로 환원시킬 수 없는 존재론적인 문제라고 주장한다. 메이슨은 그 대신 "우리 자신뿐만 아니라 서로 서로의 존엄성에 대한 존중을 바탕으로, 도덕적 선택의 결과에 대해 책임을 지는 것"으로서의 통합의 윤리(ethics of integrity)를 강조한다(Mason, 2001: 53). 이러한 그의 윤리관은 인간은 선이성적(pre-rational), 선사회적(pre-social) 도덕적 능력을 갖고 있고, 이러한 내적 능력이 우리를 인간으로 규정해 준다는 믿음에 기초하고 있다.

둘째, 도덕적 가치들 사이의 갈등의 문제이다. 도덕적 상대주의는 필연적으로 도덕적 가치들의 갈등에 직면하게 된다(Nagel, 1979; Williams, 1981). 서로 다른 문화적 배경과 사고방식, 가치기준이 복수로 존재하는 사회에서는 도덕적 가치들의 절대적인 근거를 제시하기 어렵고, 각 집단의 가치기준은 상대적 가치를 지닐 수밖에 없다. 이러한 혼성적 사회환경 속에서 개별 집단의 도덕적 가치들은 양립하거나 충돌하기 마련이고, 이는 사회적 합의를 위한 가치판단 과정에서 갈등요인으로 대두될 수밖에 없다는 것이다.

하지만 도덕적 상대주의는 위와 같은 딜레마에도 불구하고, 오늘날 매우 유의미한 도덕론의 틀이 될 것이다. 그 이유는 바로 우리의 미래사회는 다원주의 사회로 구성될 수밖에 없기 때문이다. 따라서 자유주의적 관점에 기반한 보편적 윤리의 가치들의 본질적 의미(즉, 인권, 자유, 평등 등의 필요성과 중요성)를 존중하면서도, 어떻게 이러한 가치들이 다양한 문화적, 역사적, 사회적 관점에서 재해석해야 할지를 고민할 필요가 있다. 그리고 그러한 새로운 해석은 지금까지 지배적 관점으로 군림해 왔던 서구적 자유주의의 관점에서 접근할 것이 아니라, 다원주의적 그리고 다문화적 가치, 맥락, 관점 하에서 개발하고 적용하는 비판적 접근이 필요할 것이다.

Tip

민주주의, 공화주의, 그리고 인권

모든 사람이 가지고 있다고 추정되는 권리를 의미하는 인권은 자연법사상을 기반으로 하고 있다. 자연법사상이란 모든 인간은 개별적 차이보다는 자연에 의해 규정되고, 보편적 가치에 의해 규제를 받아야 한다는 생각이다. 즉, 인권은 누구나 갖는 자연으로부터 부여받은 존중받을 수 있는 권리라는 점에서 자연권(natural rights)이라고 볼 수 있다.

이러한 인권 개념은 근대시민사회의 형성과 더불어 시민권의 개념을 띠게 되는데, 이는 세속적 질서의 토대이자 그 사회를 구성하는 구성원들의 권리와 더불어 의무의 개념까지 포함하게 된다. 인권이 천부적이고 보편적 성격을 띠는 것과는 달리, 시민권은 사회적 개념이자 권리만이 아닌 의무도 규정하는 것인데, 이는 곧 시민권의 소유가 차별적일 수밖에 없다는 것을 의미한다. 즉, 시민권을 지닐 자격을 갖춘 사람과 갖추지 못한 사람을 책임과 의무의 여부에 따라 구별하는 것이다. 이것이 세계시민주의 이념이 갖는 근본적 한계이자 개념적 모순이다. 세계시민주의는 세계시민의 자격을 갖춘 사람과 그렇지 않은 사람을 구별하기 때문에 결코 인권으로서의 보편적 가치를 갖는 것이 아니고, 그 책임과 의무에 의해 규제되는 개념이다. 그러므로 시민권의 개념은 근대국가의 형성과 함께 생성된 것으로, 근대 민족국가의 형성 요소인 시민의 주권, 국가(통치계급)의 통치권, 주변 국가들로부터의 독립권, 그리고 시민들 사이의 자유와 평등의 개념들과 관련하여 이해할 수밖에 없다.

현대 사회에 이르러, 이러한 시민권의 개념이 확대되어 동일한 조건의 모든 사람들에게 동일한 권리를 보장한다는 의미의 보편주의적 시민권의 개념이 등장했다. 노예제 폐지, 남녀평등화, 참정권의 확대, 소수민족에 대한 배려 등은 이 보편주의적 시민권이 없었더라면 불가능한 제도였다. 그런데 이러한 보편주의적 시민권 개념이 확대되어 자리를 잡기 위해서는 시민들의 권리뿐 아니라 책임이자 의무에 대한 논의가 필수적이다. 기존의 사회적 지배계층을 대변하는 남성, 귀족, 주류 인종들이 자신들이 그동안 누렸던 차별적 권리를 그냥 양도할 수 없었기 때문이다. 인민에 의한 지배를 뜻하는 '민주주의'가 자유와 평등을 인류의 보편적 가치로 절대화하는 반면, 시민으로써의 책임과 의무를 강조하는 정치사상이 바로 공화주의(republicanism)이다. 공화주의는 정의와 공공선에 기반을 두고 주권자인 시민들이 만들어낸 자유로운 정치 공동체라는 의미로써, 보편성보다는 공화국을 유지하기 위한 정의, 공공선(공동체 의식 : 동료애, 협동, 배려), 그리고 자유와 동시에 의무를 강조하고 있다. 또한 공화주의에서의 자유는 타인에 의한 속박에서의 자유, 즉 개인 간의 자유를 인정하면서도, 공화국의 법에는 복종하는 자유를 의미이다. 그 이유는 공화주의의 가장 큰 가치가 공동체(공화국)의 안정과 번영이기 때문이다.

우리나라 헌법 제1조에 명시된 대한민국은 민주공화국이라는 이념은 바로 민주주의와 공화주의 두 가지 정치사상의 장점을 결합하겠다는 것이다. 민주주의로부터는 보편적 인권 사상과 민주주의 제도(삼권분립, 선거제도, 다수결의 원칙)를 장점으로 삼고, 공화주의로부터는 공적 질서 확립, 책임과 의무의 부여, 그리고 이를 통한 공화국 공동체의 발전을 꾀하자는 것이다. 민주공화국으로서 대한민국은 다문화적 가치(차이에 대한 존중, 인종, 문화적 차별 철폐, 다원주의 지향)를 존중할 수밖에 없는 헌법적 정신의 토대 위에 서 있다. 대한민국 사회가 척결해야 하는 것은 민주주의 제도를 혼란시키는 삼권분립 원칙위반, 선거부정 등과 더불어 공화국의 공동체 정신에 위배되는 인종적 편견, 경제적 양극화, 공동체적 가치의 소멸인 것이다(최현, 2014).

출처 : 최현(2014). 개념사 01 : 인권. 서울: 책세상.

3) 도덕적 가치의 보편성 대 특수성(맥락성)

인간의 도덕성은 무엇으로 이루어지고, 어떻게 판단될 것인가? 도덕성 교육을 통해서 가르치고자 하는 도덕적 가치는 전 시대, 문화, 사회 등을 막론하고 적용될 수 있는 보편적인 성격을 지닌 것인가, 아니면 특정한 시대나 사회문화에 따라 달라질 수 있는 특수성을 띤 것인가에 따라 달라질 것이다.

지금까지의 인간의 도덕성에 대한 심리학적 연구는 주로 인간의 보편적 도덕적 특질을 밝히는 데 많은 노력을 기울였다. 예를 들어, 디머맨(Dimermen, 2009: 9)은 아동 인성교육을 10가지 영역의 덕성 즉, 존중감(respect), 책임감(responsibility), 정직(honesty), 공감(empathy), 공정성(fairness), 주도성(initiative), 용기(courage), 인내(perseverance), 긍정심(optimism), 그리고 통합성(integrity)을 기르는 것으로 정의하였다. 이러한 인간의 도덕성을 결정짓는 요인에 대한 범주화나 인성교육을 위한 덕목을 제시한 연구들은 대부분 해당 연구자가 속한 특정 문화의 역사적, 사회적, 사상적 토양을 바탕으로 한 것이지, 이를 다른 사회나 집단의 구성원들에게 일반화시킬 있을 정도로 보편성을 담보할 수 있는 것이 아니다.

이처럼 인간의 도덕성의 보편적인 특징을 규정하고, 그 구체적인 덕목들(예, 정직, 성실, 용기 등)을 특정하는 것이 여전히 논란의 대상이기 때문에, 인간의 도덕성을 인지, 정서, 행동적 차원으로 규정하기도 한다(김태훈, 2004). 즉, 인간의 자연적 충동이나 욕구가 무엇인가를 분석하거나, 도덕적 준거를 중심으로 한 이성적 판단의 역할에 대해 논의하기도 하며, 혹은 외적으로 드러난 어떤 행동이나 그 행동의 결과를 바탕으로 한 도덕적 판단의 차원에서 논의하는 것이다. 예를 들어, 도덕성을 "일상생활 속에서 주변 환경에 대한 긍정적인 태도를 보이고, 옳고 그름을 판단하고, 그것을 존중하면서 옳다고 생각하는 일을 실천하는 것"으로 정의한다면, 도덕적 태도는 자연스레 '옳다고 믿는 바에 대한 내면화된 습관을 길러, 학생들로 하여금 옳고 그름을 인지하고(cognitive), 옳은 일의 가치를 느끼며(affective), 항상 그것을 실천하기 위해 노력하는(psychomotive) 자세'를 의미하게 되고, 도덕교육은 도덕적 지식, 도덕적 감수성, 도덕적 행위인 세 가지가 생활 속에서 자연스럽게 실천될 수 있도록 습관화되도록 가르치는 것을 의미하게 될 것이다.

요컨대, 보편적 도덕론자들은 사회와 문화, 시대에 상관없이 변치 않은 인간의 도덕성이나 덕목이 존재한다라고 보는 반면, 가치상대주의자들은 문화적 배경과 상관없는 그러한 보편적 도덕성이나 절대적인 가치를 규정하기는 어렵다고 주장하면서, 도덕적 가치판단은 상황적 특수성을 감안해야 한다고 주장한다. 이 두 입장은 타협점을 찾기 어렵기 때문에, 인간의 도덕성을 가치(value)나 덕목(virtue)과 같은 내용이 아닌 위의 예에서와 같이 인간의 도덕적 형식(칸트의 정언명령)이나 행동의 결과(J. S. Mill의 공리주의 원칙), 혹은 행동의 동기나 맥락의 차원(상황윤리 : Fletcher, 1966)의 논의 등과 같은 시도가 있었을 것이다. 그러므로 도덕성 교육은 어떤 보편적 가치를 바탕으로 할 것인지, 아니면 사회, 문화, 상황 등과 같은 따른 특수한 맥락 조건에 대한 참조를 바탕으로 할 것인지에 대한 논의가 필요할 것이다.

4) 도덕적 판단과 도덕적 실천

인간의 도덕적 판단(즉, 도덕성)은 왜 도덕적 수행(즉, 도덕적 실천)으로 이루어지지 않는 것일까? 그것이 우리의 '마음'이 내린 도덕적 판단이 잘못되었기 때문인가, 아니면 올바른 도덕적 판단이라도 실천에 이르지 못하였기 때문인가? 그러한 실천을 막는 요인은 무엇이고, 그것은 내재적인 요인인가 아니면 외재적인 요인 때문인가? 지금까지의 도덕론은 이와 같은 도덕적 판단과 도덕적 실천의 간극의 원인에 대해 다음과 같은 네 가지 가설을 통해서 논의되어왔던 것으로 정리할 수 있다: 첫째, 우리 마음속에 올바른 도덕성이 쌓이지 않은 경우(가설 A : 도덕성 미개발의 문제), 둘째, 우리 마음이 제대로 된 도덕적 판단을 내리지 못한 경우(가설 B : 도덕적 판단의 오류의 문제), 셋째, 마음이 내린 도덕적 판단을 실천하지 못한 경우(가설 C : 도덕의 실천 문제), 그리고 넷째, 우리의 도덕적 실천이 사회적으로 용인되지 않은 경우(가설 D : 사회적 공감과 효용성의 문제)가 그것이다. 이 네 가지 가설 중 그 주된 원인이 어디에 있든지, 이처럼 도덕적 결핍이 일어나는 현상을 우리는 부도덕성(immorality)이라고 부를 수 있다.

만일 개인의 부도덕성의 주된 원인이 이 네 가지 가정 중 도덕적 미개발의 문제(가설 A)에 있다면, 이는 간단히 도덕교육을 통해서 해결할 수 있을 것이다. 이러한 차원에서 도덕교육에 접근했던 것이 바로 전통적인 덕(virtue) 교육론의 입장이었다. 아니면 그것이 도덕적 판단의 문제(가설 B)라면, 이것 역시 어떻게 도덕적 판단을 내릴 수 있을 것인가를 제대로 교육하면 해결될 수 있다. 이러한 입장이 바로 도덕적 추론능력 같은 도덕적 사고의 형식을 강조했던 칸트의 도덕론이 주장했던 것이다. 만일 사회적 부도덕성의 주된 원인이 도덕적 실천의 문제(가설 C)라면, 이는 기존의 인간의 도덕적 본성에 대한 논의를 바탕으로 덕목을 개발해내는 전통적인 덕 교육이나 이성에 의한 도덕적 판단을 훈련시키는 칸트식의 계몽주의적 근대성에 바탕으로 둔 교육만으로 해결하기에는 한계가 있다. 그것보다는 개인의 도덕성이 어떻게 사회적 도덕성으로 실현될 수 있는가의 차원에서 논의되어야 하고, 상황윤리(J. Fletcher)나 공공윤리와 같은 도덕의 사회적 맥락성이나 도덕성의 '사회적 실천'에 보다 집중하여야 할 것이다. 마지막으로 부도덕성을 판단하는 준거가 사회적 효용성의 문제(가설 D)라면, 이는 결과적 사회윤리를 강조한 밀(J. S. Mill)의 공리주의 차원에서 도덕성을 논의할 수 있을 것이다. 이를 간단히 정리하면 <표 2-1>과 같다:

표 2-1 부도덕성의 원인에 대한 네 가지 가설

부도덕성의 원인	가설 A	가설 B	가설 C	가설 D
	개인적 도덕성 미개발	도덕적 판단의 오류	도덕적 실천의 문제	사회적 가치에 대한 판단
이론적 기반	전통적 덕윤리	칸트의 도덕론	상황윤리, 사회윤리	공리주의
도덕론의 성격	근본주의적 규범론	이성주의적 인식론	관계주의적 상황론	실용주의적 가치론
도덕론의 공통과제	도덕적 판단과 도덕적 실천의 간극 극복			

요컨대, <표 2-1>에서처럼 가설 A는 근본주의적 규범론의 차원에서 도덕성의 문제를 다루고자 하며, 가설 B는 이성주의적 인식론의 차원에서, 그리고 가설 C는 관계주의적 상황론의 차원, 마지막으로 가설 D는 실용주의적 가치론의 차원에서 도덕성과 비도덕성에 대한 판단을 하는 것으로 볼 수 있다. 지금까지 도덕이론은 이러한 네 가지 가설들 중 어느 하나에 기반하여 그 나름대로 논의를 이어왔다. 하지만 앞으로 우리가 더 관심을 가져야할 주제는 결국 도덕적 판단이 왜 도덕적 실천으로 이어지지 못하는가라는 물음에 대한 해답이다. 즉, 도덕적 판단과 수행의 간극을 줄이기 위해서는 어떤 교육적, 실천적 노력이 필요한가의 문제이다.

그렇다면 지금까지 논의한 인간의 도덕성에 관한 다양한 대립되는 관점들 속에서 도덕성 교육은 어떤 이론적 지향점을 가질 수 있을까? 다문화교육을 위한 도덕성 교육의 이론적 토대는 공동체주의, 가치의 특수성(맥락성), 그리고 도덕적 상대주의의 관점을 종합한 다원주의적 관점을 바탕으로 하고, 그 교육의 방향은 도덕적 판단을 도덕적 실천으로 수행할 수 있는 마음가짐과 실행을 가르치는 방향으로 나아가야 한다. 이것이 바로 다문화 도덕성 교육의 목표이다.

3. 다문화 도덕성 교육의 방향

1) 다문화 도덕성 교육의 윤리학적 토대

(1) 도덕성 교육 가치준거의 윤리학적 토대

윤리이론은 크게 규범 윤리(normative ethics), 메타 윤리(meta ethics), 응용 윤리(applied ethics)로 구분할 수 있는데, 여기서 규범 윤리론자들은 인간의 도덕적 의무와 책임을 규정하는 보편적이고 객관적인 도덕적 진리가 있다고 믿는 입장이다. 하지만 규범 윤리에 반대하는 메타 윤리론자들은 윤리성의 본질과 도덕적 합리성(moral reasoning)에 관심을 두고, 규범론자들이 주장하는 어떤 '당위'(ought)적 가치보다는 각 개인들의 상대적이고 개별적인 욕구의 발로를 어떻게 윤리적으로 해석할 것인가를 논의한다(Couture & Nielsen, 1995). 따라서 이러한 메타 윤리론자들은 사회 속의 수많은 규범들이 개인의 도덕적 판단과 선택의 자유를 제한하고 사람들의 사고와 행동을 통제할 수 있다고 보고, 그 대신 도덕적인 개념들을 분석하거나 도덕적 가치에 대한 논리적 분석에 치중하게 되는 것이다.

또한 규범 윤리는 원칙기반이론(principle-based theories)과 덕성기반이론(virtue-based theories)으로 구분되고, 원칙기반이론은 다시 결과주의론(consequential : 공리주의)과 법치주의론(Deontological : 의무론)으로 구분된다(Beach, 1996). 결과주의론은 행위의 정당성 및 그 행위가 초래한 사건의 결과적 선함(goodness of the state of affairs)에 관련되는 한편, 법치주의론은 윤리적 행위 주체의 의무(obligation 혹은 duties)를 어떻게 규정할 것인가의 문제와 관련된다. 그렇다면 다문화적 도덕성 교육은 이러한 구분 중 어떤 윤리학의 기반 위에서 논의되어야 하는가?

(2) 다문화 도덕성 교육 : 개인적 가치 대 사회적 가치

도덕성 교육의 가치준거들을 바탕으로 실제적인 다문화 도덕성 교육의 구체적인 가치들을 탐색해볼 필요가 있는데, 그 과정에서 해결해야 할 중요한 논쟁점은 바로 개인적 가치 대 사회적 가치의 사이의 균형잡기이다. 우선 사회적 가치에 강조점을 둔 사례를 들어보자.

지난 2000년 미국 시카고에서 열린 세계종교회의에서 전 지구적 윤리의 방향을 모색하기 위해 전 세계 약 200여 개의 종교적 공동체들의 의견을 모아 제안한 4대 주요 헌신(commitments)은 다음과 같다(Barney, 2000). 첫째, 비폭력의 문화(Culture of non-Violence) 및 생명 존중에 대한 헌신, 둘째, 연대의 문화(Culture of solidarity)와 정의로운 경제질서에 대한 헌신, 셋째, 관용의 문화(Culture of Tolerance)와 진실된 삶(Life of Truthfulness)에의 헌신, 넷째, 성별, 계층, 민족 등의 집단들 간의 동반자의 문화(Culture of Partnership)에 대한 헌신이 그것이다. 이 제안은 비록 종교집단 협의회를 통해 제안된 것이기는 하지만, 그 안에서 어떤 특정 종교나 종교적 교리에 기반한 윤리적 가치의 색깔을 드러내지 않았다는 점과 비폭력, 생명존중, 연대, 관용, 집단 간의 통합과 시대적 분위기를 고려한 현실적이고 보편적인 가치들을 담아냈다는 점에서 의의가 있다. 하지만 이 제안은 보편주의, 공리주의적 측면에서 사회적 가치를 강조한 반면, 개인의 도덕성이나 덕성의 측면에서 어떤 덕목을 키워야 할 것인지에 대해서는 명확히 제시하고 있지 못하다는 단점을 안고 있다.

반면, 개인적 가치 기준에 초점을 맞춘 연구로는 헤이트와 그라함(Haidt & Graham, 2007)이 제시한 여섯 가지 도덕적 가치판단의 대립구도로써, 그들은 사람들의 도덕적 가치판단을 돌봄/해를 끼침(care/harm), 공정함/속임수 쓰기(fairness/cheating), 충성/배반(loyalty/betrayal), 권위존중/권위파괴(authority/subversion), 존엄성/타락함(sanctity/degradation), 그리고 자유/억압(liberty/oppression)의 차원에서 이루어진다고 주장하였다. 이러한 가치판단의 기준들은 개인 차원의 덕성 혹은 도덕성의 요소들과 그 윤리적 가치를 명확하게 판단할 수 있는 준거를 제시해주고 있지만, 그러한 개인적 덕목들이 어떻게 사회적 공동선 혹은 공통적 목표를 향해 기여할 수 있는지에 대해서는 분명하게 제시하지 못하는 단점이 있다. 특히 헤이트와 그라함의 이러한 도덕적 가치판단의 요소들이 과연 어떤 문화적 배경-즉 신화적, 종교적, 사상적 전통, 상식과 통념과 같은 사람들의 관념적 공감, 그리고 사람들의 삶의 양식에 영향을 미쳐왔던 역사적 공통 경험 등-을 바탕으로 구성된 것인지 그 근원에 대해 의심해볼 수 있다. 예를 들어, 돌봄의 행동과 해악을 끼치는 행동의 구분에는 과연 어느 문화에서나 똑같이 적용될 수 있는 문화보편적인 기준이 있을 것인가? 마찬가지로, 충성의 행동과 배반의 행동이 사회적 문화적 배경에 상관없이 객관적이고 분명하게 판단할 수 있는 것인가? 즉, 이 요소들은 모든 문화집단에 공통적으로 적용될 수 있는 보편적 가치들을 대변 혹은 재현하는 것인가에 대해 질문해야 하고, 만일 그러한 판단의 기준이 모호하다면, 우리는 그러한 가치요소들을 특정 문화 속의 학생들에게 가르치는 일에 신중해야 할 것이다.

요컨대, 모든 사회는 자신의 사회문화적 특성에 맞는 윤리적 가치기준을 설정하고 그에 합당한 도덕 혹은 도덕성 교육을 실시하도록 한다. 우리가 다문화사회의 도덕성 교육의 가치들을 모색할 때는 우리 사회에 공존하는 다양한 가치들 중에서 어떤 가치들을 추출하여 도덕적 기준으로 선정하고, 그것들에 대한 사회적 합의를 이끌어 낼 것인가가 중요하다. 그 가치 덕목들은 개인적 가치의 관점과 사회적 가치의 관점 양자 사이의 균형을 잡을 필요가 있으며, 구체적인 가치들에 대해서는 다음 절에서 논의한다.

2) 다문화교육의 목표를 통해 본 도덕성 교육의 가치

본 절에서는 다문화 도덕성 교육의 구체적인 가치들을 다문화교육의 핵심목표들인 사회정의 및 평등성, 다문화적 이해 및 편견의 극복, 민주주의 및 시민의식, 그리고 지적 성장과 같은 주제들에서 추출할 수 있다고 보고(박휴용, 2012c), 이에 대해 각각 논의해보도록 한다.

(1) 편견의 극복

다양한 가치가 혼재하면서 급변하는 사회 속에서 도덕규범, 윤리, 도덕성 등의 사회적 가치체계를 올바로 정립하기 위해서는 그 사회의 구성원들이 갖고 있는 기존의 각종 편견, 미신, 관습 등과 같은 문화적 산물들에 대한 비판적 재검토가 필요하다. 그러한 재검토가 없이 도덕, 윤리, 도덕성의 문제를 논의하는 것은 근본주의, 도덕적 형식주의, 자문화중심주의, 무감각인종주의(color-blind racism:

Bonilla-Silva, 2010) 등과 같은 자기중심적 사고의 오류에 빠질 가능성이 크다. 이 중 편견은 어쩌면 인류에 있어 가장 원초적이고 오래된 타자화의 심리적 기재인데(Hathaway, 2011), 인지심리학 이론에 따르면 인간은 수많은 정보를 쉽고 효율적으로 처리하기 위해 범주화(categorization)시키는 경향이 있으며, 이러한 범주화는 모든 개체들을 특정 집단을 대표할 수 있는 전형화(streotyping)된 특성을 기준으로 판단하게 되고, 그러한 범주화나 전형화에 개인적 선호도가 달라짐에 따라 편견이 생기게 되는 것이다(Brown, 1995).

문제는 이러한 편견이 자신과 구별된 집단에 대해 부정적인 감정으로 형성되었을 때 훨씬 강한 영향력을 갖게 되고, 이것이 집단화되면 그것이 사회적으로 도덕적 가치판단의 과정에 결정적으로 역할을 할 수 있다는 것이다(Killen & Rutland, 2011). 이러한 편견의 근거로 이용되는 '차이'의 관념은 객관적으로 존재하는 어떤 특질 때문이라기보다는 심리적으로 '만들어진' 관념이다. 사람들이 자신의 다양한 비도덕적, 비윤리적 행동들을 정당화하거나, 통념화된 혹은 관습화된 부정의에 대해 묵인하는 태도의 이면에는 이러한 수많은 사회적 편견이 자리하고 있는 것이다(Stephan & Stephan, 2004).

그러므로 다문화사회의 도덕성 교육에서는 우리의 관념 속에 존재하는 이와 같은 다양한 형태의 편견의 문제를 반드시 다루어야 하고, 다문화교육을 통해 이러한 편견을 극복하도록 해야 한다. 즉, 다문화교육의 출발은 성, 인종, 민족, 장애, 사회 및 경제적 배경, 종교 등에 의해 차별받지 않고 모든 학생들이 동등하게 존중받는 교육을 지향하는 반편견(anti-prejudice) 교육에서부터 시작된 것이다(Derman-Sparks, 1989). 홀과 롬버그(Hall & Rhomberg, 1995)에 따르면, 우리는 유아기 때부터 가족이나 사회적 환경 속에서 능력, 연령, 외모, 신념, 계층, 문화, 가족구성, 성(Gender), 인종(race), 성애(sexuality) 등과 관련된 특정한 문화적 관점을 습득하게 되는데, 다문화교육을 통해 이러한 특정 문화적 관점에 국한되는 시각을 극복하고, 문화상대주의 및 다원주의적 시각을 바탕으로 편견을 야기하는 불평등, 부정의한 사회적, 문화적 관습들에서 벗어날 수 있어야 한다(Gutmann, 2004). 요컨대, 편견탈피 교육은 지금까지 도덕성 교육에서 다루어져 왔던 도덕적 가치들(절제, 양보, 정직, 헌신 등)을 지극히 추상적이고 관념적으로 가르치는 것이 아니라, 개인 하나하나가 갖고 있는, 그리고 그 개인이 속한 집단이나 사회 속에 내재된 온갖 차별적, 자기중심적, 독단적 관념들을 깨 나가는 것에서부터 시작할 수 있다(McLaren, 2010).

(2) 사회정의 및 평등성

오늘날 여러 다문화사회에는 인종, 계급, 언어, 종교, 국적 등에 따른 각종 사회적 차별이 존재하고, 이러한 차별의 구조는 사회정의의 실현과 민주주의 실천에 장애요인이 된다(Gutmann, 2004). 그러나 도덕이나 도덕성의 문제는 기본적으로 만인에 대한 평등적 인간관을 전제로 하므로, 진정한 도덕성 교육은 보다 평등하고 공정한 사회를 만드는 데 밑거름이 되는 지식, 태도, 가치 등을 가르치는 것이 되어야 한다. 학교교육을 통해 성별 · 인종 · 민족 · 언어 · 문화집단 등의 차이에 관계없이 평등한 기회를 제공하는 것이 다문화교육의 주된 목표이므로(Banks & Banks, 2001; Bennett, 2007; Nieto, 2000; Grant & Sleeter, 2007), 다문화 도덕성 교육도 평등성과 사회정의의 실현을 지향해야 할 것이다.

다문화교육을 통해서 학생들에게 평등성이 무엇인가를 제대로 가르치고자 한다면, 우리는 단순히 인류평등의 사상, 인류애 및 인권, 그리고 세계시민주의 등과 같은 보편적이고 계몽주의적 가치관을 피상적으로 가르치는 것이 아니라, 오늘날의 인류 사회가 얼마나 인종적, 민족적, 지역적 불평등과 차별, 편견이 만연되어 있는가를 학생들이 느끼고 깨닫게 하는 것에서부터 출발해야 한다(박휴용, 2012b). 앞 절에서 도덕성 교육에 있어서 개인적 가치(자아확립, 기본생활습관)와 공동체적 가치(타인존중, 공동체 의식, 민주주의) 사이의 균형을 강조하였지만, 본 절은 사실 공동체적 가치를 전제하지 않은 개인적 가치의 도덕성 교육은 그 자체로 별 의미가 없다고 본다. 현재 도덕성 교육이 그 학문적, 사회적 위상을 제대로 정립하지 못하고 있는 이유 중의 하나가 바로 도덕성 교육의 사회적 본질과 역할에 대해 충분한 논의가 이루어지지 못하고 있기 때문이다. 요컨대, 도덕성 교육은 다문화교육에서 지향하는 것과 같이 그것이 사회적 정의 및 평등성의 문제를 어떻게 구체적으로 다루려고 하는지에 대한 분명한 입장을 밝히고, 그 교육적 · 실천적 방법론을 논의할 때에야 비로소 그에 상응하는 사회적 반향을 일으킬 수 있을 것이다.

(3) 민주주의 및 시민의식 교육

다문화교육의 중요한 목표 중의 하나가 민주주의 및 시민의식 교육인데, 여기에는 세계시민성의 습득(Banks, 1993), 민주적인 기능과 다원주의적인 시민 가치의 개발(Suleimann, 2004), 세계 공동체에 대한 책임의식 및 지구와 세계 공동체에 대한 인식 제고(Bennett, 2007), 사회 정의를 추구하는 민주주의 원리의 실천(Nieto, 2000) 등의 내용이 포함된다. 다문화사회란 다름 아닌 특정 민족, 언어, 집단이 주도하는 사회가 아니라, 다양한 문화적 · 역사적 · 지리적 · 정치적 · 경제적 배경을 가진 사람들이 민주적 시민의식을 중심으로 평등한 구성원으로써 사회의 구성과 운영에 자율적이고 책임 있게 참여하는 사회를 가리킨다. 그러므로 다문화교육은 기본적으로 인간의 존엄성을 바탕으로 한 인간사회의 보편적 가치들(인권, 존엄성, 평등관, 공동체주의 등)을 바탕으로 하면서도, 그것을 넘어서 민주주의 정신이나 시민의식을 고양할 수 있어야 하는데, 다문화사회가 바로 이를 위한 매우 효과적인 실제적인 배경 조건이 될 수 있는 것이다(박휴용, 2012a).

바람직한 다문화 시민의식 교육은 다양한 문화적 배경을 가진 학생들의 고유의(토착적 : indigenous) 언어와 문화, 그리고 그 공동체의 내적 유대를 유지하도록 지원하고, 그와 동시에 보다 넓은 시민사회의 공통 문화와 공동체에 참여하는데 필요한 지식과 기능을 배우는 것이다(Banks, 2007). 아울러 다문화 시민의식 교육은 다양한 관점과 사고를 존중하고 수많은 문화적, 종교적, 인종적, 그리고 민족적 정체성에서 끄집어낸 공유할만한 그 사회만의 독특한 존중하면서, 그 사회의 민주적 구성원으로써 책임과 의무를 다하는 태도를 기르는 것이다.

요컨대, 오늘날의 다문화사회는 본질적으로 전통적인 신분적, 혈통적, 종교적, 혹은 경제적으로 불평등한 계급구조에서 벗어나 평등성을 바탕으로 한 사회이이다. 그러므로 이러한 사회에서 개인의 '도덕성'은 과거의 엘리트주의적으로나 계급적 이념에 기반한 수직적인 사회구조에서 파생되는 인간관을 바탕으로 규정되어서는 안 될 것이다. 즉, 도덕성의 개념은 만인은 평등하다는 수평적 평등관을 바탕으로 그러한 개인들 간의 관계를 규정할 수 있는 가치와 이념들(즉, 개인들의 권리, 의무, 태도, 덕목들)을 중심으로 그 구성요인들을 규정해야 한다. 그러므로 도덕성 교육의 내용으로 민주주의 정신을 바탕으로 한 가치와 이념, 그리고 그러한 민주주의사회가 구체적으로 실현되는 시민사회의 규범들이 도덕성 교육의 내용이 되어야 한다.

(4) 다문화적 이해

다문화적 이해란 자문화 및 타 문화 집단을 존중함으로써 자민족중심적이고 편견적인 태도를 극복하는 것(Suzuki, 1984: 305), 자문화 및 타 문화를 바라보는 시각 및 이해의 증진하는 것(Banks, 1993: 2-8), 다양한 배경을 가진 타인들에 대한 공감 및 긍정적인 태도 함양하는 것(Suleimann, 2004: 14-16), 자신을 둘러싼 실제 세계에 대한 인식을 촉진하고, 다문화적이고 세계적인 관점을 배울 수 있도록 교육과정을 개혁하는 것(Johnson & Johnson, 2002: 4-5) 등으로 정의된다. 다문화적 이해와 관련한 이론적 배경으로는 문화상대주의, 다원주의, 혹은 세계시민주의와 같은 (문화)초월적 가치 및 이념 등이 거론될 수 있지만, 이와 같은 문제는 사실 관념적이고 규범적인 차원에서 이해될 수 있는 문제가 아니라 매우 현실적이고, 정치적이며, 이념적인 문제들이다. 예컨대, 오늘날과 같이 서구 기독교 국가들과 이슬람의 국가들이 정치적, 경제적, 외교문화적 차원에서 현실적 이해관계를 바탕으로 극명하게 대립되고 있는 상황에서 '문화적 상호이해'를 강조하며 가르친다는 것이 얼마나 효과가 있겠는가? 사실 개인의 도덕성, 도덕성, 가치판단, 행동의 차원에서의 변화와 노력이 그러한 갈등을 해결할 수 있으리라 기대하기는 어려울 것이다.

그렇다면 이러한 다문화적 이해는 도덕성 교육과 어떤 관련성을 갖는가? 다문화교육은 학생들로 하여금 다문화사회가 토대한 식민주의 및 제국주의적 역사와 그로 인한 민족, 인종, 계급적 편견, 타자화 및 근본주의적 태도 등에 문제를 제기하고, 그러한 모든 역사적, 사회문화적인 관습들을 극복해나가도록 돕는 것이다(박휴용b, 2012). 그러므로 진정한 다문화 도덕성 교육은 자신의 편견과 가치체계, 세계관 등에 대한 비판적 회고, 역사와 사회정치, 혹은 경제학적 지식과 같은 지적인 학습과 토론, 논쟁 등을 통한 끊임없는 통찰로부터 얻어지는 것이다.

요컨대, 이러한 다문화교육에서 추구하는 다원주의적 사고 및 다양성에 대한 이해는 인성교육에서도 중요한 시사점을 준다. 그것은 도덕, 인성과 같은 한 사회적·윤리적 가치판단의 기반은 문화에서 나오고, 그 문화는 상대적일 수 있다는 사실이다. 전통적 단일문화사회에서 받아들여졌던 도덕, 윤리적 가치들이 다문화적 속성을 지닌 혼합형, 개방형, 다원화된 사회에서도 동일한 의미를 지니게 될 것인가에 대한 재고찰과 이를 바탕으로 개인의 도덕성에 대한 새로운 가치부여가 이루어져야 한다.

4. 다문화 도덕성 교육의 핵심원리

본 절은 앞에서의 논의를 바탕으로 다문화교육을 통한 도덕성 교육의 핵심원리로 첫째, 편견탈피 및 다양성 존중을 바탕으로 한 다원주의적 사고, 둘째, 공감과 소통을 바탕으로 한 다문화 상호이해, 셋째, 협력과 공생을 바탕으로 한 공동체주의적 사고를 들고자 한다. 즉, 다문화교육은 다원주의적 사고를 바탕으로 다양성을 인정하고, 공감과 소통을 통한 상호이해를 지향하며, 협력과 공생을 통해 공동체적 실천을 위해 노력하는 것이다. 이를 위해서는 교과지식이나 전문기술뿐만 아니라, 가치관 및 태도에 대한 교육, 그리고 공동체 의식과 가치에 대한 인식과 체화가 필요하며, 학교에서 배우는 이러한 모든 내용이 '문화적 이해'를 기반으로 한 교육인 것이다.

1) 공동체적 사고/관계성

오늘날 도덕성 교육에서 중요한 논점 두 가지는 바로 도덕적 판단과 도덕적 행위의 격차를 어떻게 줄일 것인가와 개인기반(덕성기반 : virtue-based) 윤리와 사회기반(원칙기반 : principle-based) 윤리 사이의 조화를 어떻게 이루어내느냐의 문제이다.[5] 사실 덕성기반(virtue-based)이론도 원론적으로는 실천적 지혜와 이성

5) 같은 맥락에서 스피커와 스튜텔(Spiecker & Steutel, 1996)은 다문화사회의 도덕적 정체성(moral

의 역할을 강조하는 아리스토텔레스적 관점의 공동체주의(communitarianism)[6]와 한 집단이 어떤 문제상황에 직면했을 때, 그 문제를 해결해나가는 과정 속에서 작용하는 집단 구성원들의 사랑, 가족, 우정 등의 가치를 강조하는 관계주의(relationalism)를 기반으로 이루어진 것이다. 즉, 개인적 윤리와 사회적 윤리의 균형, 이성적 판단과 실천적 지혜의 조화가 모든 도덕관이 지향하고 있는 것이다. 그러한 의미에서 다문화사회의 도덕성 교육은 덕성기반이론을 바탕으로 한 가치들을 무엇인지를 구명해내되, 아리스토텔레스(Aristotle)[7]가 강조했던 것처럼 공동체주의나 관계주의와 같은 그 사회적 차원의 의미에 초점을 맞추어 그 실천적 전략을 모색할 필요가 있다.

2) 다원주의적 사고

케케스(Kekes, 1992a: 141)는 다원주의는 절대적이거나 우세한 도덕적 상태를 가진 어떤 특정 가치(혹은 가치의 조합)를 인정하지 않은 입장인 반면, 자유주의는 가치의 부재(the charge of vacuity)를 피하기 위해, 서로 갈등관계에 있는 상이한 가치들 속에서 특정 가치를 다른 가치에 우선하려는 경향이 있다고 지적하였다. 이처럼 자유주의적 도덕관은 다분히 도덕 자체를 위해 도덕이 존재하는 합목적적(telos) 도덕관을 갖고 있다는 지적을 받는다. 이에 대해 테일러(Taylor, 1992: 61)는 점차 다원화되어가는 미래 사회에서는 다수의 문화적 공동체들이 서로 부대끼며 살아가야 하는 상황 속에서 도덕적 형식이나 보편적 가치, 절차적 엄밀성 등을 강조하는 자유주의적 윤리관(the rigidities of procedural liberalism)은 미래 세계에서 급격히 그 효능성을 상실해 갈 것이라고 전망하기도 하였다. 그러므로 앞으로는 다원주의 철학이 미래사회의 주요한 도덕관 혹은 윤리관으로 역할을 하게 될 것이다.

---

identity)을 로티와 웡(Rorty & Wong, 1990)의 이론에 근거하여 공적(public) 정체성과 비공적(non-public) 정체성으로 구분하여 논의하였다.

6) 공동체주의는 윤리적 상황의 독특성에 따라 모든 사람들의 집단적 가치가 공유될 수 있는 공동체 사회의 실현에 초점을 맞추려는 태도이다.

7) 아리스토텔레스가 주창한 덕 윤리는 용기, 지혜, 성실, 공정성 같은 자질을 가진 사람이 선한 사람인데, 그러한 도덕적 행위를 가능하게 하는 것은 도덕성, 혹은 마음의 성향·습관·품성이라는 덕목이고, 이러한 덕목들을 드러낼 수 있는 실천적 지혜를 가장 중시했던 것이다.

3) 다문화 상호이해

다문화교육은 이러한 다원주의적 철학을 바탕으로 하고 있다. 다문화교육의 궁극적인 취지는 다름 아니라 다문화사회에 속한 학교교육을 경험하는 모든 학생들이 다원주의적 철학을 바탕으로 문화적 다양성에 대해 이해하고, 다문화학교라는 환경적 여건을 교육적 자산으로 삼아 바람직한 인성교육, 사회성교육, 올바른 세계관 교육의 기회로 삼는 것이다(박휴용b, 2012). 또한 다문화교육의 실천은 다양한 역사, 문화, 사회적 배경을 가진 집단들 사이에 존재해온 세력의 불균형과 그러한 불평등한 사회현실이 야기한 수많은 인간관계 속의 편견과 몰이해를 인식하고, 그것에 대한 비판을 통해 올바른 문화적 이해와 공감, 그리고 협동을 통해 함께 사는 사회를 만들어가고자 하는 노력인 것이다. 그러므로 다문화도덕성 교육도 바로 이러한 편견탈피, 다문화적 이해와 공감, 협동적 가치의 실천 등을 포함하는 것이어야 한다.

이러한 도덕성 교육의 중요한 요소가 되는 다문화적 상호이해는 기본적으로 가치상대주의적 입장을 바탕으로 하면서, 각각의 독특한 문화집단의 특수성에 대한 이해와 관용(tolerance)을 바탕으로 한다. 이러한 다문화적 관용이 다문화 도덕성 교육의 중요한 내용적 요소가 되는 것이다. 앞에서 가치상대주의의 문제점으로 지향해야할 명확한 가치를 설정하기가 어렵다는 점과 여러 가치들이 상충할 수도 있다는 점을 지적했지만, 그러한 도덕적 갈등이나 가치의 상충이 반드시 근본주의적 대립양상을 나타내는 것이 아니라(Kekes, 1992b), 오히려 다양한 집단들 간의 그러한 갈등과 대립의 합리적인 의사소통을 통한 해결과정이 바로 민주주의 사회를 만들어가는 과정으로 이해할 수 있다(Gutmann & Thomson, 1996).

4) 실천지향적 다문화 도덕성 교육

지금까지의 논의를 바탕으로, 실천지향적인 다문화 도덕성 교육을 위한 접근은 다음 <표 2-2>와 같이 나타낼 수 있다.

표 2-2 다문화 도덕성 교육의 성격과 핵심원리

구분	다문화도덕성 교육		
	성격(도덕성 교육의 가치기준)		핵심원리
구성원리	공동체주의	⇒	공동체(관계성)적 사고
	도덕적 상대주의	⇒	다원주의적 사고
	사회적 특수성(맥락성)	⇒	다문화적 특수성의 이해
	도덕적 실천	⇒	실천 중심의 교육

<표 2-2>를 살펴보면, 다문화 도덕성 교육은 성격 차원에서 공동체주의, 도덕적 상대주의, 사회적 특수성(맥락성), 도덕적 실천 중심의 도덕성 교육을 지향하며, 그 핵심원리는 각각 다원주의적 사고, 다문화적 이해, 공동체(관계성)적 사고, 실천중심의 교육을 지향할 필요가 있다.

위의 다문화 도덕성 교육의 성격과 핵심원리를 바탕으로 한 도덕성 교육의 구체적인 실천을 위한 9가지 방법론적 전략은 다음과 같다. 첫째, 학교가 속한 지역환경이 가진 문화적 다양성의 세밀한 고려, 둘째, 타인에 대한 봉사(활동)에 적극적인 참여, 셋째, 타인의 생각, 감정, 그리고 신념을 이해하기 위한 적극적인 토론과 이야기 등에 참여, 넷째, 다양한 접근법을 통한 능동적 학습이나 주제 중심 학습활동의 시도, 다섯째, 문제제기 및 비판적인 사고 관련 기능의 신장, 여섯째, 문제해결능력의 발달 도모, 일곱째, 개인적 회고(reflection)와 깊이 있는 토론의 시간 제공, 여덟째, 협동적이면서도 독립적인 학습활동 기회의 제공, 아홉째, 종교, 도덕, 그리고 사회적 가치들 사이의 관련성에 대한 폭넓은 이해 형성의 교육이다.

결론적으로, 다문화교육의 목표는 모든 학생들이 차별 없이 자신의 잠재력을 최대한 실현할 수 있도록 그들의 지적 · 사회적 · 개인적 발달을 조장하는 것인데(Johnson & Johnson, 2002), 이는 사회정의, 민주시민교육, 다원주의적 사고를 바탕으로 한 다문화적 이해, 그리고 다문화사회에 기반한 다양한 삶의 방식에 대한 이해와 경험을 토대로 한 지적인 성장을 통해 이루어질 수 있다. 위와 같은 도덕성 교육 전략들을 교실에서 활용한다면, 학생들의 공동체 의식, 다문화적 이해, 타인에 대한 존중감을 높이고, 이를 일상에서의 도덕적 실천으로 이행하게끔 하는 데 큰 자극이 될 수 있을 것이다.

Chapter 03

다문화사회의 정체성과 인권*

1. 다문화적 정체성과 감수성
2. 다문화와 언어인권
3. 세계시민주의 이념의 비판적 이해

* 본 장의 내용 일부는 [박휴용(2005). 이주노동자들의 언어인권에 대한 언어생태론적 고찰. 아세아연구, 48(4), 205-232.]의 내용을 수정한 것임.

본 장에서는 언어와 정체성의 밀접한 관계를 바탕으로 다문화적 정체성의 개념, 다문화적 정체성과 감수성의 관계, 그리고 그것이 언어인권의 문제와 어떤 관련이 있는지를 논의하고자 한다. 이러한 논의를 바탕으로 다문화사회에서 민족적, 언어적, 문화적 소수민들이 겪게 되는 차별, 배제, 열등감 등의 문제가 정체성 혼란을 일으킬 수 있고, 그것이 언어사용의 문제와 어떠한 관련을 갖게 되는가를 생각해 볼 수 있다.

1. 다문화적 정체성과 감수성

1) 다문화와 정체성(identity)

정체성에 대한 거울이론(the mirror theory)은 정체성이 자기 자신의 경험, 판단과 사고에 의해서만 형성되는 것이 아니라, 타인이 자신을 바라보는 관점에 의해서도 영향을 받는다고 설명한다. 그러므로 정체성은 상대적인 성격을 갖게 되며, 여러 집단과 개인들이 어울려 살아가는 사회 속에서 정체성들의 만남은 그 사회가 안고 있는 다양한 종류의 세력(인종, 계층, 문화, 경제력 등)의 역학관계에 영향을 받게 된다. 동시에 정체성은 사고의 가장 핵심적이자 본질적 도구인 언어 사용과도 매우 밀접한 관계를 갖고 있다. 자신의 언어, 즉 모국어로 사고할 수 있는 사람이 갖게 되는 정체성과 그러한 기회가 차단 혹은 억제된 사람들이 갖게 되는 정체성이 다를 수 있다는 것이다. 그로 인해 개인들이 모국어를 통해 사고하고 의사소통하고 생활할 수 있느냐, 그렇지 못하느냐에 따라 그 개인들의 정체성 확립과 지속이 크게 영향을 받게 되는 것이다.

다문화사회에서 소수민의 언어정체성이 문제가 되는 것은 바로 이러한 이유 때문이다. 언어(모국어 및 외국어) 학습은 사회문화적 이론들이 제기하는 역동적 상호작용, 또래 간 협력, 상황에 적합한 참여에 의한 의미의 형성, 그리고 개인이 갖는 사회문화적 배경에 대한 고려 등을 통해 가장 효과적으로 이루어질 수 있다. 이는 특히 소수자(minority)로써 자신의 모국어와 지배적 언어를 외국어로 배워야만 하는 이주노동자나 그 자녀들에게 있어서는 매우 중요한 문제이다. 예컨대, 쿱찬다니(Khubchandani, 1994)는 다언어, 다문화의 이질적인 배경을 가진 학교(사회)에서는 각 언어사용 주체들 사이의 호상성과 평등성을 보장함으로써 언어사용자들의 정체성의 문제를 배려할 수 있으며, 파블렌코(Pavlenko, 2000)는 학교(사회)가 소수인종 학생들의 언어인권과 정체성을 회복할 수 있도록 도와야 한다고 강조하였다. 더불어 많은 연구들(Cummins, 1989; King, 2000; Hornberger, 2002, 2003; etc.)에서 소수언어들의 유지와 재활을 지지하는 정책과 사회적 환경을 제공하기 위한 부단한 노력이 필요함을 강조하고 있다.

2) 정체성과 다문화적 감수성

정체성은 자신에 대한 이해와 타인에 대한 이해, 그리고 타인이 자신을 바라보는 관점에 대한 이해가 복합적으로 작용하여 형성된다. 여기에 다문화사회에서의 정체성은 서로 다른 문화와 그러한 배경을 가진 사람들에 대한 이해가 추가되어야 하는데, 그러한 이해를 갖기 위한 기본 소양이 바로 다문화적 감수성(multicultural sensitivity)이다. 셀레스테(Celeste, 2014)는 이러한 개인들의 다문화적 감수성을 확인할 수 있는 점검목록표를 <표 3-1>과 같이 제시하였다.

표 3-1 다문화적 감수성을 확인할 수 있는 행동검사 체크리스트

자기 문화의 경우	타 문화의 경우	구분
다문화계 친구가 일요일에 자기 국적 친구들과 공원에서 소풍을 계획하였다. 그/그녀가 당신을 거기에 초대했다. 당신은 그 모임에 참여하겠는가?	한국인 급우가 마을 축제에 참여하도록 하여 당신도 거기에 초대했다. 당신은 그 축제에 참여하겠는가?	참여한다 (Join)
다문화계 친구의 여동생이 생일을 맞았다. 그 친구 국적의 친구들이 모이는 그 생일파티에 당신도 초대했다. 당신은 그 모임에 참여하겠는가?	한국인 친구가 친구들과 함께 야구경기 관람을 가기로 했고, 당시도 그 모임에 초대했다. 당신은 그 모임에 참여하겠는가?	
다문화계 친구들이 나들이를 가려고 계획하고 있는데, 당신도 초대했다. 당신은 그 모임에 참여하겠는가?	한국인 친구들이 명절 때 놀이공원에 가기로 했고, 당신도 참여하기를 원하고 있다. 당신은 그 모임에 참여하겠는가?	초대한다 (invite)

자기 문화의 경우	타 문화의 경우	구분
당신이 주말 전통 축제에 한국인 친구들과 함께 참여하려고 하는데, 다문화계 친구가 그런 축제를 한 번도 경험한 적이 없다고 가정해보자. 당신은 다문화계 친구를 그 모임에 초대하겠는가?	당신 학급에 친한 한국인 친구가 있는데, 그/그녀는 한 번도 다문화계 친구들과 친하게 지낸 적이 없다고 가정해보자. 당신은 그 친구를 당신 및 당신의 다문화계 친구들의 모임에 초대하겠는가?	
당신의 친구 중에 다문화계 친구가 있는데, 그/그녀는 한국의 고유 명절인 추석과 설날을 기념하지 않는다. 당신은 그 친구를 당신과 당신의 한국인 친구들이 참여하는 명절 축제에 초대하겠는가?	당신과 당신의 다문화계 친구가 놀러 나가려고 한다. 그 모임에 당신의 다른 한국인 친구들을 초대하겠는가?	

<표 3-1>에서 제시된 질문들에 대해 자기 문화와 타 문화 사이의 별다른 차이가 없이 반응한다면, 그 사람들은 다문화에 대해 개방적이며 편견을 갖지 않은 상태라고 이해할 수 있다는 것이고, 그런 경우 다문화적 감수성이 높다고 해석할 수 있다.

다문화사회에서 정체성 교육은 소수민의 정체성뿐 아니라 다수민(주류집단)의 정체성 교육 측면에서도 꼭 필요한 일이다. 그런 의미에서 다문화적 감수성은 다문화사회의 모든 구성원들이 자문화중심주의나 인종주의적 편견을 극복할 수 있는 매우 중요한 정신적 소양이며, 이는 개인들의 문화적 개방성을 확인할 수 있는 하나의 지표로 활용될 수 있다. 여기에서 자문화중심주의(ethnocentrism)와 인종주의(racism)는 다음과 같은 점에서 차이가 있다. 자문화중심주의는 특정 문화적 배경을 가진 사람들 누구나 가질 수 있는 자기 자신의 문화적 관점으로 세상을 바라보는 시각이다. 그러므로 자문화중심주의가 반드시 인종주의의 뿌리가 되는 것은 아니다. 하지만 인종주의는 권력의 남용이나 불공정한 특권(정치적, 경제적, 문화적, 심리적 등 모든 측면에서)을 정당화하기 위해 인종적 차이를 강화(stigmatizing)할 때 발생한다(Shohat & Stam, 2014). 그러므로 우리는 우선적으로 자문화중심주의보다는 인종주의가 갖는 문제점을 인식하고 이를 극복하기 위한 노력을 경주해야 한다.

3) 다문화적 감수성의 토대 : 인종주의 극복

인종주의를 극복하는 교육을 반인종주의 교육이라고 한다면, 과연 이것이 다문화교육과는 어떻게 다른가를 이해하기 위해서는 다문화교육과 반인종주의 교육 두 가지를 자세히 비교해보아야 한다. 이는 다음 <표 3-2>와 같다.

표 3-2 다문화교육과 반인종주의적 교육의 특징 비교

구분	다문화교육	반인종주의 교육
이념	• 자유주의(개인의 자율성과 권리) • 다양한 관점의 스펙트럼 • 점증적 변화를 바탕으로 한 개혁	• 급진주의(인종주의의 계급적 분석) • 동질적(막스주의 이론적 기반) • 자본주의 철폐와 급진적 변화
가치	개인의 사상과 행동의 자유	억압된 집단을 위한 해방의 정의
목표	• 간문화적 이해 • 개인의 편견 감소 • 교육을 통해 가능한 제한적 사회개혁	• 불공평한 집단 간 권력의 재분배 • 기관적 차별의 철폐 • 현실주의적 교육목표를 바탕으로 한 급진적 사회변화
교육과정	• 개인의 발달을 강조한 자유주의 교육 • 개인의 사회적 · 도덕적 교육 • 다원주의, 타 문화 이해 • 암묵적 반인종주의 • 사회적 · 문화적 측면	• 기관의 변화를 강조하는 사회적 행동으로서의 교육 • 사회적 행동을 통한 정치교육 • 반인종주의 • 명시적 반인종주의 수업 • 지배문화의 인종주의에 주목
교수법	• 개인의 발달 촉진 • 학습과정의 심리학	• 정치적 행동의 촉진 • 학교 및 학습과정의 사회적 구조
변화전략	• 변화의 거점 : 학교 • 이성적 설득과 토론 • 개혁주의 • 수단과 방법의 도덕적 중요성 • 인종이나 계층에 상관없는 기회균등에 장애요인의 제거	• 변화의 거점 : 광범위한 정치 구조 • 집단적 행동 • 변혁주의 • 수단보다는 결과의 도덕적 중요성 • 소수집단을 위한 기회균등을 위한 긍정적 차별
전반적 특징	• 개인학습자의 태도 강조 • 온건한 변화의 범위, 속도, 수단 • 상대주의적 인식론	• 사회집단, 기관의 구조를 중시 • 급진적인 변화의 범위 • 절대주의적 인식론

<표 3-2>에서 보듯이, 다문화교육은 반인종주의 교육에 비해 그 이념, 가치, 목표 등에서 더 포괄적인 개념이고, 보다 보편적이며 다원주의적 가치를 지향하고 있다. 반면, 다문화교육이 그러한 가치들을 어떻게 가르칠 것이냐의 방법론적 접근에서 교수법이나 변화전략을 보면 반인종주의 교육에 비해 매우 학교중심적이고, 보수적인 접근법을 취하고 있음을 알 수 있다. 이 두 가지 다문화교육의 방향 중 어떤 것을 선택하느냐의 문제는 특정 사회 혹은 문화가 다문화를 어떻게 인식하고 있으며, 어떤 사회를 지향하고 있느냐에 따라 달라질 수도 있고, 한 사회 속에서도 보수적인 입장과 진보적인 입장의 차이에 따라 달라질 수도 있다. 이러한 차이를 떠나 양자는 문화적 차이에 대한 이해, 문화상대주의적 관점, 편견과 차별에 대한 비판적 인식, 그리고 학교교육을 통해 학생들이 올바른 다문화적 정체성을 갖고, 다문화적 소양 혹은 감수성을 갖게끔 한다는 것에 동의하고 있다.

다음 절에서는 이러한 다문화적 정체성과 감수성에 대한 이해를 바탕으로 다문화사회의 언어인권의 문제를 논의해보기로 하자.

2. 다문화와 언어인권

오늘날 세계화의 물결은 금융, 산업, 교역, 과학기술, 문화, 및 교육 등을 막론하고 사회 전 분야에 걸쳐 우리에게 21세기 이후의 국제사회를 규정하는 새로운 질서와 생활문화를 습득하고 무한경쟁체제 속에서 살아남기를 요구하고 있다. 이러한 세계화의 흐름 속에서 언어는 단순히 자국민들끼리의 의사소통의 도구가 아니라, 세계화의 현실적 대세 속에서 국경과 문화를 초월한 전 세계 인류 상호 간 교류의 가장 중요한 수단이다. 언어가 인간존재를 규정하는 가장 중요한 특징 중의 하나인 만큼, 언어인권은 인권의 가장 기본적인 출발점이 될 수 있다. 하지만 한국 사회는 단일민족사회라는 역사적 배경과 단일언어 사용국이라는 문화적 배경으로 인해 언어인권의 문제에 매우 둔감하다. 이러한 언어인권문제에 대한 몰이해는 한국 사회가 앞으로의 국제사회의 책임 있는 구성원으로서의 역할에 큰 걸림돌이 될 수 있다.

현재 세계적으로 자본, 노동력, 문화 등의 개방과 교류를 통해 많은 인적 및 물적 자원이 국가 간의 경계를 넘어 자유롭게 이동함에 따라, 한국사회도 그 산업적 필요에 의해 수많은 해외 노동자들이 국내로 유입되는 한편, 한국의 인적자원도 국외로 유출되고 있다. 이러한 상황 속에서 다인종, 다문화들 간의 끊임없는 교류(exchange)와 혼성화(hybridity), 그리고 그에 따른 소통(communication)의 문제는 불가피한 현실인데, 그 대표적인 예가 바로 우리나라에 거주하는 외국인 이주노동자들(이하 이주노동자)의 언어인권의 문제이다.

2015년 1월 31일을 기준으로, 한국에는 체류외국인 1,774,603명 중 이주노동자는 569,081명, 결혼이주민은 150,798명(취업자격 체류 외국인 통계치는 618,516명으로 집계되어 있다(법무부, 출입국외국인정책 통계 월보. 2015. 1.). 이처럼 60만 명에 달하는 이주노동자들이 합법적으로는 전문기술인력, 연수취업자, 산업연수생, 해외투자기업연수생 등의 자격으로, 혹은 불법체류자의 신분으로는 우리나라 곳곳의 건설 및 산업현장에서 노동력을 제공하며 열악한 환경 속에서 일하고 있다. 이들의 대부분은 인권유린, 노동착취, 편법활용, 송출비리 등의 많은 구조적인 문제점 속에 노출되어 고통을 받고 있다. 한편, 이주노동자문제를 둘러싼 지역사회의 실태에 대한 한 조사 결과에 따르면, 이주노동자가 한국생활 적응에서 가장 어려운 점이 '언어소통'(28.3%)으로 나타났고, 이주노동자를 위한 서비스에 대한 한국인 주민의 의견도 '인권보호'(30.2%) 및 '한국어 교육'(21.3%)이 가장 우선시되어야 한다고 보는 것으로 나타났다. 이처럼 언어 및 의사소통의 문제는 이주노동자들의 인권의 문제와 맞물려 가장 우선적이고 기본적인 문제로서, 이주노동자들의 언어인권의 보장은 한국에서의 이주노동자의 문제해결의 출발점이자 종착점이라고 볼 수 있다.

이러한 이주노동자의 언어인권문제에 대한 철학적 · 이론적 토대를 사회적 약자들의 언어인권 문제에 접근하는 새로운 시각으로서의 '생태학적 접근'(Ecological approach)을 통해 살펴볼 수 있다. '언어에 대한 생태학적 이해'(Ecological perspectives for language)란, 하우젠(Haugen, 1972)의 '생태학적 언어'(Ecology of Language)의 개념을 차용한 것으로써, 다양하고 독특한 세계의 제 언어들의 존재의미와 해당 언어사용자들의 '언어인권'(Linguistic Human Rights)을 존중하며, 문화제국주의의 한 형태인 '언어제국주의'(Linguistic imperialism)를 배격하고, 소수언어 사용자들의 언어와 인권을 존중하도록 하는 것이다. 이러한 생태학적 언어에 대한 이해는 언어제국주의를 비판하고, 우리나라에 거주하는 소수언어 사용자들, 특히 이주노동자들의 언어인권을 존중함은 물론, 더 나아가서는 우리의 인권 전반에 대한 이해의 폭을 넓히는 데 매우 중요한 역할을 할 것이다.

1) 이주노동자의 '목소리'(voices)와 언어정체성

(1) 언어정체성과 언어인권 간의 관계

플레처(Fletcher, 2004)는 정체성을 생물학적 정체성, 계급적 정체성, 문화적 정체성 등으로 구분한 후, 생물학적 정체성(혹은 인종적 정체성)은 서구사회에서의 외국인 혐오, 배제적 인종주의 등에서 구체적인 예를 찾아볼 수 있고, 계급적 정체성은 고도로 사회적, 정치적, 경제적 계층분화에 의한 이질화된 계층집단을 통해서, 문화적 차원에서는 종교, 생활관습, 언어 등에 따라 서로 다른 정체성을 가질 수 있다고 주장한다. 한국 사회는 역사적으로 뿌리 깊은 신분제도의 유산으로 인해 계급적 정체성에 대한 인식은 존재하지만, 생물학적 · 문화적 정체성에 대해서는 사회적 인식은 아직 미약하다. 다만 최근에 성문화의 개방풍조에 의해 '게이'(gay)나 '트랜스젠더'(transgender) 등의 성적 정체성 문제가 표출되기 시작했고, 세계화시대를 맞이하여 산업, 문화, 사회, 정치적 교류가 엄청나게 확대되어 많은 사람들이 다양한 목적으로 국내외로 일시 혹은 영구적으로 이주하고 있다. 이러한 문화적 정체성의 일부로써 언어정체성의 문제는 한국 내 이주노동자의 경우뿐만 아니라, 한국사회 전체 구성원들의 문화적 정체성의 문제로써 의미 있는 논의의 대상이 되었다고 할 수 있다.

한편, 언어와 정체성의 관계에 관해 관심을 보였던 학자 중 박틴(Bakhtin, 1981)은 언어는 문화의 산물이며, 그 문화 속에서 언어화자들(speakers)은 상호관계성(interrelationship)을 이루고 의미를 창출해내며, 자신들의 '목소리'(voices)를 통해 그들의 정체성(identity)을 드러낸다고 주장하였다. 여기서 박틴은 바로 이 '목소리'의 개념을 통해서 개인의 언어적 정체성이 문화와 환경의 영향 속에서 형성되어가는 구조를 밝혔다. 그는 특히 여러 문화와 언어가 혼재한 사회 속에서의 삶의 터전은 이러한 다양한 정체성이 한데 어우러져 새로운 앎과 정체성을 형성해가는 '축제의 장'(the carnival square)이며, 사회는 이러한 다양한 정체성들을 인정하고 존중하여 모든 참여자들이 의미 있는 생활의 공동체를 이룰 수 있도록 해야 한다고 강조하였다. 즉, 언어는 단순한 의사소통의 수단만이 아니라, 한 개인이 자신의 자아정체성을 자신이 속한 문화 속에서 자리매김하는 중요한 매개체이며, 이런 의미에서 언어로 인해 결정되는 개인이나 집단의 정체성을 '언어정체성'이라 일컬을 수 있다.

오크스와 쉬페린(Ochs & Shieffelin, 1984)은 이 '언어정체성'의 개념을 '자아정체성으로서의 언어(language-as-identity)'라고 표현하고, 헬러(Heller, 1988)는 여기에 '소속감(membership)'의 문제를 더하여, "언어란 개인이 속한 공동체로서의 민족관계를 상징적으로 드러내는 수단"(308쪽)이라고 언급하였다. 동일한 언어를 사용하는 특정 집단(민족) 속의 각 개인들은 그 언어사용으로 인한 집단적 정체성을 공유하게 되고, 결과적으로 그 집단에 대한 소속감을 가질 수밖에 없다는 것이다(Gibson, 1979; Bond, 1983; Reed, 1996; Warschauer, in press, etc.). 이와 같은 맥락에서, 밴 라이어(Van Lier, 1996)는 언어정체성 문제의 핵심으로 '참여성(participatibility)'의 개념을 제시하는데, 그는 언어화자(speaker)가 갖는 자각(awareness), 자율성(autonomy), 그리고 신뢰성(authenticity)의 3요소를 부각시키고, 여기에 맥락성(contextuality)과 접근성(accessibility)을 부가한 참여성(participatibility)의 개념을 강조함으로써 궁극적으로 사회 속에서 언어사용자의 주체적 언어사용의 의미를 강조하였던 것이다. 젠텔라(Zwntella, 2002)가 "언어는 화자의 정체성과 의사소통 맥락(context)의 교호관계 속에서 형성되는 융통성 있는 소통시스템"이라고 표현하였듯이, 언어화자의 사회문화에 대한 참여성을 보장하기 위해서는 바로 언어사용자의 인식, 자율성, 신뢰성을 존중하고, 그들의 언어사용에 맥락성과 접근성이 보증되어야만 그러한 전제하에서 그들의 온전한 참여가 가능해진다는 것이다.

이와 같은 언어정체성에 대한 올바른 이해를 바탕으로 언어인권에 대한 이해의 기초를 마련할 수 있다는 점에서, 언어정체성과 언어인권의 관계의 구조는 문화정체성(cultural identity)과 문화인권(cultural rights)의 관계와 같다. 예컨대,

1993년 UN이 정한 「인권헌장」의 제15항에는 '경제적, 사회적, 문화적 권리'가 명시되어 있는데, 이는 특별히 소수 문화나 집단들의 자기 고유의 문화적 정체성을 보전할 필요성에 대해 강조하고 있는 것이다. 「인권헌장」의 제27조에는 '소수 집단의 구성원들이 자신의 공동체속의 다른 구성원들과 자신의 문화를 향유하고, 자신들의 종교적 신념을 표현하거나, 자신들의 고유한 언어를 사용할 권리'에 대해 명시되어 있다. 이러한 소수자들의 언어적·문화적 정체성은 한국에서 근무하는 이주노동자들에게도 분명히 적용되는 것으로, 그들의 인권에 대한 배려는 바로 그들의 언어적·문화적 정체성에 대한 올바른 이해에서 출발할 수 있다. 또한 그러한 이주노동자들의 언어적·문화적 정체성이 드러나는 중요한 통로가 바로 그들이 내는 '목소리'(voices)이고, 이 목소리에 대한 관심에서부터 그들의 언어적 정체성에 대한 이해가 출발한다고 할 수 있다.

(2) '목소리'(voices)와 언어정체성의 관계

이주노동자들이 한국 사회 내에서 이주노동자로서의 겪을 수밖에 없는 삶의 질곡을 통해 자신들의 정체성을 되돌아보고, 그에 대한 자신들만의 '목소리'를 내고자 하는 열망은 어느 누구 못지않게 클 것이다. 한국 사회에서 이주노동자들의 역할과 그 존재의미에 대한 이해는 매우 제한적이고 왜곡되어 왔다. 이주노동자들 자신도 그동안 한국 사회에 방송매체를 통해서 비추어진 자신들의 모습이 매우 편협한 시각과 왜곡된 모습으로 한국인들에게 보여져왔다는 사실을 인식하고, 그들 스스로의 목소리를 냄으로써 자신들의 정체성을 드러낼 수 있는 방법을 모색하기 시작하였다. 그들은 가장 효과적인 방법이 방송매체라는 사실에 공감하고, 자신들만의 방송 프로그램을 제작하였다. 대표적으로, 2005년 4월 1일부터 자신들만의 목소리를 내기 위해 서툰 한국어로 '이주노동자들의 세상'이라는 TV 프로그램을 제작(주관 : 이주노동자방송국, www.mwtv.or.kr)하여 유선방송인 '시민참여방송 RTV'를 통해 방영하기 시작하였다.

방송전문가가 아닌 이들이 TV 프로그램 제작에 직접 나선 것은 자신들의 문제를 다루는 기존 미디어의 시각이 왜곡되고 편향되기 일쑤라고 여겼기 때문이다. 이는 이주노동자들이 처한 현실을 바로 알리고, 이주노동자들의 눈에 비친 한국

사회의 모습을 여과 없이 보여주기 위한 노력의 시작으로 볼 수 있다. 예를 들어, 이 '이주노동자들의 세상'에 참여하는 이주노동자들의 목소리들은 다음과 같다 (이수현, 2005).

> "이주노동자의 눈으로, 이주노동자의 목소리를 담겠습니다. 이주노동자가 본 한국 사람, 한국 사회의 모습을 그리겠습니다. 약자 중에 약자인 이주노동자들의 상황과 문제들에 대해 언론이 제대로 이야기하지 않잖아요. 그래서 우리 스스로 하려고 나선 거예요. 다양한 국가만큼이나 다양한 문화가 있어요. 그것을 이해하면 차별은 생기지 않겠죠. 한국 사회에서 다양한 문화의 소통을 이루자는 것입니다. - 해미니(네팔, 30, 이주노동자TV모임 대표)
>
> 이주노동자 관련 보도는 한국사회가 보는 이주노동자의 일면만 비춘 겁니다. 분명 이주노동자가 보여주고 싶은 현실 그대로 자신의 모습이 있습니다. 한국의 미디어가 그때그때 사회의 흐름에 따라 내용을 만들어 내는 것은 문제가 있다고 생각해왔어요. - 뚜라(33, <버마행동> 대표)
>
> 방송 및 언론에서는 이주노동자에 대한 단속이나 고용허가제의 문제점을 지속적으로 제기하지 않아요. 그래서 우리 문제를 스스로 해결할 수 있는 매체가 필요했어요. 이주노동자의 권익이나 생존을 위한 투쟁뿐 아니라 반전집회에 참가한 것은 어느 나라에 있든 나는 전쟁을 원치 않는다는 의미에서였지요. 처음이라 폭넓게 취재 못한 점이 아쉽네요!! - 마붑(방글라데시 · 29)
>
> 발음이 서툴러 인터뷰할 때 제일 어려웠어요. 질문이 정확해야 하는데 말이 헛 나와서... 편집할 때 자막 넣기 힘들어 도움이 필요했습니다. - 최춘화(중국동포)
>
> 이주노동자 문제를 한국인이 좀 더 잘 이해할 수 있는 굉장히 좋은 기회입니다. 이주노동자들이 한국사회를 더 잘 이해할 수 있는 기회이기도 하구요. 주간이면 좋을 텐데 월 1회 방영이 너무 아쉽습니다!! - 크리스티앙(독일)
>
> (이주노동자) 그들 자신의 여러 가지 정체성과 역할을 이해하는 것에서 출발해야 한다. 이를 위해서는 무엇보다도 수입국에 있는 이주노동자들이 스스로자신의 미래에 대한 계획을 세우고 공동체를 만들어 함께 그러한 꿈을 공유하도록 해야 한다. - 최정의팔(서울외국인이주노동자센터 소장)

이처럼 '이주노동자들의 세상'이라는 프로그램을 통해 그들이 한국 사회와 세상에 내놓고자 하는 목소리는 매우 분명하고 강렬했다. 그동안 한국의 다양한 언론매체를 통해 간접적으로 전달된 자신들의 모습은 한국사회에 보여지고자하는 자신들의 본래 모습과는 차이가 있었고, 그들 스스로 '목소리'를 내지 않고서는 이렇듯 단편적이고 왜곡된 모습만 보여지는 현실을 극복하기 어렵다는 판단 때문이었을 것이다. 그들은 일차적으로 한국어를 통해 그러한 자신들의 목소리를 담아내고 있으며, 앞으로는 자신들의 언어를 통해 직접적으로 그들의 목소리를 내려는 계획을 갖고 있다.

이주노동자들이 내는 '목소리'(voices)는 바로 그들의 자아정체성을 드러내는 핵심적 기호(code)인데, 이 목소리를 통해서 어떻게 그들의 자아정체성이 드러나고 그것이 언어정체성과 어떤 연관성을 지니는가를 두 가지 층위의 정체성 형성구조를 통해서 설명하도록 한다.

첫째, 자아정체성을 형성하는 1차적 요인으로서 자각(Awareness), 자율성(Autonomy), 본유성(Authenticity), 주체성(Subjectivity)이라는 구성요인들(constitutive factors)이 모국어와 자아정체성과의 관계형성에 기여하는 1차적 자아정체성 형성구조이다. 즉, '목소리'는 이 네 가지의 '1차적 자아정체성 구성요인들'에 의해 영향을 받는다. 다시 말하면, 자신의 정체성에 대한 판단(자각), 자아의 주체로서의 인식(주관성), 스스로의 목소리를 드러낼 수 있는 주체적 힘(자율성)과 그것을 자신감있게 지속하고 유지할 수 있는 권위(본유성)가 그 사람의 목소리(정체성)를 만들어내는 원동력이 된다. 이러한 1차적 구성요인들은 바로 자신의 모국어(native language)를 자유롭게 배우고 사용할 수 있는 환경을 통해야만 드러날 수 있다고 본다. 즉, 자신의 모국어에 대한 근본적 소유권 및 사용권을 상실한 상태에서는 이러한 요인들이 온전하게 성숙 및 발휘될 수 없다.

둘째, 언어정체성을 형성하는 2차적 요인으로서 참여성(particitibility), 맥락성(contextuality), 접근성(accessibility), 그리고 공동체의식(membership)의 네 가지 수행요인들(performative factors)을 들 수 있는데, 이는 앞서 반 리어(Van Lier, 1996)가 강조한 바 있는 참여성, 맥락성, 접근성에다가 공동체의식(membership)을 추가한 것이다.

앞서 논의한 '1차적 정체성 형성요인'들이 모국어에 있어서, 그리고 자아정체성의 문제에 관여하는 것에 반해, '2차적인 정체성 수행요인'들은 모국어와 외국어의 관계에 따른 언어정체성의 문제에 관여하며 동시에 자아정체성의 핵심원으로서의 '목소리'에도 영향을 미치게 된다. 자아정체성을 형성하는 1차적 요인들은 가장 기본적 것들로 언어정체성 형성의 기초가 되며, 이것이 없이는 2차적 요인들의 형성이 불가능하다. 하지만 2차적 요인들은 1차적 요인들을 바탕으로 형성된 자아정체성에 더하여 궁극적인 언어정체성을 완성하는 데 중요한 역할을 한다. 즉, 1차적 형성요인에 의해 이루어진 자아정체성은 2차적 수행요인들인 참여성, 맥락, 접근성, 그리고 공동체의식에 의해서 외부로 드러나며, 비로소 실천이 가능해진다. 이것이 1차적 형성요인에 의한 자아정체성과 2차적 수행요인에 의한 언어정체성의 관계의 핵심이고, 이것이 '목소리'를 통해 자아정체성과 언어정체성을 포함한 상태로 외부로 드러나게 되는 구조인 셈이다.

이상에서 논의한 언어정체성과 관련된 주요 개념들을 도식으로 정리하면 [그림 3-1]과 같다. 그 정수에서 재현되는 것이 바로 소수 언어사용자들의 정체성을 드러내는 언어화자의 '목소리'(voices)이다.

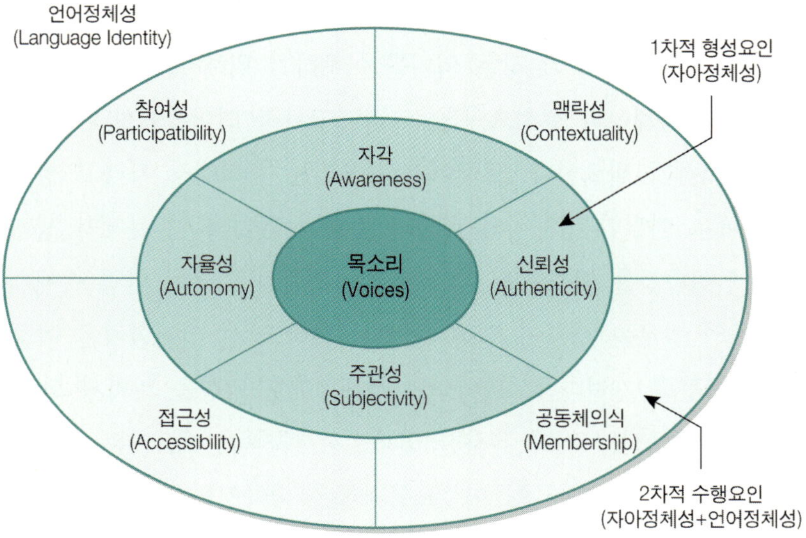

그림 3-1 언어정체성을 형성하는 요인들

출처 : 박휴용(2005: 218).

앞서 예를 든 이주노동자의 목소리도 바로 위와 같은 정체성 형성요인의 구조적 틀 속에서 이해할 수 있다. 이주노동자들은 목소리는 그들의 자아정체성과 그들이 이주노동자로서의 현실에 대한 자각을 바탕으로, 스스로의 실존적 입장을 표현한 것이다. 처음에는 이러한 자아정체성을 드러낼 수 있는 기회가 부족하고 환경적 여건이 미성숙되었더라도, 이제는 그 자아정체성을 바탕으로 한국사회에서 겪는 이주노동자의 문제들을 우선은 한국어를 통해, 그리고 궁극적으로 자신들의 언어를 통해 드러냄으로써 한국사회에서 이주노동자들의 문제들을 공론화시키고자 하는 것이다. 그 구체적인 방법이 바로 2차적 수행요인들을 그들의 언어정체성을 바탕으로 현실화시키는 것인 셈이다. 또한 그들은 자신들의 처한 상황을 바탕으로(맥락성), 자신들의 의견을 합법적이고 효과적으로 표현할 수 있는 매체를 통하여(접근성), 이주노동자들의 모든 의견을 수렴하고 적극적으로 외부에, 그리고 자신들의 현실적 문제들을 해결하기 위해 표출하는 방법을 통하여(참여성), 자신들이 근로현장에서 건전한 노동력을 제공함으로써 한국 사회에 이바지하는 역할을 드러내고자 하는 것이다. 이러한 것을 가능케 한 것은 바로 그들에게 잠재해있던 한국 사회의 생산적인 일원으로 동참하고 싶어하는 의지(공동체의식)의 힘이었다고 볼 수 있다.

이주노동자들의 '목소리'가 갖는 의미를 이해하기 위해서는 바로 위와 같은 그들의 1차적 자아정체성의 형성요인들, 그리고 2차적 언어정체성의 수행요인들에 대한 올바른 이해가 필요하다. 모국어가 통용되는 사회에서 자라고 생활하는 내국인의 경우에는 이러한 정체성의 형성과 수행에 있어서 큰 문제가 생기지 않는 자연스러운 언어환경을 접하지만, 생소한 외국생활과 외국어 환경 속에 내던져진 이주노동자들의 경우는 상황이 전혀 다르다. 전혀 낯선 언어환경은 이들의 언어정체성에 큰 도전을 가져다줌으로써 자아정체성에도 영향을 끼치게 되며, 이러한 영향은 인권이 침해되는 것과 유사한 결과로서 나타나는데, 이는 결국 언어인권의 문제를 상기시키게 된다. 즉, 이주노동자들은 내국인들에 비해 언어인권이 보장받기 어려운 구조적 현실 속에 내던져진 셈이고, 한국 사회는 이러한 문제가 극대화되는 언어환경을 갖고 있음을 지적해야 한다. 이러한 구조적 문제를 극복하기 위한 가장 효과적인 방법은 한 사회 속에서 내국어와 외국어의 관계성에 대한 이해의 새로운 접근방식인 생태언어론의 관점에 주목하는 것이다. 따라서 다음 절에서는 이 생태언어론의 관점에서 이주노동자들의 언어인권의 문제를 어떻게 다룰 것인가에 대해 논의하도록 한다.

2) 생태언어론(Ecology of language)과 언어인권

(1) 언어생태주의와 언어제국주의

하우젠(Haugen, 1972)은 '생태언어론(Ecology of Language)'의 개념을 빌어 언어란 환경과의 상호작용을 통해 다양하게 발전 및 진화하는 문화의 한 형태로서, 자연을 보존하기 위해 자연의 생태적 환경을 보존하듯이 언어의 생태적 환경도 자연스러운 변화, 발전을 위해 그 다양성이 보존되어야 한다고 주장했다. 가너와 보그(Garner & Borg, 2005)는 이러한 생태언어론의 특징으로 전일성(holistic), 역동성(dynamic)과 상호작용(interactive), 그리고 상황성(situatedness)을 들었다. '전일성'이란 언어를 언어의 세부적 요소에 대한 부분적인 이해를 통해서가 아니라, 전체의 의미맥락 차원에서 이해해야 한다(Garner & Borg, 2005, 121; Hayward, 1995)는 것이다. 또한 '역동성'과 '상호작용'의 측면으로 보면, 언어는 의사소통 참여자들의 협동적인 의미의 교섭과정(Garner, 1995)이고, 이해(understanding)란 "상대방의 반응을 통해 서만 결실을 맺는다"(Bahktin, 1981: 282)는 것이다. '상

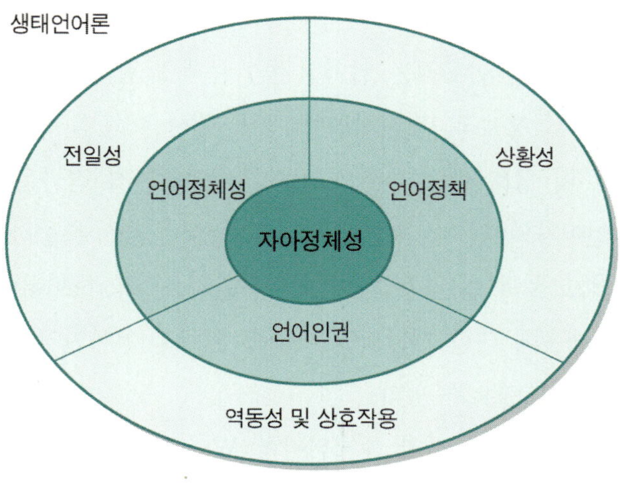

그림 3-2 생태언어론의 특징들과 자아정체성의 관계

황성'이란 언어에 대한 생태학적 이해는 세상과 삶 속에 처한 개인들의 지엽적이고 구체적인 상황에 대한 배려에서 나옴(Malinowski, 1930: 336)을 강조한다. 이러한 생태언어론의 주요 특징들과 자아정체성 및 언어인권의 관련성을 도식으로 나타내면 [그림 3-2]와 같다.

이주노동자의 언어인권 문제를 고려할 때, 한국 사회에서의 그들의 언어정체성과 자아정체성의 관계에 주목할 필요가 있고, 이는 생태언어론적 특징들과 관련하여 포괄적으로 논의될 수 있다. 언어와 사고의 밀접한 관련성에서 알 수 있듯이, 언어는 단순히 파편화된 의사소통의 도구만은 아니므로, 어떤 사람이 사용하는 언어로 인해 그 사람의 사고와 가치관뿐만 아니라 개인의 자아정체성에까지 영향을 미치게 된다(전일성). 즉, 생태언어론을 통해서 언어인권을 논의하려는 것은 언어정체성을 통해서 자아정체성의 문제를 논의하는 시도와 같은 것이다. 또한 상황(situation)은 언어에 의미(meaning)를 부여하므로, 언어의 사용은 화자(speaker)의 상황 혹은 맥락(context)에 매우 민감할 수밖에 없다. 이주노동자의 특수한 상황을 고려하지 않고서 그들의 언어문제, 적응문제, 인권문제 등을 논의하는 것은 불가능하므로, 현실성 있는 언어정책은 이러한 이주노동자의 특수한 상황에 기반하여 논의되어야 한다(상황성). 그리고 우리 시대가 겪고 있는 인권의 문제, 언어인권의 문제는 기본적으로 관계성(relationship)에서 유발된다. 언어들 간의 권력관계, 즉 지배언어와 피지배언어의 관계, 사용자언어와 노동자언어의 관계, 내국어와 외국어사이의 관계성의 맥락에서 각 언어를 사용하는 사람들 간의 언어인권의 문제가 파생된다. 우리는 언어인권의 문제에 접근하기 위해선 이러한 언어사용자들 간의 사회경제적, 정치적 관계성에 대한 이해에서 출발할 필요가 있는 것이다(역동성 및 상호작용). 기본적으로 생태언어론적 접근은 주류 언어집단뿐 아니라 소수언어자의 언어정체성과 그들의 언어인권을 존중하고, 언어정책을 결정함에 있어서 그들의 언어인권과 언어사용환경을 배려하도록 하는 것이다. 이러한 언어인권의 내용에 대한 개괄적인 이해를 위해서 언어인권에 관한 국제협약을 구체적으로 살펴볼 필요가 있다.

민간단체(NGO)인 '언어권에 대한 세계위원회'(World Committee of Linguistic Rights)에서 1966년 '시민적, 정치적 권리에 대한 국제조약'(The International

Covenant on Civil and Political Rights)과 같은 해의 '경제적, 사회적, 문화적 권리에 대한 국제협약'(The International Covenant on Economic, Social and Cultural Rights)을 바탕으로 두고, 1996년 6월 바르셀로나에서 '언어권에 관한 선언문'(Universal Declaration of Linguistic Rights)을 채택하였다. 이 선언문에는 개인이나 집단이 이민자들(immigrants), 난민들(refugees), 추방자들(deported persons) 및 이산자들(members of diaspora)의 여부에 구애받지 않고, 자신이 속한 지역에서 자신의 언어공동체에 속해서 사적으로나 공적으로나 자신만의 언어로 의사소통하고, 그 언어에 의해 차별받지 않고 평등한 대접을 받을 수 있는 권리에 대해 명시하고 있다(1조). 또한 한 언어공동체의 구성원으로 인정받을 권리, 자신의 언어를 공적으로나 사적으로 사용할 수 있는 권리, 자신의 이름을 사용할 권리, 다른 언어적 기원을 갖는 공동체의 구성원과 교류하거나 관계를 맺을 권리, 그리고 자신의 문화를 발전시키고 유지시킬 권리 등에 대해서 명시하고 있기도 하다(3조). 또한 이 선언문은 다른 언어공동체의 영역으로 이주해간 사람이 자신의 문화의 독창성을 유지하면서도, 그 문화를 새로운 문화와 공유하면서 공존하도록 노력하는 태도를 견지할 권리와 의무에 대해 진술하고 있다(4조). 그리고 모든 언어공동체들의 권리는 그것이 공식언어든, 지방어든, 소수언어든 간에 법적, 정치적인 지위 측면에서 동등하며 독립적이라고 선언하고 있다(5조).

이와 같은 언어인권 선언의 핵심내용은 다양한 제언어의 공존과 번영이라는 큰 틀을 공유한다는 점에서 생태언어론적 접근이나 이주노동자의 언어인권에 대한 본 절의 문제제기와 맥을 같이한다. 하지만 무엇보다도 언어소수자의 언어인권에 대한 이해는 언어제국주의에 대한 비판론을 통해 보다 확실한 논리적 근거를 얻을 수 있다. 스쿠트납-캉가스(Skutnabb-Kangas, 1988)는 제국주의적 양육강식의 세계질서 속에서 지배언어로 군림해왔던 불어와 영어 같은 강대국의 언어들은 미화되고, 약소국들의 토종언어들은 단순한 '방언'의 하나로써 등한시되고 소외되어 왔으며, 점차 거대 문명의 정치적 · 경제적 권력에 의해 약소 집단의 언어들이 소멸의 위기에 처해가는 상황을 경고하고, 크고 작은 문명들 간의 관계가 호상성(reciprocity)에 의해 유지되며 공정한 의사소통이 이루어져야 함을 강조하였다. 이러한 언어제국주의(linguistic imperialism)에 대한 비판은 '언어학살'(Linguistic genocide), 언어정책과 관련된 권력과 헤게모니(Power and Hegemony)의 관계, 언어위계론(Hierarchisation) 등의 이데올로기에 대한 비판의 관점에서 언어제국주의와는 전혀 다른 언어생태론적 세계관(Ecology-of-Language paradigm)과 맥을 같이 한다(Skutnabb-Kangas & Phillipson 1986; Phillopson, 1992; Skutnabb-Kangas & Phillipson, 1994; Khubchandani, 1994; Phillipson & Skjutnabb-Kangas, 1996; Skutnabb-Kangas, 2000). 결국 세계질서 속에서 지배적 언어로 군림하는 영어, 불어 등의 강대국의 언어들이 소위 '도살언어'(Killer-languages)로서 언어말살정책(linguistic genocide), 언어적 · 사회적 제국주의, 미국 문화의 일방적 전파, 조악한 자본주의의 확대, '언어위계'(language hierarchy) 이데올로기의 전파 등을 통해 약소국과 사회적 약자들을 '영어단일화 정책'(English-only policy)하에 속박하려 한다고 비판했던 것이다(Skutnabb-Kangas, 2000).

아울러, 필립슨과 스쿠트납-캉가스(1996)는 현재 '세계화'(globalization)라는 깃발 아래서 자본주의, 과학기술, 현대화, 언어단일화(monolingualism) 등의 신자유주의적 이념들이 득세하고, 국제화, 범국가주의(transnationalization), 미국화(Americanization) 및 세계문화의 동일시화, 그리고 언어적 · 문화적 · 매체적 제국주의 등의 이데올로기들이 미국의 패권주의(Pan-Americanism) 달성의 주요 수단으로 여겨지는 '영어확장 패러다임(Diffusion-of-English paradigm)'에 치우쳐 있다는 사실을 지적하였다. 그들은 이에 맞서 언어인권보장, 의사소통의 평등성, 다언어주의, 다언어와 다문화의 유지, 제 국가의 자치권의 보호, 외국어교육의 장려 등을 지향하는 '생태언어 패러다임'(Ecology-of-Language paradigm)을 견지해야 한다고 주장하였다.

이러한 언어생태학적 패러다임의 의미는 전 세계적으로 언어적 다양성을 유지하고, 다언어주의(multi-lingualism)를 주창하며, 모든 언어사용자들의 언어인권을 보장할 것을 지지함과 동시에, 더 나아가서는 소멸되어가는 언어의 유지와 재활(Language maintenance & Revitalization)을 위한 언어정책을 수립할 것을 촉구하고 있는 것이기도 하다(Cummins, 1989; Pavlenko, 2000; King, 2000; Hornberger, 2002, 2003 등). 스쿠트납-캉가스와 부칵(Skutnabb-Kangas & Bucak, 1994)은 언어인권(Linguistic Human Rights : LHR)을 옹호하는 목적이 개인이나 집단의 정체성이 그들이 사용하는 언어를 인정함으로써 확립되며, 이로써 타인들로부터 존중감을 불러일으키고, 그들의 모국어학습 기회를 말하기나 글쓰기를 막론한 모든 측면에서 온전히 보장하고, 모든 공식적인 상황에서 그들이 자신들의 모국어를 사용할 수 있도록 배려하는 것이라고 주장하였다. 결국 이러한 인간의 가장 기본적인 언어인권의 보장은 다양한 언어를 사용하는 여러 민족들 간의 평등권을 보장하는 것으로, 만일 이러한 권리가 보장되지 않는다면 소수민족과 그들의 언어가 점차 사라지고, 개인이나 집단차원의 그들의 운명에 심각한 결과를 초래하게 될 것임을 경고한 것이다. 그렇다면, 과연 한국사회에서 이주노동자들이 언어인권의 측면에서 어떠한 현실에 처해있는지를 구체적인 사례를 통해서 확인할 필요가 있다.

(2) 언어인권 문제의 현황

우리나라는 단일민족, 단일언어 사용국이라는 사회적 인식이 온 국민들에게 팽배해 있으므로 이주노동자들의 언어인권 문제에 매우 둔감하다. 60만 명 이상의 이주노동자들은 언어소수자로서 이러한 한국사회의 인식으로 인해 매우 큰 어려움을 겪고 있다. 그들 대부분은 비영어권 국가 출신의 노동자들로 자국어뿐만 아니라 영어로도 의사소통이 원활하지 않다. 그들의 한국에서의 거주와 일터에서의 근로의 효율성을 위해서라도 그들에게 필요한 자신들의 언어를 사용할 기회가 전무함은 물론, 한국어를 배울 기회마저 매우 한정되어 있다.

아울러 이주노동자의 언어소통의 문제는 기업체의 입장에선 노동생산성의 측면에서 중요한 변수가 되는 것으로 인식되고 있다. 외국 인력의 직무수행에 대한 영향요인을 조사한 바에 따르면, 외국 인력의 직무수행 장애요인으로써 '언어문제'(66.1%)가 가장 크다고 생각하고 있으며, 그 다음으로 '문화적 차이문제'(23.9%)라고 대답하고 있다. 또한 외국 인력의 숙련형성 영향요인에 대해서도 '언어능력'(49.6%)이 가장 중요하며, 그 다음이 '본국에서의 직업경험'(22.6%)이라고 대답했다. 실제로 외국인 노동자들의 한국 취업 전 한국어 이해능력을 조사한 한 연구결과를 보면, 중국 조선족을 제외하고 거의 대부분의 외국인 노동자들의 한국어 의사소통능력은 매우 낮은 것으로 나타났다.

또한 기업체에서는 이주근로자들의 언어문제에 많은 신경을 쓰고 있기 때문에, 그들이 선호하는 이주근로자의 출신 국적으로 재중(在中)동포를 가장 많이 원하는 이유가 '언어소통이 가능함'(95.5%, 복수응답)으로 조사된 것이다. 이와 같은 응답의 크게 두 가지 의미를 갖는 것으로 보인다.

첫째, 한국에서 일하는 이주노동자들의 대부분은 저숙련, 비전문 노동인력이므로 독립적 · 자율적 업무보다는 지시에 의한 단순노무가 대부분이고, 모국어 외에는 언어구사력도 미흡하므로 의사소통이 잘 이루어지지 않는 상황에서는 기업이 교육, 실습 등에 있어서 곤란을 겪을 수 있기 때문이다.

둘째, 현재 기업들이 많은 수의 저임금 외국 인력을 필요로 하면서도 그들을 위한 언어적응 프로그램, 한국어교육, 그리고 문화적 이해 등을 위한 준비에 소홀하기 때문이다. 실제로, 한국어 교육 프로그램이 전무한 실정에서 이주노동자들은 공장에서 귀동냥으로 배운 한국말을 배운 상태에서 위험한 작업장에 배치되어 일을 하다가 얼마 되지 않아 산재를 당하게 되는 경우도 많다. 이처럼 이주 노동자를 위한 충분한 언어교육은 그들의 가장 기본적인 건강과 생존에 연관된 중요한 과제라 할 수 있다.

정기선(2003)의 조사에 따르면, 한국계 중국인을 제외한 대부분 외국인 노동자들은 한국어 의사소통능력이 상당히 취약함에도 불구하고, 어쩔 수 없이 직장에서 한국인 상사나 동료와 한국어로 의사소통을 한다는 사람이 전체의 63%나 되는 것으로 나타났고, 다른 의사소통 수단으로는 '몸짓 또는 신호'가 16%, 그 다음이 '통역'(10%)의 순으로 나타났다. 외국인 노동자들과의 의사소통 수단이 무엇인가를 한국인 근로자에게 물어본 결과도 '한국어로 한다'가 56.6%, '몸짓이나 신호로 한다'가 28.2%로 외국인 노동자들의 응답과 거의 비슷하게 나타났고, 그 외에는 필리핀 출신 등 극소수의 영어가 가능한 노동자들과 영어로 의사소통이 이루어지는 경우가 있을 뿐, 외국인 노동자들이 자신의 모국어를 사용할 수 있는 기회는 전무하다시피 한 것이 현실이다.

이러한 언어인권(linguistic human rights)은 인간이 다른 동물과 구별되는 가장 중요한 특징으로써의 언어권(linguistic rights)과 인권(human rights)을 동시에 만족시키는 것으로, 단순한 언어선택권(language rights)과는 근본적으로 다르다

(Skutnabb-Kangas, 2000). 이주노동자의 언어인권을 보장하는 것이 얼마나 중요한지는 그 자녀들의 교육문제를 살펴보면 알 수 있다. 2001년 교육부는 시행령 개정안 발표로 불법체류자 자녀에게도 동등한 교육권을 부여했다고 하지만, 실상은 교육부가 내린 지침을 두고 일선 학교나 교육청에서 다르게 해석하고 있기 때문에 많은 이주노동자의 자녀들은 정규교육을 받고 있지 못하다. 한국어를 잘 모르기 때문에 학교입학을 허가할 수 없다는 일선학교들의 방침으로 정규교육을 받지 못하고 있는 많은 등록 및 미등록 이주민 노동자들의 자녀들의 사례는 우리나라의 언어인권에 대한 사회적인 이해수준을 잘 드러내주는 사례인 셈이다. 우리의 필요에 의해 많은 산업연수생 및 생산직 노동자들을 불러들여 놓고도 그들의 자녀들의 교육문제를 외면한다면, 진정한 다문화사회의 정착에 문제점을 야기하게 될 것이다.

Tip 사회 통합(Cohension)이냐 사회 공존(Coexistence)이냐

다문화적 교육과 반인종적 교육이 지향하는 목표지점은 어떤 것일까? 나는 그것이 각각 사회 통합을 목표로 하느냐, 사회적 정의 및 공존을 목표로 하느냐의 차이에 의한 것일 수 있다고 본다.

다문화적 정체성과 다문화적 감수성을 기름으로써 궁극적으로 지향하는 바가 무엇일까? 이 문제를 탐색하기 위한 보다 분명한 개념 구분은 바로 다문화사회의 목표를 통합 지향으로 할 것이냐, 공존 지향으로 할 것이냐의 문제일 것이다. 앞서 언급한 바와 같이, 현실주의적 논리에 따라 다문화사회를 만들어가자는 입장은 사회 통합을 강조할 것이고, 보다 이상주의적 사회를 만들기 위해 평등성과 정의의 가치에 기반한 다문화사회를 만들고자 하는 입장은 사회적 공존을 강조할 것이다. 이 양자의 입장을 보다 명확히 이해하기 위해서는 다음의 논의가 필요할 것이다.

상호존중의 정치(politics of respect)가 집단들 간의 문화적 차이를 강조하고 각기 개별적 정체성을 허락함으로써, 보다 응집된 연대감(cohesive solidarity)의 형성을 방해한다는 견해(Alesina & Glaeser 2004; Goodhart, 2004)가 있다. 이 주장의 핵심은 사회적 공감이 서로 비슷한 가치와 삶의 방식을 공유할 수 있는 사람들끼리의 상호작용을 통해 활성화될 수 있다는 생각에 있다. 이러한 차이를 옹호하고 상호존중을 강조하는 정책은 집단들을 나누고, 전체적인 사회적 연대를 훼손시키며 사회적 신뢰를 감소시키는 원치 않은 결과를 가져올 수도 있다고 생각한다.

한편, 이에 대한 반론은 궁핍과 불평등이 문화적 차이보다 훨씬 중대한 사회적 신뢰를 저하시키는 효과를 가졌다는 주장에서 나온다(Sturgis et al., 2011). 2001년 영국 Burnley, Oldham, 그리고 Bradford 지역의 폭동사태가 "서로 다른 인종적, 문화적, 종교적 공동체들 간의 교류가 부족한 것에 원인이 있다"는 분석이 있듯이, 집단들 간의 대화와 상호작용은 중요한 통합의 원동력이다(Cantle, 2001; Ouseley, 2001). 현대의 자유민주주의의 핵심적 가치들에 대한 존중이 기본이 되고, 그러한 가치 기준이 다르더라도 관용, 자유로운 의사표현, 법질서에 대한 존중, 그리고 정치적 법적 권리에서의 평등성이 지켜진다면 사회의 통합이 이루어질 수 있다는 것에 모두 동의한다.

출처 : Parekh(2000a), ch. 11, p. 337; Rattansi(2011), ch. 5.

이처럼 국경을 허물어버리는 세계화의 거센 흐름은 이러한 언어 소수자들(language minorities)의 언어인권 문제가 비단 한국 내 이주노동자들만의 문제가 아님을 일깨워 준다. 현재 한국은 저임금노동시장의 주요 인력수입국이지만, 1970년대 이후부터 중동, 유럽 등 세계의 여러 노동현장에 숙련 및 비숙련 인력을 파견해온 인력수출국이기도 하기 때문이다. 한국의 노동자들이 외국에 나가면 한국 내 이주노동자들이 겪고 있는 의사소통의 문제와 똑같은 언어문제를 겪기 마련이다. 선진국의 사례를 보면, 60년대 독일에서 외국인 노동자로 일했던 한국인 부부의 경우, 각각 광부와 간호사로 파견되어 나갔지만 대학에서 공부할 기회를 얻었고, 외국인 노동자였지만 아이를 낳고 기르기에 어려움이 없었다고 말한다. 독일의 연방정부는 1978년에 '외국인 근로자와 그 가족의 통합을 위한 연방정부 위임직'을 설치하면서 정부차원에서 외국인에 대한 사회적 통합방안을 모색하기 시작했는데, 그 주요 방안의 하나로 '언어적 통합'이 있었다고 한다. 포크(Falk, 1994)는 세계화를 동일화(homogenizing)를 목표로 하는 '위로부터의 세계화'(globalization from above)와 다양성(pluralistic)을 허용하는 '아래로부터의 세계화'(globalization from below)로 나누고, '다양성 속에서의 일체'(Unity in diversity)를 지향하는 인류공동체의 개념에 기반을 두고 광범위한 차원에서 다채로운 사회적 상호작용을 도모하는 아래로부터의 세계화가 중요함을 강조한 바 있다. 반면, 위로부터의 세계화는 정치, 경제, 사회, 문화, 군사 등 모든 분야의 강대국들의 주도에 의한 세계질서 재편의 헤게모니 다툼의 일환으로 진행되는 것으로, 과거 제국주의적 이데올로기의 연장이자 전 세계질서를 서구 자본주의의 경제체제에 편입시키려는 의도의 하나로 볼 수 있다.

문화제국주의에 대한 비판적 시각에 따르면, '위로부터의' 근대화와 세계화의 이데올로기는 한 문화의 자생과 번영, 여러 문화의 공존, 각 문화의 자발적 변화를 이끌어내기보다는, 결국 각 문화들을 등급을 매기고 줄을 세워서 소수의 주도적 문화가 다른 문화를 압도하고 지배하고 제거하도록 한다고 말한다. 결국 문화제국주의에 대한 비판은 서구 선진 자본주의국가들의 근대적 문화가 세계를 지배하게 된 현상을 지적하는데, 영어의 '세계 공용어화'와 같은 문제는 바로 이러한 문화제국주의의 가장 대표적인 사례인 셈이다. 언어소수자의 언어인권의 문제는 바로 이러한 문화제국주의의 일종인 언어제국주의를 비판하고, 각각 소수의 민족과 그들의 언어와 문화를 존중하고 배려함으로써 전 지구상의 생태적 언어, 문화 환경을 유지하고 발전시키고자 하는 것이다. 이는 결국 인간의 가장 기본권인 언어인권을 배려하는 것이며, 다음의 인용구는 생태주의적 관점에서 소수 언어의 유지가 어떤 의미를 갖는가를 잘 보여준다.

> 소수 언어의 사멸은 그것으로 표현되던 지식도 사라지게 만든다. 언어란 의사소통의 수단으로만 존재하는 것이 아니라, 생태계와 환경의 일부로서 살아 숨 쉬는 유기체이기 때문이다. 생물종이 가장 다양한 적도 지역에 세계 언어의 70%가 분포되어 있는 것도 그래서다. 언어가 사멸하면 존재할 수 없는 것들이야말로 소수 언어가 사라져서는 안 될 결정적 이유가 된다. 어떤 두 언어도 같은 현실을 나타내지 않는다. 그것들은 다른 세상이다. 같은 세상에 이름만 다르게 붙인 것이 아니다(Nettle & Romaine, 2003).

이와 같이, 생태언어론은 소수언어자의 언어인권을 존중하고, 위로부터의 세계화가 아닌 아래로부터의 세계화를 지지하며, 언어제국주의에 맞서 언어생태주의적 패러다임을 지향한다. 이러한 언어제국주의적 세계관과 언어생태주의적 세계관은 다음 [그림 3-3]과 같이 나타낼 수 있다.

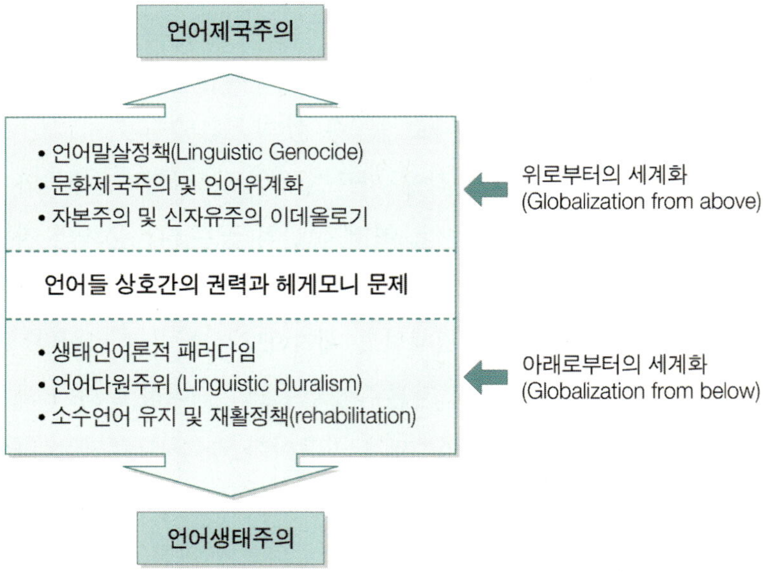

그림 3-3 언어제국주의와 언어생태주의의 관계성 도식

이처럼 생태언어론은 언어소수자의 언어인권을 보장하고 여러 언어와 문화, 그리고 그 언어공동체의 평등하고 조화로운 공존을 지향하는 이념이다. 우리나라의 이주노동자의 언어인권의 문제도 바로 이러한 거시적인 관점에서 이해할 필요가 있고, 이는 비단 이주노동자의 문제뿐 아니라, 우리나라의 모든 국민을 위한 국어 및 외국어정책을 수립함에 있어서도 반드시 고려해야 할 사항이다.

3) 언어인권 보장을 위한 실천적 방안

(1) 한국 사회 언어정책의 이중성

1990년 UN 총회는 '모든 이주노동자와 그 가족의 권리보호에 관한 국제 협약'(International Convention on the Protection of the Rights of All Migrant Workers and Members of Their Families : 이하 이주노동자 협약)을 의결하고, 2003년에 이르러 이를 20개국이 비준하여 이주노동자 협약이 발효되었지만, 이주노동자 유입국이자 송출국인 한국은 2012년 1월 현재까지 이 협약에 서명을 하고 있지 않다.

이 땅의 이주노동자들은 인간으로, 노동자로 살아가기 위한 최소한의 보장조차 받지 못하고 있는 것이 현실이다. 하지만 이러한 이주노동자 협약도 이주노동자의 언어인권에 관한 부분은 매우 제한적이고, 최소한의 법적인 권리만을 위주로 명시되어 있을 뿐이다. 예를 들어, 이주노동자의 '신체의 자유와 안전에 대한 권리(제16조)'에는 사법적 처분을 받을 시의 자신들의 언어로 의사소통하거나(5항), 통역인의 조력을 받을 수 있는 권리(8항)에 대해 명시하고 있다. 또한 이주노동자나 그 가족에 대한 형사상의 죄를 결정함에 있어서 자신들의 언어로 통고받을 권리(제18조 3항 a.)나 법정에서 무료로 통역의 조력을 받을 권리(3항 f.), 이주노동자와 그 가족이 법률에 따른 결정에 의해서만 추방되어야 하고, 그 추방의 결정이 그들이 이해하는 언어로 통고되어야 한다(제22조 1~3항) 등의 조항이 있을 뿐이다. 이처럼 이주노동자의 언어인권은 최소한의 법적인 권리행사에서 그들이 이해할 수 있는 언어로 통보되어져야 한다고 명시되는 수준에 머물러 있고, 하물며 우리나라는 이 협약에 참여하고 있지도 않은 실정이다.

한 가지 고무적인 조항은 제45조 1항의 이주노동자의 가족은 취업국에서 다음 사항의 이용에 관하여 취업국의 국민과 평등한 대우를 향유한다는 조항과 제2항의 취업국은 적절한 경우에는 출신국과 협력하여, 이주노동자의 자녀에게 특히 현지 언어를 가르치는 것과 관련하여 그들이 현지의 학교제도에 용이하게 적응하도록 하는 정책을 추구하여야 한다는 조항이 눈에 띤다. 이상의 협약에서도 나타나듯이, 이주노동자의 언어인권 문제의 해결안으로 크게 두 가지 접근법이 가능할 것이다. 첫째는 한국어교육을 확대하는 것이고, 둘째는 그들의 언어가 보다 원활하게 통용될 수 있도록 하는 것이다.

첫 번째인 한국어교육 확대의 측면에서는, 외국 인력에 대한 언어 및 문화적응 훈련에 대한 조사에 따르면, 기업들은 '필요할 때마다 실시한다'(68.7%)가 대부분을 차지하였고, 정기적으로 실시하는 기업도 4.6% 정도 있는 것으로 나타나, 실제로 많은 기업들이 생산성 향상을 위해 한국어교육 및 문화적응 훈련 등을 실시하고 있는 것으로 조사됐다.

하지만 두 번째인 그들의 언어를 사용할 수 있는 권리를 확대하는 것은 사회적으로 그리 단순한 문제는 아닐 것이다. 사회적 약자나 소수자의 인권을 존중하는 사회를 만듦으로써 궁극적으로 일반인들의 전반적인 인권이 보장되는 것처럼, 이러한 언어인권에 대한 배려는 결국 이주노동자의 인권문제를 점검하는 가장 기본적이면서도 시금석이 될 수 있다. 그렇다면, 이주노동자들이 한국 사회에서 자신들의 모국어를 사용할 수 있게 하는 데에 가장 큰 장애가 되는 요인은 무엇인가? 그것은 바로 한국 사회의 뿌리 깊은 배타적 민족주의에 기인함을 들 수 있다. 언어문제에 있어서는 언어민족주의(linguistic nationalism)가 그것인데, 이러한 언어민족주의 이데올로기는 긍정적인 측면과 부정적인 측면의 양면적 가치를 지닌 것으로 이해되고 있다. 한글이라는 귀중한 민족문화유산은 한반도에 거주하는 단일민족의 단결과 공영의 힘이지만, 반면 국민국가주의(nation-state)의 이데올로기로 인해 타 민족과 문화에 대해 폐쇄적이고 배타적인 양상을 나타내는 원인으로 지적되기도 한다. 부르바커(Brubaker, 1992)가 이를 근대 국민국가의 내부에 여러 가지 '사회적 폐쇄'(Social Closure)의 구조(예컨대, 지리적 경계, 군사적 대치, 민족(인종)적 차별, 시민사회의 요소 등)라고 지적한 바와 같이, 한국 사회는 그 역사적, 지리적 특수성으로 독특한 혈통적(혈연), 문화적(언어 등) 요인에 의한 사회적 폐쇄 경향이 존재하고, 동시에 이방인에 대한 타자화(alienation)의 방식이 존재하고 있다고 볼 수 있다.

한국 사회가 이주노동자들을 필요로 하면서도 그들은 기본적으로 '불법체류자', '난민', '노예'의 이미지로 타자화 한다는 지적도 같은 맥락에서 이해할 수 있을 것이다. 또한 한건수(2004)는 한국인의 뿌리 깊은 혈통주의, 인종주의적 이데올로기가 이주노동자들을 대상으로 인종질서를 서열화하는 양상을 나타낸다고 지적하기도 한다. 함한희(1995)는 이를 한국인의, 생물학적 인종개념이 아닌, '사회적, 문화적 인종개념'으로 보고, 한국인들이 외국인들을 그들의 조국의 사회경제적 배경을 기준으로 서열화하고 있다고 지적한 바 있다. 즉, 서양강대국의 언어인 영어, 불어, 독일어 등은 우수한 언어, 그 언어를 사용하는 사람들도 우수한 인종으로 인식하는 반면, 이주노동자의 대부분을 차지하는 아프리카, 중동, 동남아시아 등 출신의 노동자들과 그들이 사용하는 언어에 대해서는 근본적으로 멸시하는 태도를 지니고 있다는 것이다.

우리가 겪고 있는 이주노동자들의 언어인권의 문제는 바로 이러한 현실 속에 있고, 특히 요즈음 세계화의 흐름 속에서 외국어교육에 대한 우리 사회의 입장이 다분히 이중적인 것도 바로 그 때문이다. 이러한 이중적 태도의 가장 비근한 예가 '영어공용화론'에 대한 한국사회의 입장을 들 수 있다. 영어공용화론은 우리가 세계화의 새로운 질서에 발맞추어 나가기 위해서는 국제무대의 모든 분야에서 지배적 언어인 영어를 공용어 수준으로 받아들이고, 이를 전 국민적인 차원에서 학습할 필요가 있다는 논리이다. 그러나 이러한 논리의 이면에는 신자유주의적 이념이 자리하고 있다(박휴용, 2006). 신자유주의적 이념에 의한 영어공용화론은 결국 '위로부터의 세계화', 즉 현실적 힘의 논리에 의한 약육강식의 세계화를 지지한다는 점에서 비판 받아 마땅한 논리이다. 하지만 영어공용화론에 대한 반론으로 단순히 민족주의의 입장에서 한글전용만을 주장한다면, '아래로부터의 세계화'란 취지에서 보면 이 또한 비판의 여지가 있는 것이다.

우리 고유의 말과 글인 한글을 지키고 보전해야 할 당위적 필요성과 영어수용에 대한 현실적 실용주의가 우리나라 언어(외국어)정책의 기조를 이루고 있는 한편, 영어를 제외한 다른 외국어에 대한 관심은 전무하다시피 한 것이 현실이다. 한글전용론으로서 언어민족주의를 견지하는 것은 한글을 지키는 힘이 되지만, 외국어교육에 대한 현실적이고 융통성 있는 대처를 어렵게 만들고, 영어공용화론은 언어제국주의가 현실적으로 구체화된 하나의 이념이라는 점에서 두 상반된 주장은 동전의 양면과 같다. 여기서 주장하는 언어생태주의는 이러한 민족주의(한글전용론)와 제국주의(영어공용화론)의 부정적인 측면에 치우치지 않기 위해, 우리나라 언어 및 외국어정책이 발 딛고 있는 언어민족주의와 언어제국주의의 이중적 태도를 거부하는 것이다. 언어생태주의는 밑으로부터의 세계화, 즉 여러 민족의 언어들이 동등한 자율성과 권리를 누릴 수 있는 생태적 언어환경을 추구한다. 이러한 언어생태주의의 도입을 통해 우리의 외국어정책의 방향이 결정되고, 이주노동자의 언어인권의 문제도 이 틀 안에서 논의될 필요가 있다.

(2) 생태주의 언어정책 : 참여모델(A participation model)

자연스런 여러 언어의 성장과 공존, 그리고 언어들 간의 평등한 관계성의 유지와 상호작용을 지지하는 언어생태주의는 언어학습에서 사회문화적 접근(sociocultural perspectives)을 지지한다. 언어교육에 대한 사회문화론적 관점은 언어학습이 개인적 과업이라기보다는 사회적 · 집단적 과업이므로, 항상 사회적 상호작용을 기반으로 한다는 것과 그 사회적 · 문화적 맥락이 중요시되므로, 사회적 환경(environment), 상황(context), 배경(background) 등의 요인들에 더욱 주목한다. 파드(fard, 1998)는 지금까지의 전통적인 언어학습을 '습득비유'(acquisition metaphor : AM)로써, 그리고 앞으로의 언어학습을 '참여비유'(participation metaphor : PM)로써 설명하고, 이러한 '참여'를 통해 '공동체의 구성원이 되어가는 과정'이 학습이라고 주장하였다. 또한 파블렌코와 란톨프(Pavlenko & Lantolf, 2000)는 습득비유가 개인의 인지적 측면, 그리고 지식의 내면화에 초점을 맞추어 언어학습에 있어서 '내용'(what)에 초점을 둔 반면, 참여비유는 맥락의 문제(contextualization)와 다른 사람들과의 관여(engagement)를 강조하여 언어학습에 있어서 '방법'(how)에 중점을 둔 것이라고 설명하기도 했다.

또한 참여모델(A participation model)은 언어란 소유의 대상이 아니라 사용의 대상으로서, 모든 언어사용자의 평등한 권익을 중시하는 언어생태론의 기본이념과 부합한다. 결국 참여모델은 사회문화적 이론들(socio-cultural theories)을 근간으로 언어학습의 본질은 참여와 협력으로 의미를 만들어내는 과정임을 강조하고 있다. 더불어 이는 소수민족, 소수언어, 억압받는 자들의 언어기본권, 그리고 소수언어와 그 민족의 생존권을 보호하도록 하는 생태언어론의 이념을 바탕으로, 그에 합당한 구체적인 언어교육정책과 교수방법론을 모색하도록 하는 것이다. 즉, 우리나라의 외국어교육 정책의 방향은 이러한 참여모델을 근간으로 하여 이루어져야 한다고 본다.

한편, 사회문화적 관점에 바탕을 둔 참여모델의 핵심개념으로 매개(mediation), 협력(collaboration), 참여(participation), 배태(embedded)의 네 가지가 있는데, 이는 다음과 같다.

첫째, 매개(mediation)는 비고츠키(Vygotsky, 1978)에 따르면, 도구(tools)나 기호(signs)를 통해서 매개된 사회적으로 의미 있는 활동을 통해서 개인들 간의 관계를 형성하고, 보다 고차원적인 정신적 활동을 촉진시키는 방법이라고 이해할 수 있다. 학습의 주체는 이러한 매개된 활동들을 통해서 사물로부터 동기유발의 원동력을 얻기도 하며(Cole & Engestrom, 1993), 공동체와 그 문화가 함유하고 있는 다양한 활동과 자원들이 이러한 매개된 상호작용을 통해서 언어학습자의 학습에 영향을 미치게 되는 것이다(Hawkins, 2004; 2005).

둘째, 매개가 사람(subject)과 사물(object)의 관계성에 관한 것이라면, 협력(collaboration)은 사람들(subjects) 간의 관계성에 대한 것이다. 비고츠키(1989)에 따르면, 동료들 간의 협력을 통해 서로 미치지 못하는 부분을 보완해주는 중요한 역할을 함으로써 문제해결(problem solving)과 지식형성(knowledge building)의 효과를 거둘 수 있다고 주장하였다. 또한 오타(Ohta, 2001)는 이러한 동료 간 협력(Peer collaboration)이 상호이해를 증진하고 서로에게 적절한 도움을 제공함으로써 의사소통의 순간순간마다 꼭 필요한 맞춤형의 상호작용을 가능케 하는 원동력이라고 주장했던 것이다.

셋째, 참여(participation)의 의미에 대해 도네이토(Donato, 2000)는, 학습이란 사회문화적 관점에서 보아 사회적으로 매개된 활동에 참여함으로써 자연스럽게 일어나는 의미생성의 과정이라고 보았다. 즉, 사회적 활동에 참여하는 것 자체가 자연스러운 학습의 과정이라는 것이다.

넷째, 배태(embedded)는 맥락(context)과 상황(situatedness) 속에 활동의 내용과 의미가 포함되어 있어야 한다는 뜻으로, 밴 라이어(1996)는 교실에서의 학습의 특징을 배태성(Embedded), 상호작용(Interacting), 그리고 의미형성(Creating meaning)으로 보기도 하였다. 이러한 사회문화적 언어학습이론의 핵심원리들(매개, 협력, 배태, 참여)은 특히 이주노동자의 언어인권의 문제와 언어학습 문제에 있어서도 매우 중요한 실천적 원칙이 될 수 있다.

앞서 가너와 보그(2005)는 생태언어론의 특징으로 전일성(holism), 역동성(dynamism), 상호작용(interaction), 상황성(situatedness)의 네 가지 요인을 들고 있다고 소개하였다. 가너와 보그는 생태학적 사고를 사회언어이론의 틀을 빌어 언어는 생태적 환경의 영향 하에서 화자들 간의 상호작용이라고 보고, 언어학습은 이와 같이 매우 복잡한 사회문화적 맥락 하에서 개인이 펼쳐나가는 의미 있는 실생활의 과업이라고 주장하였다. 이러한 생태언어론의 특징들(전일성, 역동성,

상호작용, 상황성)과 방금 살펴본 참여모델의 핵심원리들(매개, 협력, 배태, 그리고 참여) 간의 관계성을 도식으로 나타내면 [그림 3-4]와 같다.

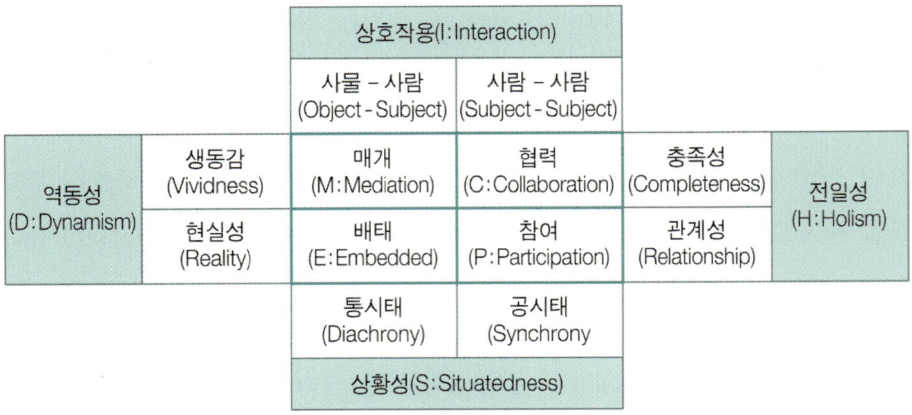

그림 3-4 생태언어론 특징들(S, H, I, D)과 참여모델 핵심원리들(C, E, M, P)의 관계

[그림 3-4]의 도식에 대한 간략한 설명은 다음과 같다. 우선 상호작용을 '사물-사람'의 상호작용과 '사람-사람'의 상호작용으로 나눈다면, '사물-사람'의 상호작용은 '매개(M)'나 '배태(E)'에 해당되고, '사람-사람'의 상호작용은 '협력(C)'이나 '참여(P)'에 해당된다. '배태'와 '참여'는 관계성의 구조를 결정하는 것으로 관계성을 형성하는 데 이바지하고, '매개'와 '협력'은 둘 다 그러한 관계성을 충족시키는 데 기여한다. 이러한 관계의 형성(관계성)과 관계의 완성(충족성)은 '전일성(H)'을 만족시키기 위한 기본요인이 된다. 즉, 참여(P)를 통해서 관계성이 성립되고, 그것은 협력(C)을 통해 관계가 충족되면서, 그러한 만남은 '전체는 단순한 부분의 합 이상이다'라는 전일성(H)이라는 완성을 지향할 수 있다. 또한 참여(P)나 협력(C)은 '여기, 지금'에 초점을 맞춤으로써 '공시태'의 상황성이고, 매개(M)나 배태(E)는 관계성 자체에 내재한 특성으로써 '언제, 어디서나'를 충족시키는 '통시태'의 상황성으로 볼 수 있다. 마지막으로, '역동성(D)'의 특징을 '생동감'(얼마나 생생한가)과 '현실성'(얼마나 실질적인가)에 둔다면, 협력(C)이나 매개(M)는 '생동감'이 있어야 하며, 배태(E)와 참여(P)는 사물의 적절성이나 상황적 필요성에 부합되어야 한다는 의미에서 '현실성'과 관련된다.

이와 같이, 생태언어론의 특징들(S, H, I, D)과 참여모델의 핵심원리들(C, E, M, P) 사이의 관계성으로부터 이주노동자들의 언어인권을 보장하고, 세계화시대의 바람직한 언어정책을 수립하기 위한 방법론적 원리를 끌어올 수 있는 원리들은 다음과 같다.

첫째, 상호작용(I)의 측면에서, '학습자-학습자'(S-S)의 관계성에 초점을 맞출 것인가, 아니면 '학습자-사물'(교구, 교재)(S-O)에 초점을 맞출 것인가의 문제로써 언어적 상호작용의 핵심을 화자(speaker)와 화자의 관계성 측면에 부여하는 것이 보다 더 인권지향적인 언어정책을 수립에 도움이 될 것이다.

둘째, 전일성(H)의 도모에 있어서, 참여(P)를 통한 관계성의 형성과 협력(C)을 통한 관계성의 완성을 어떻게 효과적으로 운용할 것인가의 문제인데, 이는 이주노동자들을 어떻게 우리사회의 생산적인 구성원으로서 각 분야에 참여시킬 것인가와 어떻게 그들과 협력하여 사회발전을 도모할 것인가 등의 문제들을 고민하기 위한 합리적 근거를 제공해 준다.

셋째, 상황성(S)을 고려한 언어정책의 수립을 위해 공시적 측면에서의 활동 -현 상황에 꼭 필요한 것-과, 통시적 측면에서의 활동 -언제든지 필요한 필수적인 것- 간의 균형을 이루는 문제인데, 이주노동자들의 목소리에 귀를 기울이고, 그들이 처한 현실에 주목하는 것이 지금 당장 필요한 일이다. 또한 이주노동자들의 문제를 통해 언어인권의 문제에 대한 이해를 넓히고, 더 나아가 세계화시대의 올바른 언어정책의 방향을 논의하는 것이 근본적인 과제가 될 것이다.

넷째, 역동성(D)을 살리기 위해서는, 물적자원과 인적자원의 효과적인 '매개'와 언어화자들 간의 '협력'이 생동감 있게 이루어지는 것이고, '참여'나 '배태'가 실제적인 삶의 현실 속에서 현실성 있게 이루어지는 것이다. 이러한 역동성의 측면을 고려하여 이주노동자들과 내국인, 이주노동자들 사이에 효과적인 상호교류가 일어날 수 있도록 지원해야 할 것이다.

여기에서는 이주노동자들의 언어인권 문제에 대한 인식에서 출발하여 생태주의 언어론에 바탕을 둔 참여모델을 제안하고, 이 모델이 한국사회의 언어정책 및 언어교육을 위한 방법론적 원리들을 도출해낼 수 있음을 살펴보았다. 결국, 참여모델의 핵심원리인 매개(M), 협력(C), 배태(E), 참여(P)의 네 가지 원리들은 생태언어론의 특징과 사회문화 이론적 원리들을 포괄한 언어(외국어)정책 및 교육의 핵심원리로써 이주노동자들의 언어인권의 문제를 이해하고, 그 문제를 해결하기 위한 실질적 정책수립의 지침이 될 수 있을 것이다.

결론적으로, 한국 사회에서 이주노동자들이 겪고 있는 많은 어려움들 중에서 그들의 언어인권의 문제는 가장 기본적이면서도 한국 사회에서는 지금까지 가장 등한시되어온 문제이다. 이러한 이주노동자의 언어인권의 문제에 접근하기 위해서, 생태언어론적 관점에서 그들의 자아정체성 및 언어정체성에 대해 살펴보았고, 이것이 그들의 '목소리'를 통해서 드러나고 있음을 확인하였다. 한국 사회에서 이주노동자의 언어인권의 문제는 소수언어와 소수언어화자들에 대해 언어제국주의적 태도를 견지하느냐, 아니면 언어생태주의적 이해를 지향할 것이냐의 문제와 관련된다. 이는 결국 이주 노동자의 언어인권의 문제가 단순히 한국사회 내에서 소수의 외국인 근로자들이 겪는 단순한 의사소통의 문제가 아니라, 세계화의 대세 속에서 한국 사회가 어떠한 언어정책을 쓸 것인가와 긴밀히 연관된 중요한 문제임을 확인한 것이다.

본 절에서 논의한 바와 같이, 이주노동자들이 자신들의 목소리를 내기 위해 방송 프로그램을 제작하고, 그 프로그램을 통해 언어인권에 대한 한국 사회의 분위기를 환기시키고자 했던 노력 속에 생태언어론의 특징들(전일성, 역동성, 상호작용, 상황성)을 반영한 '참여모델'(A participation model)의 핵심원리들인 매개(mediation), 협력(collaboration), 참여(participation), 배태(embedded)가 잘 반영되어 있음을 살펴보았다. 이 참여모델은 세계화시대를 맞아 수많은 이주노동자들이 한국사회의 한 일원으로써 살아가는 현실 속에서 중요한 언어정책의 모델이 될 것이고, 더 나아가 참여모델이 기반을 둔 생태언어론은 한국사회의 모국어 및 외국어교육을 위한 정책결정의 철학적, 이론적 기조로써 의미 있는 역할을 할 수 있을 것이다.

결론적으로, 언어인권의 문제는 이러한 소수언어자들이 자신의 모국어를 사용할 기회를 갖는 것에서부터 출발하여, 거주지의 언어(외국어)학습의 경우로 확대되며, 뿐만 아니라 세계화 시대를 맞이한 우리나라의 언어정책 및 교육 전반에 있어서도 꼭 다루어야 할 중요한 문제이다. 즉, 언어학습의 궁극적인 목적인 상호

이해와 효율적인 의사소통의 증진을 통해 개인들의 삶의 의미가 공동체적 사회 속에서 조화를 이루어갈 수 있도록 하는 것이고, 이를 위해서는 언어인권 문제에 대한 근본적인 이해에서부터 출발하여 언어교육정책의 방향을 결정해야 하는 것이다.

Chapter

04

다문화 언어교육*

1. 영어교육에 대한 후기식민주의적 관점
2. 한국 영어교육 및 연구의 현황과 문제점
3. 비판적 응용언어학의 도입

* 본 장의 내용 일부는 [박휴용(2009). 영어교육에 있어서 비판적 응용언어학의 도입 : 후기식민주의적 관점에서. 한국교육, 36(1), 143-164.]의 내용을 정리한 것임.

본 장은 세계화가 촉발한 다문화사회를 경험하게 된 지금, 국가적 장벽이 무의미할 만큼 수많은 경제적, 사회문화적 교류가 이루어지고, 국내적으로도 수많은 인종, 문화, 언어적 배경을 가진 사람들이 섞여 살 수밖에 없는 현실에서 어떤 외국어 교육정책과 방향설정이 이루어져야 하는가에 대한 문제제기를 바탕으로 하였다. 외국어교육과 관련한 수많은 논란 중 본 장에서는 그동안의 외국어교육 분야의 연구와 실천이 가졌던 가장 근본적인 문제점인 식민주의적 외국어교육에 대해 논의하도록 한다. 이를 위해 그동안 우리사회에 가장 큰 사회적 영향력을 누려온 영어교육에 대해 후기식민주의적 비판의 관점에서 논의하고, 그 대안으로써 비판적 응용언어학의 도입이 필요함을 역설하도록 한다.

후기식민주의(post-colonialism)란 식민주의 시대에서의 군사력을 앞세운 세계 재패를 대신하여 경제적, 사회문화적, 정치적 및 정신적인 종속관계가 서구열강과 그 외 대다수의 약소국가들 사이에서 식민주의의 유산으로써 남아 있는 상태를 의미한다(McLaren & Farahmandpur, 2003). 여기서 제시하는 우리나라 영어(외국어)교육의 방향성에 대한 후기식민주의적 비판(postcolonial criticism)의 관점은 최근 국제정세에서 나타나는 초국가주의(transnationalism), 세계시민주의(cosmopolitanism), 세계화, 신자유주의 등의 이념에 의해 영어교육 정책이 크게 좌우되고 있음을 지적하고, 이러한 세계정세의 변화가 구미영어권을 중심으로 한 후기식민주의적 세계 재편(reordering)와 무관하지 않다고 보고, 이에 대응하는 올바른 영어교육정책의 수립을 위한 이론적 토대를 마련하도록 하는 것이다.

이를 위하여 본 장에서는 후기식민주의적 비판이론의 관점에서 본 국어(영어) 교육에 대한 이해를 소개하고, 우리나라 영어교육을 주도하는 담론이 시장근본주의, 제국주의, 식민주의 이념에 토대한 신자유주의적 세계화에 의해 좌우되고 있는 점을 지적하도록 식민주의적 영어교육의 패러다임 및 연구방법론상의 문제점들에 대해 논의하도록 한다. 마지막으로, 식민주의적 영어교육의 패러다임을 극복하는 방안으로서 비판적 응용언어학의 필요성을 역설하고, 그 방법론적 대안을 제시하도록 한다.

1. 영어교육에 대한 후기식민주의적 관점

1) 후기식민주의적 관점에서 본 영어교육

우리가 흔히 일컫는 영어, 불어, 일본어와 같은 개별 언어들은 특정 지역을 토대로 다양한 역사적, 문화적, 사회적 배경을 가진 사람들이 사용하는 여러 방언들의 집합체이다(Reagan, 2004). 이것이 오늘날처럼 개별언어로 인식 및 명명되고 연구되기 시작한 것은 유럽에서 국민국가(nation state)가 탄생하고 개화의 이념이 등장하기 시작한 17세기 이후부터였다(Muhlhausler, 2000). 스페인어, 독어, 불어, 영어 등과 같은 서유럽의 주요 국민국가어(national language)들은 16세기에서 19세기에 걸친 유럽제국들의 제국주의적 팽창정책을 통해 국민국가어의 틀을 뛰어넘어 피식민지였던 아프리카, 동유럽, 서남아시아, 미주 등지에 퍼지면서 제국언어(imperial language)로서의 위세를 떨칠 수 있었고, 20세기 초반에 일제 식민지를 경험했던 우리나라도 일본어를 '일본제국의 언어'로서 배울 수밖에 없었던 것이다. 마찬가지로, 제2차 세계대전 후 세계 유일의 초강대국으로 부상한 미합중국의 대표어(dominant language)인 영어가 현재 독보적으로 국제어(international language)의 위상을 떨치고 있는 것도, 이러한 세계열강의 제국주의 및 식민주의적 팽창정책에 수반된 언어패권주의의 결과라고 볼 수 있다(Viruru, 2005).

해방 이후 우리나라는 한국 전쟁과 전후복구의 과정에서 미국에게 절대적으로 의존할 수밖에 없었고, 더욱이 미국을 중심으로 세계질서가 재편된 오늘날 국제정세 속에서 외국어교육은 영어가 주도하는 언어패권주의의 문제에서 자유로울 수가 없게 되었다. 예를 들면, 우리나라의 과열된 영어교육 열풍이나 교육내용이 시대의 흐름에 따라 문법, 발음, 회화 등의 특정분야에 치우쳐지는 것, 그리고 특정국 편향의 영어교육 등은 모두 우리나라 영어교육의 식민주의적 특성을 드러내는 것으로 볼 수 있다(윤지관, 2007). 현재 우리 사회 전반에 걸쳐 영어교육의 필요성이 '국가경쟁력', '세계화', '세계적 인재양성' 등과 같은 사회적 담론들과 맞물려 있지만, 이러한 담론들은 과도한 경쟁주의 및 시장주의 사회가 만들어낸 이념적 허상이라는 지적도 있고(박휴용, 2006), 영어교육의 모델을 설정하는 데 있어 수많은 영어권국가들 중에서 유독 초강대국인 미국의 지배층, 즉 미국 동부 백인 중산층의 영어를 '표준영어'(standard English)로 추종하고 있는 상황도 영어교육의 식민성을 드러내고 있다(Bamgbose, 2001).

요컨대, 후기식민주의적 현실을 극복하는 올바른 영어교육의 방향은 균형 잡힌 외국어교육의 일부로서 영어교육의 위상을 정립하고, 영어의 전 세계적 확장이 필연적으로 가져오는 토착화되고 변형된 영어들(예, pidgins, creoles)에 대한 포용적 자세를 유지하며(Bamgbose, 2001 Brutt-Griffler, 1998), '표준영어'에만 얽매이기보다는 우리나라의 지역적, 상황적 맥락을 감안한 영어교육의 방향을 설정할 필요가 있다(Kramsch & Thorne, 2002; Kumaravadivelu, 2002; Pennycook, 2003).

2) 신자유주의적 세계화와 영어교육

후기식민주의적 비판의 관점은 시장근본주의(market fundamentalism; Smith, 1999)에 기반을 둔 신자유주의적 세계화의 흐름에 학교교육이 좌우되면서(McLaren & Farahmandpur, 2003; Mec edo, 1990; 조정환 2005), 시장만능주의, 엘리트주의, 경쟁주의 등의 이념이 교육현장 곳곳에 만연되어 있음을 지적한다(Dahlberg, Moss, & Pence, 1999). 신자유주의적 세계화와 언어제국주의(linguistic imperialism)의 한 형태로서의 영어패권주의가 후기식민주의사회로서의 한국의 영어교육에 어떠한 영향을 미치고 있는가는 언어자본(linguistic capital)으로서의 영어가 세계화시대에 어떤 상징적 지위를 차지하고 있는가를 통해 이해할 수 있다(Phillipson, 1992; Said, 1994; Skutnabb-Kangas, 1999). 대부분의 교사, 학부모, 학생들은 영어가 "피할 수 없는 지구촌화된 경제체제 속에서" 개인적 경쟁력을 담보하는 데 가장 중요한 요건이라고 믿고 있기 때문에(Mecedo, 1990), 신자유주의적 세계화의 이념이 만연된 학교에서 학생들은 영어(능력)를 통해 자신의 인적자본의 시장가치를 극대화하는 것을 영어학습의 최대의 목표로 여기고 있다(Bamgbose, 2001). 즉, '세계화시대의 영어의 위상'(The future of English in the age of globalization)이라는 슬로건은 이러한 현실을 가장 분명하게 보여주는 것으로서, 한국 사회에 회자되는 영어학습의 필요성과 당위성의 논리는 기본적으로 이러한 세계화 지향적 이념에 정초되어 있다(박휴용, 2006; Jeon, 2007).

요컨대, 우리나라 영어교육은 영어교육의 목적에 내재된 엘리트주의, 방법론적 측면에서의 시장-소비자주의(market-consumerism), 그리고 결과적으로 나타나는 영어교육의 양극화로 가장 잘 특징지을 수 있다. 다시 말해, 영어실력(교육)을 통해 배타적 경쟁에서 승리함으로써 사회 엘리트로 나아가려는 개인주의적 욕구와, 자본주의적 시장논리를 교육현장에 여과 없이 수용하여 선택과 효율성만을 강조하는 학교영어교육, 그러면서도 학교교육 자체도 신뢰하지 못하여 끊임없이 사교육 시장에 의존하는 현실은 결과적으로 영어과목의 성취도가 부모의 경제력에 의해 결정되는 교육양극화의 가장 대표적인 사례가 되고 만 것이다(Park, 2007).

이러한 신자유주의적 세계화와 우리나라의 영어교육을 둘러싼 담론들의 관계성은 [그림 4-1]을 통해 간략하게 나타낼 수 있다.

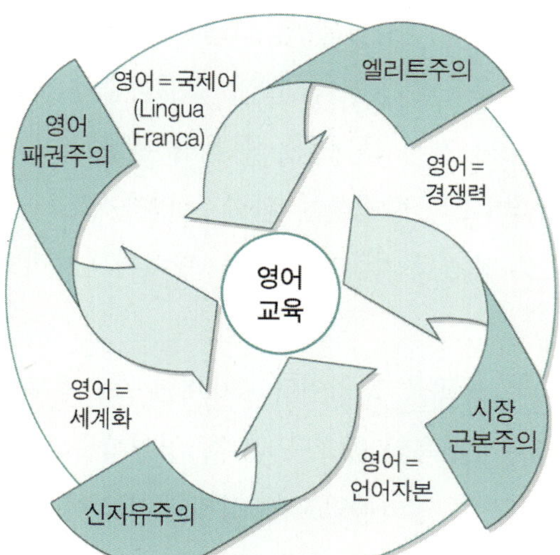

그림 4-1 후기식민주의적 관점에서 본 영어교육 관련 이념들과 담론들

[그림 4-1]에서 보듯이, 우리나라의 영어교육과 관련해서 영어패권주의, 신자유주의, 시장근본주의, 그리고 엘리트주의 교육이념들이 범람하는 가운데 영어는 국

제어(Lingua Franca)로서 '세계화의 초석'으로 여겨지고, 영어능력은 가장 중요한 국가경쟁력의 하나로, 또한 개인적으로는 가장 중요한 사회자본(social capital)으로 동일시되고 있는 것이다. 문제는 이러한 한국 사회에서의 영어능력의 상징적 지위가 후기식민주의 사회로서의 한국의 현실을 적나라하게 드러내고 있다는 것이다. 또한 그러한 현실 속에서는 우리나라 영어교육이 교육과정에 명시된 본래의 목적에서 벗어나 왜곡될 위험이 크다. 다음 절에서는 이러한 우리나라 영어교육의 문제점을 영어교육관련 연구동향, 교육과정 설계, 영어교육의 패러다임, 그리고 교육방법상의 문제를 중심으로 간략하게 논의해보도록 한다.

2. 한국 영어교육 및 연구의 현황과 문제점

1) 교육방법론의 문제

한국 영어교육의 방법론적 경향성은 영어교육과 관련하여 가장 큰 논란을 불러일으키고 있는 영어몰입교육의 공교육 도입, 영어학습에 있어서의 최대노출가설, 영어조기교육 확대라는 세 가지 문제들을 통해서 분명히 드러난다. 요컨대 이 문제들에 대한 논란은 영어교육 방법론에 관한 논의가 결코 실증적, 개별학습자적, 인지주의적 관점만으로 해결될 수 없는 매우 정치적 · 사회적 · 주관적 문제임을 보여준다.

첫째, 영어몰입교육의 공교육 도입이다. 2008년 초, 정부는 영어교육 강화 프로젝트의 일환으로 영어사교육의 공교육 흡수, 영어학습의 전 교과 확대, 영어교육의 효과 극대화란 취지로 영어몰입교육 정책을 추진한 바 있다. 이 정책은 과열된 영어사교육을 공교육 차원으로 흡수하겠다는 취지는 좋지만, 성격상 우리나라 실정에 맞지도 않고 효과가 검증되지도 않은 방법을 조급하게 시도했다는 점에서 많은 사회적 논란을 불러일으켰다. 한마디로 영어몰입교육의 공교육 도입은 그 엄청난 사회경제적 · 문화적 파장을 감안할 때, 단순히 영어학습의 효과만을 생각해서 결정할 사안이 아니다(박휴용, 2008). 지금까지 몰입 프로그램에 관한 국내 연구들은 주로 그 효과에 대한 통계적 검증을 시도한 단기적·부분적 연구들(박연미·최경미, 2001; 최경미·박연미, 2002)이어서, 몰입 프로그램의 효과를 정확히 판단하기에는 적절치 않다. 그 외의 대부분은 사례연구들로서 몰입 프로그램의 신중한 수행을 주문하고 있다(김규현·서경희·박용예, 2000; 신경아·김경자, 1998).

둘째, 영어학습에 있어서의 최대노출가설이다. 영어학습에서 가장 일반화된 신념(myth) 중 하나가 영어에 많이 노출될수록 영어학습에 도움이 될 것이라는 최대노출가설(maximum exposure hypotheses : Porter, 1990)이다. 이 가설의 기본 전제는 "이른 시기에 영어에 많이 노출이 되는 것과 높은 영어구사력과의 상관관계는 불가피하다"는 것인데, 이러한 가설의 문제는 단서조항에서 드러나듯이, 학습자의 언어(학습)배경이나 영어학습의 환경조건은 간과하면서, '노출'이라는 변수만을 절대화함으로써 영어학습에 대해 큰 오해를 불러일으켰다는 점이다. 학계에서는 일반적으로 학습자들은 많은 노출에 의해서가 아니라, 적절한 상황을 통해 언어를 능동적으로 배울 때 가장 효과적으로 학습할 수 있다고 본다(Claybourne, 1999; Cummins, 1999; Johnson, 2003). 그 이유는 단순한 노출여부보다는 입력(input)정보에 대한 주의집중(attention)이나 자각(awareness)이 외국어학습에 필수적이고(Van Patten, 1996; Schmidt, 2001), 이는 또한 학습자의 모국어 배경이나 목표외국어와 모국어의 언어학적 관계에 따라 크게 달라질 수 있다(Park, 2006). 이와 같이, 학습자의 배경을 무시한 채 영어학습과 관련한 이론들이 진리처럼 과장되어 받아들여지는 현상 또한 후기식민주의적 언어교육의 특성이다.

셋째, 영어조기교육의 확대이다. 이에 대한 논란도 지금까지는 언어 및 외국어 학습에는 결정적 시기(critical period)가 있다는 이론이 우세하였으나, 최근에는 사회문화적 접근(Donato, 2000)과 인지심리학적 접근(Proverbio, Cok, & Zani, 2002) 등을 통해 외국어학습의 유연성(plasticity)을 지지하는 시각이 대두되고 있다. 요컨대, 결정적 시기이론은 음운체계나 구문체계 습득에 관련한 이론 등에 국한되어 있고, 어휘력, 논리력, 표현력(문장활용력) 등은 나이변인보다는 노력이나 환경변인(부모의 해당 언어 구사여부, 본인의 학습동기, 외국어학습에 대한 시간과 노력의 투자정도 등)에 따라 달라지는 것으로 연구되고 있다(Grosjean, 1999; Hammer, Miccio, & Rodrigues, 2004). 그뿐만 아니라 부모의 사회경제적 지위(Portes & Rumbaut, 2001)나 공동체의 역할(Goldstein, 2004) 같은 사회적 · 정치적 요인도 외국어 습득에 중요한 영향요인으로 여겨진다. 결론적으로, 모국어 습득과 유사한 환경(부모변인, 학습동기 및 학습투자 등)만 주어지면 외국어도 모국어처럼 유창해질 수 있고(Abdulla, 1999; Cook, 2003), 경제적 · 인지적 · 정서적 부작용을 최소화하면서도 조기교육 못지않은 효과를 낼 수 있는 학습방법들은 매우 다양하다는 것이 다중언어학자들의 주된 의견이다(Hakuta & Diaz, 1984; Lambert, 1977; Tomasello, 2000). 결국 조기영어교육에 대한 과도한 기대는 외국어학습이론에 대한 이해부족과 영어 사교육시장의 과대선전, 그리고 경쟁위주의 조급한 교육환경이 빚어낸 왜곡된 인식으로 볼 수 있다.

이처럼 일반인들에게 알려진 많은 영어교육의 방법론들은 정책적, 이념적, 그리고 상업적인 배경에 의해 형성된 것들이 많다. 또한 방법론 위주의 영어교육론은 영어권을 기반으로 한 영어교육관련 산업 -영어교재 및 출판업, ETS와 같은 영어교육평가산업, 영어교사(TESOL/TESL/ELS)양성과정, 원어민교사 공급업 등- 들이 전 세계 영어교육시장을 독점할 수 있는 절대적인 기회를 제공하였다(Kumaravadivelu, 2003). 이를 극복하기 위해서는 이들의 독점해온 권위를 해체시키고 주변부에 머물러왔던 토착(indigenous) 영어교육전문가들의 주체성을 회복시키는 것이 필요하며(Canagarajah, 2004; Gray, 2002; Morgan & Ramanathan, 2005), 결국 그러한 서구(미국) 중심적 영어교육 정책 및 실천을 극복하기 위한 시도로서 탈식민주의적인 영어교육이 요구된다.

2) 식민주의적 영어교육 패러다임

20세기 중반부터 북미 언어학을 주도했던 블룸필드(Bloomfield)의 구조주의, 촘스키(Chomsky)의 생득주의, 할리데이(Halliday)의 기능주의, 핑커(Pinker)의 인지주의 및 최근의 연결주의(connectionism)에 의해 대표되는 현대언어학의 흐름은 오늘날까지 우리나라의 언어교수/학습에 관한 이론들이 실증주의, 인지주의, 개별주의적 연구의 패러다임에 주로 의존하게 만든 주 원인이었다. 예를 들어, 인지주의(및 구성주의) 중심의 외국어교육은 외국어습득이 학습자의 머릿속에서 어떻게 이루어지는가에 관심을 집중한 나머지, 언어학습에 관련된 여러 사회적 · 정치적 요인들을 간과하거나, 다양한 학습조건들을 고려한 다요인적 언어학습의 효과를 등한시하였다(Davis, 1995; Kramsch, 2002; Lantolf, 2000). 이로 인해 외국어교육(교수/학습)에 관한 연구들이 대부분 '개인적 차원'의 언어학습에 초점을 맞추게 됨에 따라, 외국어교수법이 정치학, 사회학, 문화인류학, 교육학 등과 같은 거시사회적 이론들과는 유리된 학문분야로 인식되었다.

그 결과, 현재는 학습자의 다양한 정체성(multiple identities : Norton, 1995), 사회문화적 요인(Lantolf, 2000), 사회역사학적 요인(Hall, 1995), 그리고 언어사회화(Kramsch, 2002)와 같은 측면들이 외국어학습법의 이론화에서 많이 소외되어 왔다. 미국의 외국어교육학(ESL, TESOL, TESL, ELT 등) 연구에 전적으로 영향을 받아온 우리나라의 영어교육계도 바로 이와 같은 20세기적 실증주의, 인지주의, 개별주의적 언어학 연구동향 위에서 벗어나지 못하고 있는 것은 두말할 필요도 없다.

예를 들어, 외국인 강사의 역할에 대한 지나친 의존 대신에 내국인 교사의 훈련에 힘쓰며, 다양한 영어와 지역적(local) 교수학습방법에 대해 새롭게 가치를 부여하고, 지속적으로 영어의 지역화(localization)에 힘쓰며, 영어교육과 관련한 과도한 시장주의의 개입에 대한 비판적 관점을 유지하는 것이 탈식민화된 영어교육의 방향으로 제안될 수 있다.

이러한 문제점을 놓고 보았을 때, 우리나라 영어교육학 연구는 구조주의, 기능주의, 도구주의의 세 가지 패러다임에 국한되어 왔다고 볼 수 있다.

첫째, 언어의 4가지 기능(듣기, 읽기, 말하기, 쓰기)으로 구분하는 전통은 언어를 문어적, 형식적 언어(langue)를 구어적 일상적 언어(parole)의 구별했던 소쉬르의 구조주의 언어학에 그 뿌리를 두고 있다. 이러한 네 기능(four skills) 위주의 언어교육은 언어활동을 음성언어, 문자언어, 수용언어, 표현언어 등으로 구분하는 파편화(fragmented)되고 고정적(fixed) 언어이해를 고착화시켰다. 우리나라 영어과 교육과정에서는 지금까지 명목상은 이 네 가지 언어기능의 통합적 활용을 강조해왔지만, 이는 근본적으로 언어학습과 언어사용을 분리된 활동으로 인식하게 만들었고(Wray & Medwell, 1991), 교수/학습을 실제 언어생활과 유리된 인위적(artificial) 활동이 되게끔 하는 데 일조하였다. 따라서 언어활동을 네 기능으로 나누는 전통적인 구분방식을 극복하는 새로운 접근법이 필요하다. 예를 들어, 그레이비(Grabe, 1992)는 '읽기'를 첫째, 감각적 자동인식 기능, 둘째, 언어학적 이해력, 셋째, 담론의 구조와 조직에 대한 지식, 넷째, 세상에 대한 지식, 다섯째, 통합적이고 비판적 평가기능, 여섯째, 상위언어적 분석지식으로 세분화시켰다. 이렇듯 세분화된 하위기능들(sub-skills)을 모아서 재구성하면, 언어기능에 대한 새로운 이해를 생성할 수 있다. 실제로 안드레이드(Andrade, 2004)는 기존의 네 가지 언어기능들을 재구성하여 [그림 4-2]와 같이 분류한 바 있다:

- 듣기와 말하기 기능 → 'Oracy' : 대화기능(Conversational skills)
- 듣기와 읽기 기능 → 문학감상 기능(드라마, 시)
- 듣기와 쓰기 기능 → 강의수록 기능(Note-taking for lectures)
- 읽기와 말하기 → 토론기능(Debate)
- 읽기와 쓰기 → 'Literacy' : 연구보고 및 서신작성 기능(Research reports, letters)
- 쓰기와 말하기 → 대중연설기능(Public speaking)

그림 4-2 안드레이드(Andrade, 2004)의 언어기능 재구성

이와 같은 새로운 접근을 교육과정 설계 차원에서 도입하는 시도가 필요한데, 한 예로 한국어교육과 영어교육을 연관시켜 이중언어교육의 틀에서 영어교육을 시도하는 다음 [그림 4-3]과 같은 접근도 가능해질 것이다.

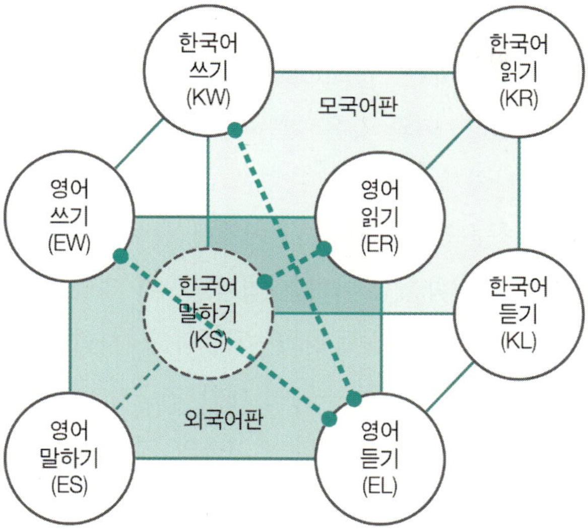

그림 4-3 언어기능에 대한 다차원적 접근

우리나라의 영어교육은 제1차에서부터 제7차 교육과정에 이르기까지, 수용언어(듣기, 읽기)와 표현언어(말하기, 쓰기), 그리고 문해(읽기, 쓰기)와 대화(말하기, 듣기)등의 구분에 전적으로 의존해 왔다. 또한 영어 자체 내에서의 기능적 분화와 통합(예, EW-ER, EW-ES, ER-EL 등)만을 고려해 왔기 때문에, 앞서 안드라데가 제안한 것처럼 언어양식(mode)의 구분을 뛰어넘는 기능적 통합교육(예, EW-EL)이나 국어와의 연관성을 살리는 영어교육(예, KW-EL, KS-ER, ES-KL 등)은 교육과정계획 차원에서 제안되어온 적이 없다. 그로 인해, 교육과정상 언어의 네 기능에 대한 통합적인 교수학습을 권장했을지라도, 실제로 교사가 가르치려고 했을 때 통합적 교수법에 관한 이론적 지원을 받기가 힘들었고, 영어교육에 있어서 모국어(한국어) 능력을 활용하는 방법에 대한 방법론적 시도는 많지 않았다. 이처럼 모국어 환경을 고려하지 않은 외국어 중심의 언어학이론 및 언어교수법적 접근은 실질적인 언어교육효과 측면을 고려해서라도 반드시 개선될 필요가 있다.

둘째, 기능주의적 언어관(Halliday, 1973)은 언어(학)의 가장 중요한 특징을 '의미를 전달하기 위한 언어시스템의 구조'를 이해하는 것으로, 또한 의사소통능력의 습득을 언어학습의 가장 중요한 목표로 보았다. 그 결과 언어의 시스템적 구조나 ‘의미전달’의 기능만을 강조함으로써, 소통의 주체(agency)들에 대한 이해나 그들 사이의 권력관계(power relationship) 혹은 역사적, 사회적 맥락에 대한 이해는 등한시하게 되었다. 이와 같은 기능주의언어학에 대한 과도한 기대는 의사소통적 효율성을 지나치게 강조하는 경향을 초래하거나(Cameron, 2002), 세계화의 흐름 속에서 언어능력, 언어교육, 언어지식 등이 상품화되는데 일조하기도 하였다(Heller, 2003). 영어학습에 미치는 영향요인에 관해서도 학습자의 심리학적 요인(지능, 정서, 적성, 학습법 등)에만 치중하고, 사회문화적 및 정치경제적 요인들(정체성, 저항, 지역차, 소득차 등)에 대한 연구가 부족한 것도 식민주의적 언어교육의 패러다임에 토대한 기능주의 언어학의 영향이라고 볼 수 있다.

셋째, 도구주의적 언어관은 영어교육과정 자체의 문제라기보다는 영어학습이 한국사회에서 차지하는 상징적 의미에서 초래된 것인데, 한마디로 영어능력이 가장 중요한 사회적 출세의 도구로 인식되고 있는 현실이다. 이러한 도구주의적 언어관이 지배하는 교육현장에서, 영어교육은 학습자들에게 선의의 경쟁이 아닌 배타적 경쟁에서의 승리와 출세를 위한 수단으로 받아들여지고 있다. 그리하여 영어과 교육과정에 명시된 “외국문화 이해를 바탕으로 한 우리 문화의 새로운 인식 및 올바른 가치관을 함양한다(제7차)”는 목적은 무색케 되었다. 결국, 한국 사회의 영어학습 열기는 전 지구적 권력으로서의 영어, 세계시민주의(cosmopolitanism), 그리고 신분상승에 대한 학생과 학부모의 열망이 가장 절실하게 드러난 현상일 뿐이다(Park & Abelman, 2004).

이와 같이 구조주의, 기능주의, 도구주의적 언어관을 바탕으로 한 한국의 영어교육은 다음 [그림 4-4]를 통해 도식화한 것처럼 언어교육의 식민주의적 패러다임에 갇혀 있다고 볼 수 있다.

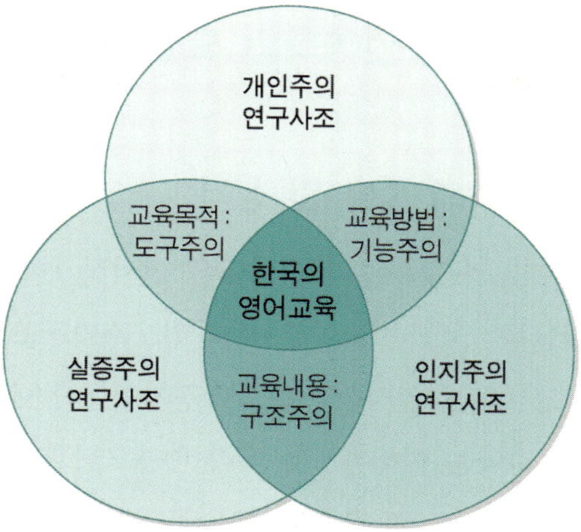

그림 4-4 영어교육의 식민주의적 패러다임

[그림 4-4]에서처럼, 영어교육의 '식민주의 패러다임'이란 인지주의, 개인주의, 실증주의적 성향이 지배적인 언어학 연구풍토와 구조주의, 기능주의, 도구주의적 언어관에 의해 교육목적 및 방법론이 결정되는 현실로 인해 영어교육이 그 교육적 역할보다는 언어학의 학문적 패러다임에 구속당한 상태를 일컫는다. 이러한 식민주의 패러다임하의 영어교육은 우리 사회가 영어실력을 통해 학생들의 학업능력 및 개인적 잠재력을 평가하는 가장 손쉬운 수단으로만 사용하고 있는 것을 방치하거나 조장하고 있는 것과 같다. 결과적으로 영어교육을 통한 엘리트주의(eliticism)의 만연, 시장-소비자주의(market-consumerism)의 극대화, 그리고 교육을 통한 기회의 확대가 아니라 계급의 재생산을 불러오는 교육의 양극화(education divide)를 피할 수 없게 되는 것이다. 이러한 식민주의적 패러다임을 극복하기 위해서는 문화적 이해, 의사소통능력 고양, 사고력과 창의력 개발 등과 같은 영어교육과정의 목적과 목표에 항상 명기되어 있는 외국어교육의 본질적 목적을 추구하려는 노력이 필요할 것이다. 여기서는 이러한 식민주의적 패러다임을 극복하기 위한 방법론의 하나로, 앞으로 논의할 비판적 응용언어학의 도입이 필요하다고 본다.

3. 비판적 응용언어학의 도입

1) 비판적 응용언어학의 출발 및 성격

소쉬르(Saussure, 1972)의 구조주의 언어학은 언어적 배경에 있어서 순일하고 상호교감적인 언어집단을 상정하여 이루어졌지만, 후기구조주의적 입장은 어떤 언어집단이든 다양하고 이질적인 사회문화적, 정치역사적 배경을 갖기 마련이어서 이러한 하위집단들 간에는 이해관계에 따라 헤게모니를 차지하기 위한 갈등이 빚어지기 마련이라고 본다(Norton, 2000). 따라서 언어학 연구는 단지 '언어현상'만을 연구하는 것이 아니라 필연적으로 언어화자에 대한 이해가 동반되어야 하는데, 현대언어학은 주체성(agency)를 고려하지 않은 소쉬르의 이원론적 언어관의 영향으로 역사적, 사회문화적, 정치적 존재로서의 언어화자에 대한 이해를 등한시해 왔던 것이다. 비판적 응용언어학(Critical Applied Linguistics : CAL)은 이처럼 구조주의 언어학의 한계를 극복하고 '언어화자'에 대해 관심을 언어연구의 핵심으로 삼음으로써, 중립적 혹은 실증주의적 접근에 바탕을 둔 언어학보다는 사회적 · 문화적 · 정치적 요인들이 어떻게 언어학습(사용)자의 언어학습(사용) 양태에 영향을 미치는가를 이해하도록 한다(Pennycook, 2001).

CAL의 학문적 성격은 다음의 세 가지 관점을 견지하는 것으로 이해할 수 있다. 첫째, CAL은 언어와 인간, 언어와 사회, 언어와 문화의 관계성의 본질이 무엇인지를 탐색하고, 언어활동이 어떻게 언어화자의 배움과 삶에 영향을 미치는지를 밝히고자 한다(Pennycook, 2001). 둘째, 언어교육은 "비판적 언어의식"(critical language awareness: Okazaki, 2005: 175)을 고취시킴으로써 언어학습자가 비판적 분석능력을 통해서 자신과 이웃의 언어사용에 한 문제의식을 가질 수 있도록 한다(Clark & Ivanic, 1997: 217). 이 문제는 현재 비판적 의식(critical consciousness: Freire, 1997), 상위의식(meta-awareness: Ramanathan, 2002), 반성적 사고(reflexivity: Canagarajah, 2004), 혹은 문제해결적 접근(problematizing practices: Benesch, 2001; Pennycook, 2001) 등과 같은 유사개념을 통해 논의되고 있다.

셋째, CAL의 궁극적 의의는 단순히 의사소통의 도구나 사회적 성공을 위한 개인적 수단으로 언어를 배우는 것이 아니라, 언어교육을 통해서 학습자를 변화시켜서 결과적으로 '사회변혁'(transformation of society)을 위한 언어(교육)의 역할이 무엇인지를 밝히는 데 있다(Davis, 1999: 145).

2) 비판적 응용언어학의 방법론

본 절은 비판적 응용언어학을 위한 방법론으로, 첫째, 비판적 연구 패러다임(Critical Research Paradigm)의 확장, 둘째, 양적(quantitative) 실증주의적 연구와 더불어 질적(qualitative) · 사회문화적 연구의 장려, 셋째, 언어연구에 있어서 교사 및 학생/학부모의 참여를 제안하도록 한다.

첫째, 본 절은 비판적 연구의 패러다임은 한 마디로 연구관점상 후기식민주의, 연구문제 논의상 해방적 담론(emancipatory discourses), 연구결과의 활용상 개혁적 정책(social reforming policies)의 모색에 의해 이루어질 수 있다고 본다. 우선 후기식민주의적 관점은 권력의 소재(locus of power)에 대한 논의를 기본으로 한다(Bishop, 2005). 즉, CAL은 주도권(initiation : 누가 연구를 주도하는가), 혜택(benefits : 연구의 혜택이 누구에게 돌아가는가), 대표성(representation : 연구의 내용이 어떤 사회적 실체를 대표하는가), 적합성(Legitimacy : 누구의 권위가 연구를 통해 드러나는가), 그리고 책임성(Accountability : 연구자의 사회적 책임은 무엇인가)의 문제를 분명히 다룰 수 있어야 한다. 해방적 담론을 포함한 CAL 연구는 학습자에게 자기결정성(self-determination)과 유능감(empowerment)을 심어주어서 영어학습으로 인해 학생들이 좌절감이나 배타적 경쟁에 매몰되는 것이 아니라, 자신과 주변의 삶을 변화시킬 수 있는 원동력이 되도록 도와주는 것이다(Denzin, 2005).

둘째, 연구방법으로는 양적연구뿐 아니라 사회문화적(socio-cultural) 연구 같은 질적 연구(qualitative research)가 더욱 절실히 요구되는데, 여기서 사회문화적 연구란 맥락적(contextual), 해석학적(hermeneutic), 그리고 자기회고적(self-reflective) 타당성을 견지할 수 있는 연구를 말한다(Saukko, 2005). 즉, 언어연구는 역사적, 사회적, 정치경제적 과정에 대한 철저한 분석이 있어야 하고(맥락적 타당성), 연구자와 연구참여자 혹은 교사와 학생 간의 끊임없는 소통을 통해서 서로를 이해하고 의미를 모색해 나가는 과정이 필요하며(해석학적 타당성), 연구자나 연구참여자(학생)가 연구과정에서 스스로를 자각함으로써 언어연구가 인간의 삶에 미치는 의미를 깨닫게 할 수 있어야 한다(자기회고적 타당성). 이러한 맥락적, 해석학적, 자기회고적 타당성을 견지하기 위해서는 집단적, 양적연구보다는 개별적 질적연구가 더 적합할 것이다(Denzin & Lincoln, 2005).

셋째, 언어연구에 있어서 교사의 참여연구(Participatory Action Research)나 학생/학부모의 참여학습에 대한 연구의 활성화가 필요하다. 여기서 교사참여연구는, 모든 실천은 사회적 상호관계 속에서 나온다고 보고, 사회적 과정(social process)으로서의 배움, 교사와 학생의 협력(collaboration), 이론과 실천을 겸비한 교사의 역할, 공적 공간(public sphere)으로서의 교실의 의미 등을 중요시한다(Kemmis & McTaggart, 2005). 그리고 교사는 단순히 영어지식의 전달자가 아니라 실천적 지식을 창조해가는 사람이고, 소외 · 갈등 · 계급 등의 문제가 그대로 드러나는 교실이라는 공적공간에서 영어과목을 가지고 학생들과 부딪치며, 고민하는 존재로 여겨진다. 예를 들어, 필자가 면담한 한 중학교 영어교사는 자신이 한 학기 동안 가르쳤던 어떤 학생의 영어성적을 도저히 이해할 수 없었다가, 그 학생의 가정을 방문을 한 다음에야 비로소 그 원인을 깨닫게 되었다고 고백한 적이 있다. 이처럼 교실현장의 성격이나 학생의 상황에 대한 이해 없이 영어교육에서 큰 성과를 거두기란 불가능하기도 하며, 무의미한 일이기 때문에 교사참여연구는 비판적 응용언어학에 있어서 필수적이다.

이처럼 비판적 교육학에 입각한 영어교육은 영어학습이, 단순히 의사소통수단을 습득하는 것이 아니라 역사적 · 환경적 · 미래적 존재로서의 자신에게 영향을 미치고 있음을 깨닫게 하는 것이고(Norton & Toohey, 2004), 학습방법에 있어서도 '방법론 초월적' 교육(postmethod pedagogy)으로서 보편적이거나 절대적인 방법을 고수하는 것이 아니라 지역적 · 개별적 · 사회역사적인 상황에 맞는 교수법을 모색해야 한다(Canagarajah, 2002). 결국 비판적 응용언어학을 토대로 한 영어교육은 이론적 거대담론에 입각한 방법론 위주에서 탈피하여 학생들이 영어교육을 통해 무엇을 얻고자 하는지, 그 개인적 · 사회적 결과는 어떠한지를 분명히 깨닫게 하고, 이를 바탕으로 자신과 사회를 변화시킬 수 있는 자원으로 삼도록 하는 것이다. 또한 그로 인해 신자유주의적 영어교육 담론이 선전하는 허상적 기회(opportunism)가 아니라, 학생들을 위한 실제적 기회(opportunity)가 될 수 있도록 도울 수 있을 것이다.

결론적으로 본 장에서는 후기식민주의 사회로서의 우리나라의 영어교육이 결과적으로 식민주의적 패러다임에서 벗어나지 못하고 있음을 밝혔다. 즉, 신자유주의적 세계화와 이에 편승한 영어패권주의의 이념에 휩쓸려 우리나라의 영어교육이 좌우되고 있으며, 영어교육 실천 및 관련 연구들이 구조주의, 기능주의, 도구주의적 사조에 크게 영향을 받고 있음을 지적한 것이다. 요컨대, '탈식민화된 영어교육'은 '어떻게 영어를 잘 가르칠(배울) 것인가'를 묻기 이전에 '왜 영어를 배워야 하는가', 그리고 '영어교육이 우리의 삶에 어떠한 영향을 미칠 것인가'에 대한 근본적인 문제제기에서부터 시작한다. 그럼으로써 우리가 당연시하며 받아들이고 있는 '영어교육의 필요성'에 관한 이데올로기와 담론들에 대한 해체작업과 그 대안으로서 비판적 응용언어학의 도입을 통해 바람직한 영어교육의 방향을 재정립하는 것이 탈식민적 영어교육의 출발점이 될 것이다.

Chapter 05

다문화 과학교육*

1. 과학과 문화의 연관성 재조명
2. 다문화 과학교육의 재개념화
3. 다문화 과학교육의 지향점

---

* 본 장은 [박휴용(2014). 과학과 문화의 연관성을 바탕으로 한 다문화사회 과학교육의 재개념화. 철학논총 77(3), 181-212.]의 내용을 기반으로 정리한 것임.

1. 과학과 문화의 연관성 재조명

본 장에서는 과학과 문화의 연관성을 양자의 개념, 범주화 방식, 그리고 그 핵심적 구성요인들이 어떻게 관련되는가를 중심으로 논의하도록 한다.

1) 과학과 문화의 연관성 : 개념적 접근

과학(science)의 라틴어 어원은 'sciencia'로서 지식이라는 의미를 가지고 있는데(Online Etymology Dictionary, 2013), 과학이란 한마디로 인류의 지적 사고의 총합이라고 볼 수 있다. 과학에 대한 고전적 정의는 "지식을 체계화하고 조직화하는 것으로 우주에 대한 검증가능한 설명과 예측의 형태를 띠는 것"으로 이해되어 왔고(Wilson, 1998), 현대과학은 이와 같은 고전적 정의에 과학적 절차, 기술적 도구, 학문적 조직 및 통합 등에 대한 강조가 덧붙여져 보다 확장된 개념으로 이해되고 있다(Heilbron, 2003). 이러한 과학이나 기술의 개념은 사실 불변적인 관념이라기보다는 인류의 필요에 의해 역사적 · 사회적으로 규정되는 것으로써, 이러한 과학의 성격과 역할을 논의하는 분야가 바로 '과학의 사회학'(sociology of science)이다.

'과학의 사회학'은 사회과학(social science)과는 전혀 다른 개념으로, 한마디로 과학이나 기술이 어떻게 사회적으로 성립, 발전, 활용되는가를 연구한다. 따라서 과학적 연구와 발전을 도모함에 있어서 정부의 정책, 산업체와의 공조, 군대의 수요, 윤리적 문제, 교육/훈련 방법, 대중의 호응 등의 문제를 어떻게 고려할 것인가를 총체적으로 논의하는 것이 바로 과학의 사회학이다(Aikenhead & Ryan, 1992). 그러므로 과학에 대한 논의, 즉 과학의 특성이나 그 역할, 좋은 과학자의 자질, 과학적 지식의 사회적 구성, 그리고 과학적 지식의 본질에 대한 논의는 과학 그 자체만으로 이루어지는 것이 아니라, 과학의 사회학적 측면을 포함한 것일 필요가 있다.

이처럼 과학의 사회학은 과학에 대한 포괄적인 이해는 결국 사회라는 큰 틀 속에서 가능하다는 것을 일깨워줄 뿐만 아니라,(과학적) 지식이라는 것이 결국 사회적으로 구성된다는 것을 상기시켜준다(Bloor & Barnes, 1998). 많은 학자들이 과학적 지식이 개인적 차원(예, 인지적 구성주의)뿐 아니라 사회적 차원(예, 사회적 구성주의)에서 형성될 수 있다고 강조해왔지만(Driver, Asoko, Leach, Scott, & Mortimer, 1994), 지금까지는 주로 개인적 차원의 과학적 지식에만 주된 관심이 쏠렸던 것이 사실이다. 그 결과로 나타난 현상이 바로 과학적 지식을 개인적(인지적) 구성물로만 여기고, 사회적 요인, 즉 문화적 영향요인에 대한 등한시였다.

근대과학의 출발점이 된 데카르트의 이원론이 가진 오류처럼, 과학과 문화는 이분법적으로 구별될 수 있는 것이 아니다. 인류학의 창시자라 불리우는 타일러는 문화를 "지식, 신앙, 예술, 도덕, 법률, 관습과 그 밖에 사회의 한 성원으로서 인간에 의하여 획득된 능력을 모두 포함하는 복합총체"라고 정의한 바 있다 Tyler, 1871). 이처럼 문화는 단순히 개인이나 집단의 삶의 양식만이 아니라, 그러한 삶들이 만들어내는 의미들의 관계성(the relationship of meanings)을 이해하고 그것들이 사회 속에서 인간의 사고와 행동에 영향을 미치는 방식에 대한 이해의 총합이다. 만일 과학이 기초지식, 정보의 원천, 혹은 시스템의 근원이라면, 문화는 그러한 지식이 소통되고, 활용되며, 의미를 생성하고, 가치를 만들어 감으로써 사람들의 사고와 행동에 영향을 미치는 모든 과정을 포괄하는 것이다.

한편, 과학이 문화로부터 출발한다는 점은 레비-스트로스(Levi-Strauss)가 모든 인간의 사고에 내재하는 기본적인 논리구조는 고대의 신화와 현대의 과학에서 동일하다고 강조한 데서도 잘 드러난다(Lévi-Strauss & Weightman, 1994). 즉, 신화적 · 과학적 사고가 본질적으로 동일한 지적 사고과정을 거치되, 그 논리구조가 적용되는 대상이 자연현상, 사회현상, 혹은 인간의 심리와 같이 다른 대상일 뿐이라는 것이다. 비록 현대 과학문명의 발달에 의해 과학적 지식이 점차 보편화되고 전문화되어 가지만, 그것을 기존의 토착적 혹인 원시문화적(indigenous) 지식과 구별지으려는 태도는 바람직하지 않으며, 과학발전을 위해서도 도움이 되지 않는 것이다(Agrawal, 1995).

문제는 오늘날 우리나라의 과학교육이 과학적 사고를 길러준다고 하면서, 그 과학적 사고의 원천인 문화에 대해서는 큰 관심을 기울이지 않는다는 데 있다. 이를 다음 [그림 5-1]을 통해서 설명해보자.

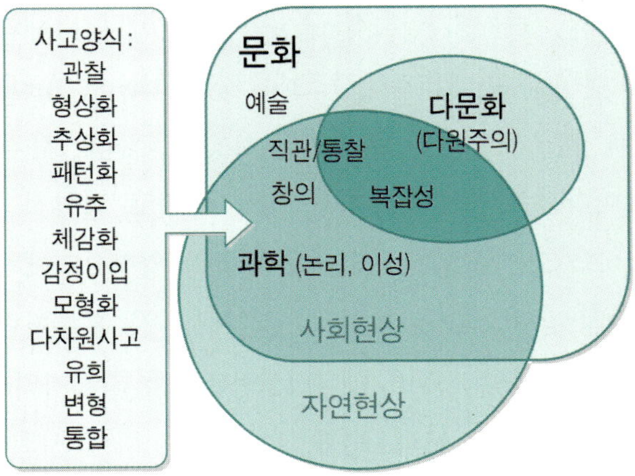

그림 5-1 다문화 과학교육의 지형도

[그림 5-1]과 같이, 과학의 연구대상을 크게 구별하자면 자연현상(자연과학)과 사회현상(사회과학)으로 구분할 수 있다. 지금까지 과학적 지식과 연구는 주로 자연현상을 대상으로 이루어져 왔고, 따라서 자연과학적 사고 및 탐구방법이 절대시되어왔던 것이 사실이다. 하지만 그러한 과학적 탐구의 주체인 인간은 사회 및 문화의 영향을 크게 받고 있는 존재로써, 인류의 사고와 경험의 총체인 '문화'의 절대적인 영향력 하에 놓여 있다. 예를 들어, 인간의 사유 양식에서 과학적이고 창의적 사유의 대표적인 12가지 형태인 형상화, 추상화, 패턴화, 모형화 등의 사고방식의 개발은 예술적 감성, 직관력, 통찰력, 창의적 사고 등에 의존하지 않고서는 이루어질 수 없는 부분이다(Root-Bernstein & Root-Bernstein, 2010). 즉, 과학적 사고와 창의적 사고의 원천이 다양성, 복잡성, 예술적 직관의 토대가 되는 문화적 경험에 있으므로, 과학과 문화의 관련성에 더욱 관심을 쏟을 필요가 있다는 것이다. 요컨대, 우리는 지금까지 과학적 탐구의 '대상'이 주로 자연현상이라는 점에 집착한 나머지 인간의 사고의 '근원'이 문화에서 나온다는 사실을 간과해왔지만, 다양한 사고양식, 직관력, 창의성 등을 기르기 위해서는 문화적 이해를 바탕으로 한 과학교육이 필요할 것이다.

2) 과학과 문화의 연관성 : 범주적 접근

인문주의의 회복을 바탕으로 한 르네상스 시대의 과학적 탐구의 본격화는 자연현상에 대한 과학적 사고와 관점이 기존의 신화, 종교, 신학적 관점으로부터 독립하기 시작한 것을 의미한다. 다시 말해서 기존의 자연현상이나 인간사회에 대한 관점, 철학, 상상을 합리적이고 실증적인 시각으로 바꾼 것이 과학적 사유의 시작이었다. 화이트헤드(A. N. Whitehead)는 과학과 종교가 대립관계가 아니라, 종교가 신의 섭리를 통해 정신세계에 의미와 가치를 부여하는 반면, 과학은 자연법칙을 통해 물질세계를 이해하려는 시도라고 주장하였다(Whitehead, 1978). 같은 맥락에서 아인슈타인은 "종교 없는 과학이나 과학 없는 종교는 절름발이"라고 종교와 과학의 상호의존성을 강조하였다(Barbour, 2000). 즉, 과학은 홀로 설 수 있는 체계가 아니고, 과학적 사유를 가능하게 하는 인간의 경험과 사유의 총체인 철학의 일부분이자, 종교를 포함한 문화의 일부라고 볼 수 있다. 세상의 모든 지식은 결국 인간의 경험과 사유의 총합이라고 볼 수 있는데, 그 중 과학자들에 의해 탐구방법에 의해 얻어진 과학적 지식은 전 인류의 지식과 경험의 총합인 문화적 지식의 일부일 수밖에 없다.

과학과 문화의 이분화는 데카르트의 이원론적 사상에 크게 기인하는데, 데카르트는 신체(body)에 의한 행위(action)와 마음(mind)에 의한 정념(passion)을 구분하고, 인간의 지적 활동을 과학적(scientific)인 것과 예술적(artistic)인 것으로 구분한 바 있다(Baker & Morris, 2002). 여기서 데카르트는 과학적으로 작용하는 지적활동은 "전적으로 마음의 인지적 작용으로 이루어져 있고," 예술적인 노력은 "몸의 움직임과 경향성(disposition)에 의존한다"고 주장함으로써(Glouberman, 1986: 51), <표 5-1>과 같이 인간의 사고에 대한 이원론적 관점을 제시하였다.

표 5-1 데카르트의 이원론적 관점

데카르트의 이원론	신체 (body)	행위 (action)	예술적 (artistic)	불확실성(uncertainty)/개연성(probability)
	마음 (mind)	정념 (passion)	과학적 (scientific)	확실성(certainty)

<표 5-1>의 이분법에 의해 데카르트는 과학적 진리가 '확실하지 않은(merely probable)' 지식을 모두 제거하는 과정을 통해 얻어질 수 있다고 믿었고, 이러한 태도는 과학자들에게 자신의 연구분야에서 예술적 불확실성을 통한 접근을 배재하는 태도를 낳게 하였다.

과학이 급속도로 발전한 오늘날에도 인류는 여전히 수많은 불확실성 속에서 살아왔고, 미래에도 여전히 상당한 불확실성을 대비한 채 살아갈 수밖에 없는데, 그러한 불확실성의 문제에 대처하는 것은 과학의 힘만으로 가능한 것이 아니라 과학 이외의 다른 지적 수단들(철학적, 역사적, 사회문화적, 정치경제적 요인들)을 고려하거나 의지하지 않을 수 없다(Dupre, 2002). 즉, 과학이 근대 인류 문명의 형성에 지대한 공헌을 해왔고, 미래에도 더욱 중요한 역할을 하게 될 것이 확실함에도 불구하고, 실제로 과학적 지식이나 방법론이 세계를 인식하는 수단은 매우 경험적, 실증적, 환원론적이기 때문에 인류가 앞으로 맞이하게 될 여러 문제들에 대한 해결책을 과학에만 의존하는 것은 인류의 미래를 준비하는 매우 편협하고 근시안적인 접근일 수밖에 없는 것이다.

이러한 과학과 문화의 공조관계를 가장 잘 드러내는 통합적 연구분야는 바로 인지과학(cognitive science)이다. 스페리(Sperry)는 20세기 후반의 과학계의 가장 큰 변혁이 바로 인지혁명(cognitive revolution)인데, 이는 기존 과학계의 귀납적이고 미시적인 인과적 결정론과는 전혀 다른 연역적이고 거시적인 탐구 패러다임으로의 전환이라고 강조하였다(Sperry, 1993). 그런데 이러한 인지과학을 연구하기 위해서는 철학에서부터 심리학, 언어학, 인류학, 인공지능, 그리고 신경과학에 이르기까지 광범위한 분야의 이론적 이해와 학문적 통찰을 바탕으로 해야 한다(Gardner, 1985). 아울러 과학적 연구의 새로운 패러다임의 등장은 그동안 과학의 주된 관심사였던 자연현상에 대한 이해뿐만 아니라, 사회 및 문화적 현상과 모든 지식의 근원이 되는 인간의 마음에 대한 연구와 이해가 필요하다. 이와 같은 맥락에서 스포러와 엥겔바트(Spohrer & Engelbart, 2004)는 미래의 과학연구의 분야를 다음 <표 5-2>와 같이 구분하고 있다.

표 5-2 미래 과학연구 분야의 분류

일차적 체계	이차적 체계(System)	학문 분야
I. 자연계 (Natural systems)	물리계(Physical S.)	물리학, 천체물리학, 나노기술 등
	생명계(Living S.)	생물학, 화학, 동물생태학, 발생학 등
	인지계(Cognitive S.)	인지과학, 심리학, 신경생리학, 아동발달학 등
II. 인공계 (Human-made systems)	사회계(Social S.)	사회학, 언어학, 정치경제학, 문화인류학 등
	기술계(Technology S.)	디자인과학, 인간공학, 바이오닉스 등

<표 5-2>와 같이, 미래의 과학적 탐구 영역에 대한 구분은 기존의 인문사회과학과 자연과학의 이분법이 더 이상 유용하지 않음을 보여준다. 이처럼 새로운 패러다임에 따른 과학탐구를 위해서는 과학에 대한 기존의 편협한 관점이 아니라, 인지, 사회, 문화 등을 통합적으로 고려한 이론적 및 기술적 접근이 필요하다. 요컨대, 과학과 문화는 서로 구별되는 실체가 아니라, 과학은 문화의 일부이고, 과학이 수행되는 방식은 문화가 실천되는 방식에 크게 의존하고 있으므로 과학발전을 위해서는 문화적 이해에서부터 출발해야 함을 상기해야 한다.

3) 과학과 문화의 연관성 : 구인적 접근

그렇다면, 과학과 문화의 연결고리를 확인할 수 있는 구체적 요인은 무엇인가? 본 절은 이를 문화적 지식의 가장 중요한 요소인 직관/통찰력, 복잡성에 대한 이해, 그리고 집단지성의 차원에서 간략히 논의하도록 한다.

(1) 직관/통찰[1]

아인슈타인은 "오직 직관(intuition)만이 교감을 통하여 통찰력(insight)으로 이어질 수 있다. 연구의 성과는 면밀한 의도나 계획에서 오는 게 아니라 가슴으로부터 바로 나온다"라고 강조한 바 있다(Einstein & Calaprice, 2000: 407). 이 직관력과 통찰력은 흔히 좌뇌가 담당하는 논리수학적, 합리적 능력이라기보다는 우

1) 통찰은 직관보다 오랜 숙고의 시간을 통해 문제를 해결하는 능력이고, 직관은 의식적 · 합리화 과정을 생략한 채 현상을 파악하는 능력을 가리킨다. 또한 직관은 감정이 개입될 수 있지만, 언어적 설명을 동반할 필요가 없는 논리와 의식적 사유에서 자유로운 특징을 지니고 있다(McCrea, 2010).

외가 담당하는 감성적, 예술적, 경험적 능력에 가깝고, 이는 고차원의 사회인지적 기능의 활성화에 의해 획득되어진다고 볼 수 있다(McCrea, 2010). 그런데 과학자들의 창조적 발견이나 새로운 아이디어의 창출에 결정적으로 기여하는 사고능력 중의 하나가 바로 직관력이다(Neumann, 2007). 예를 들어, 과학자들이 당면한 과제에 대해 레버리지 포인트(leverage point)를 어떻게 발견하고 사용하느냐가 그 문제해결에 결정적인 역할을 하는데, 이러한 레버리지 포인트의 발견할 수 있는 능력이 바로 직관력이고 이 직관력을 활용하여 문제의 원인과 해법을 통찰할 수 있게 되는 것이다(Meadows, 1997).

또한 직관력의 특징은 의식적인 분석이나 논리적인 설명이 결여된 채 수행하거나 판단할 수 있는 능력인데, 그러한 직관을 형성하는 가장 큰 원동력이 바로 경험이다.[2] 다양한 경험 속에서 얻어지는 통찰이 레버리지 포인트로 작용하여 융통성 있는 사고, 창의적 사고, 관계적 사고, 발견적 사고를 가능케 하고 문제해결에 기여하는 것이다(Collins & Porras, 1994). 요컨대, 많은 학자들은 연구자의 풍부한 사전 경험과 예술적 감성, 상상력 등이 학문적 탐구에 있어 중요한 구성요소가 되며, 과학적 연구업적에 영향을 끼칠 수 있다는 점에 동의하고 있다(Huang, Treisman, & Pashler, 2007; Pearson, Moje, & Greenleaf, 2010; Sparks, 2011).

(2) 복잡성의 원리

과학에서의 문화의 역할은 전통적인 인과법칙에 기반한 고전과학과 복잡성 원리에 기반 한 카오스과학으로 대표되는 신과학의 관계에 유비될 수 있다. '혼돈 속의 질서'(order in chaos)라고 불리는 '카오스이론'(the chaos theory)은 무질서하게 보이는 자연현상 속에 복잡성의 원리(the complexity theory)로 설명될 수 있는 질서와 규칙이 존재한다는 것이다(Gleick, 1987). 다양한 자연현상들 중에는 뉴튼의 물리법칙이 작용할 수 있는 거시적이고 인과론적인 현상들이 있는 한편, 고전적 물리법칙만으로는 설명이 불가능한 핵물리학, 기상학, 프랙탈 기하학,

2) 칸트가 말한 순수직관 혹은 선천적 직관은 우리의 모든 경험에 전제되어 있고, 우리 자신에 의해 주어져있는 것을 의미한다(강기호, 2014). 하지만 단순한 경험의 축적이 직관력을 만들어낸다고 보기 어렵고, 모든 경험 많은 사람들이 창조성을 발휘하는 것은 아니기 때문에 몇몇 학자들은 이러한 직관력의 실체에 대해 의구심을 갖기도 한다. 하지만 다른 한편으론 직관의 생물학적인 근거에 대한 여러 연구들은 인간의 직관적 능력의 중요성을 강조하고 있다(Bechara, Damasio, Tranel, & Damasio, 1997).

생명발생학 등과 같은 복잡성 과학으로만 설명될 수 있는 현상들이 존재하는 것이다(Briggs & Peat, 1989). 지금까지 고전과학의 연구방법론이 자연계에 대한 연구에 적합하게 발전되어 왔다면, 신과학의 연구방법론은 자연계뿐만 아니라 사회현상이나 인간의 삶의 방식에 대한 연구에 꼭 필요한 접근법이 될 수 있다. 즉, 개인과 집단의 다양한 삶의 모습을 바탕으로 다원성, 복잡성, 비합리성, 예측불가능성 등으로 설명할 수 있는 문화는 고전과학적 원리에 위배되는 것으로 이해하기보다는 복잡성이론과 같은 대안적 연구방법을 통해 이해를 모색해야 되는 대상이 되는 것이다.

이러한 복잡성이론은 과학의 연구대상이 자연현상만이 아니라는 것과 고전과학의 연구방식만이 절대적인 것이 아니라는 것을 깨닫게 해주었다. 이로써 우리는 최근에 활성화된 인지과학이나 생명과학 등의 연구를 바탕으로, 기존의 기계론적, 선형적 사고방식에서 탈피한 창발적(emergent), 비선형적(non-linear) 사고의 중요성과 복잡계를 설명하는 자기조직화(self-organization: Jantsch, 1980), 무산구조(dissipative structure: Simon, 1969), 혼돈 속의 질서(order out of chaos: Prigogine, 1984) 등의 개념으로 인간의 문화를 이해할 수 있는 중요한 이론적 틀을 얻게 되었다. 요컨대, 자연 및 사회현상의 복잡성과 다원성은 과학적 탐구가 기존의 고전과학의 이론 및 방법론적 관점에서 벗어날 것을 요구하고 있고, 이러한 과학에 대한 새로운 시각, 이론, 아이디어는 결국 인문학적·문화적 지식의 도움에 의지할 수밖에 없는 것이다.

(3) 집단지성

앞에서 논의한 바와 같이, 데카르트의 이원론은 근대과학의 발전에 크게 기여하였지만, 앞으로의 과학발전은 그 근본적 한계를 극복함으로써 이루어질 수 있다. 실제로 과학과 예술은 단순히 확실성과 불확실성으로 이분화될 수 있는 것이 아니며, 지금까지 여러 분야에서 창의성의 발현은 과학적 접근과 예술적 접근의 융합 속에서 이루어져 왔다(Robinson, 2010; Root-Bernstein, 2008). 하지만 데카르트의 이원론이 갖는 또 다른 한계는 바로 사고하는 지적 존재로서의 인간을 지나치게 개인화(individuation)한 것이다(Flynn, 1983; Heller & Brooke-Rose,

1986). 그로 인해 오늘날 우리는 예술이나 과학에서의 성취를 지나치게 개인의 천재적 능력의 차원에서 이해하려는 경향이 우세하지만, 사실 과학적 발견이나 예술적 창조는 반드시 개인적 사고와 공동적 사고의 결합을 요구한다.

창의성에 영향을 미치는 이러한 조직적 혹은 문화적 요인을 주로 연구하는 분야는 시스템적 사고(systems thinking)이다(Csikszentmihalyi, 1988). 시스템적 사고는 기본적으로 발명이나 혁신을 개인적 능력의 문제로 한정시키는 엘리트주의에 의존하지 않고, 시스템, 즉 조직이나 제도, 그리고 교육과 훈련에 의해 충분히 이루어질 수 있다고 본다(Jones, 2009). 결국 창의성의 발현은 순수한 개인적 천재성에 의존한 것이라기보다는 문화, 조직, 교육 등의 힘에 크게 의존하고 있음을 간과해서는 안 될 것이다.

이처럼 인간의 지적 탐구나 사고의 확장은 개인적 성취 차원에서만 이해할 것이 아니라, 문화공동체의 집단지성(collective intelligence)의 차원에서 이해할 필요가 있다(Woolley, Chabris, Pentland, Hashmi, & Malone, 2010). 이러한 집단지성을 이루는 가장 중요한 요소는 협력(collaboration)과 공유적 사고(distributed mind)인데(Fisher & Fisher, 1998), 그러한 사고력의 훈련은 바로 문화적 지식(cultural knowledge)에 의해 이루어진다고 볼 수 있다. 따라서 만일 과학적 지식을 얻는 과정에서 탐구적 사고, 가설설정, 패턴인식, 예측가능성, 논리 및 분석력 등이 필요하다면, 문화적 지식을 습득하는 데에는 비판적 사고, 이해력, 변칙성 인식, 감성 및 심미안, 즉흥적 대처, 경험의 공유 등이 중요한 역할을 할 것이다(Klein, 2010). 요컨대, 위와 같은 과학적 지식과 문화적 지식이 유리된 것이 아니라, 광범위하게 축적된 문화의 지식 속에서 과학적 지식이 나올 수 있는 것이고, 그러한 문화적 지식이 직관이나 통찰력, 복잡성 원리의 수용, 그리고 창의성의 발현에 기여함으로써 과학적 지식의 습득에 기여하게 된다는 것이다.

2. 다문화 과학교육의 재개념화

본 장에서는 다문화 과학교육의 재개념화를 오늘날의 과학연구가 갖는 세 가지 인식론적 한계인 유럽중심주의, 과학결정론, 기술제일주의를 중심으로 이를 극복하기 위한 방안으로써 과학교육의 방향에 대해 논의하도록 한다.

1) 과거 : 유럽중심주의(Eurocentrism)의 탈피

근대과학의 태동은 갈릴레오나 다빈치 혹은 뉴튼 등과 같은 걸출한 유럽의 르네상스 학자들에 기인한다고 볼 수 있지만, 이러한 근대과학의 뿌리는 결국 그리스, 로마, 아랍 등의 철학자들의 사고에 기초하고 있다(Butterfield, 1997). 예를 들어, 7세기에서 15세기 사이에는 세상에서 가장 앞선 과학적 성취는 대부분 무슬림 학자들에 의해 이루어졌으며, 그들이 바로 그리스, 인디아, 페르시아의 과학적 전통을 계승한 장본인이었다. 사실 이들의 활동은 아랍, 페르시아, 중앙아시아, 기독교도 및 유대인들, 그리고 인도인과 터키인들의 다양한 민족들의 기여를 바탕으로 하고 있었는데, 그중 가장 두드러졌던 이슬람의 과학기술이 바로 르네상스로 이어져 유럽의 과학 혁명을 꽃피웠던 것이다(Laccarino, 2003). 그럼에도 불구하고, 오늘날 많은 사람들은 이러한 근대 과학문명의 태동과정에서의 다국적이고 다문화적인 전승들의 역할과 의미를 간과하고 있다.

오늘날과 같은 북미유럽 중심의 세계질서 구축은 바로 17세기 이후 인류의 근대사를 지배한 서유럽중심의 제국주의적 확장이라는 세계사적인 사건들과 결정적으로 관련을 맺고 있다(Bush, 2006). 인류의 근대화, 문명화, 그리고 지적 성취는 결과적으로 이러한 유럽의 제국주의적 확장에 기인한 것인데, 그로 인해 유럽의 과학문명, 사상, 문화의 지배는 오늘날 근대 과학기술의 발전에 있어서 유럽 및 북미 의존도를 더욱 심화시키게 되었다. 예를 들어, 지난 20세기 백 년 동안의 노벨상 후보자 수를 보면, 서유럽(230명: 50%), 북미(200명: 43%), 동유럽(13명: 2.8%) 등으로 북미와 서유럽이 83%를 차지하며 전 세계적으로 과학적 업적을 주도하고 있음을 알 수 있다(Joseph, 1987). 같은 맥락에서 과학관련 논문 및 저서의 출판비율을 보면, 서유럽(37.5%), 북미(36.6%), 동북아시아(10.8%), 러시아 및 동유럽(3.7%) 등을 나타나 북미와 서유럽이 대부분(74.1%)을 차지하고 있다(OECD, 2002). 이러한 현실로 인해 오늘날 많은 사람들이 과학적 진보가 유럽의 전유물이며, 과학발전은 유럽이 걸어온 사회문화적, 과학적 발달의 과정을 답습하는 것이라고 믿게 된 것이다.

아울러, 유럽중심주의의 토대에서 출발한 근대과학은 백인남성중심주의라는 인종 및 성차별적 요소를 안고 있다(Longhurst, 2000). 따라서 이러한 과학연구에 있어서의 백인남성중심주의와 유럽중심주의는 과학교육계에 인종적, 문화적 편향성을 낳게 되었고(Fort & Varney, 1989), 그로 인한 인식론적 한계와 창의성의 결여는 과학에 대한 이해와 발전에 큰 걸림돌이 되고 있다는 것이 이미 많은 학자들에 의해 지적된 바 있다(Cobern & Loving, 2001; Siegel, 1997; Stanley & Brickhouse, 2001). 그러므로 다문화 과학교육의 새로운 방향을 설정하는 것은 무엇보다 그동안의 유럽중심주의에서 탈피할 필요가 있다.

2) 현재 : 과학결정론(scientific determinism)의 극복

대부분의 과학적 이론은 자연세계에 존재하는 보편적 물리법칙과 같은 객관적인 자연의 원리를 설명하려는 보편주의적 입장이나, 실제적 경험을 바탕으로 사실을 증명하려는 실증주의적 입장을 기반으로 하고 있다. 하지만 많은 학자들은 특히 인간과 사회를 다루는 사회과학 분야에 있어서는, 과학적 경험주의나 실증주의의 원칙이 반드시 들어맞는 과학적 연구가 쉽게 이루어지지 않는다고 고백한다(Price, 1992). 예를 들어, 과학적 경험주의는 그 연구대상이 가진 역사적 혹은 문화적 특수성의 맥락들을 제거하거나 최소화한 상태에서 그들이 크게 의존하는 실증적인 도구에 의해서만 분석한 후, 그 준거에서 벗어나는 것들은 비과학적인 것으로 간주해버리는 경향이 있다는 것이다(Williams, 1991).

과학이 사회나 문화에 의존하거나 관여하지 않고 순수하게 그 자체의 기반(합리성, 엄밀성, 타당성 등)만을 바탕으로 발전할 수 있다고 믿는 생각을 과학결정론(scientific determinism)이라고 한다(Earman, 1986). 과학결정론은 과학이 그 자체의 고유한 논리 즉 '과학의 논리'를 바탕으로 발전되며, 그 자체만의 기준으로 평가되며 과학 이외의 다른 영역에 영향 받지 않고 유지될 수 있다고 믿는다. 아울러 과학결정론은 사회나 문화와는 무관하게 자율적으로 발전한 과학이 결국 사회의 변화와 발전에 영향을 미치며, 그에 따라 사회는 과학의 혜택을 받고 있다고 주장하면서 과학은 독립변수로, 사회는 종속변수로 간주한다. 하지만 이러한 과학결정론은 과학을 그 과정과 결과로만 인식하는 매우 편협한 시각이다. 과학을 보다 넓은 시각에서 본다면, 과학적 아이디어나 연구노력이 태동하는 시점에서부터 과학은 인간과 사회, 그리고 그 삶의 과정이자 결과물인 문화와 밀접한 관련을 갖고 있다는 것을 어렵지 않게 깨달을 수 있다(Atmanspacher & Bishop, 2002; Fraley, 1994).

과학결정론의 대안으로써 과학과 사회문화의 관련성을 이해하기 위해서는 사회구성주의(social constructivism)의 입장에서 과학을 이해할 필요가 있다. 예를 들어, 자전거의 발명은 단순히 과학적 원리의 발견이나 적용의 차원에서만이 아니라, 자전거를 필요로 했던 당시 사회의 집단적, 도덕적, 정치적 사고 및 아이디어들이 복합적으로 작용하고 대중의 합의를 거쳐 최종적 상태에 도달하게 되었다는 것이다. 즉, 과학적 발명은 단순한 과학적 원리를 천재적으로 적용한 과학자들의 기지에 의존하는 것이 아니라, 그러한 발명품을 필요로 하는 사회적 요구와 그러한 발명품이 인정받고 정착하게 될 사람들의 생활상인 문화적 맥락에 의해 큰 영향을 받을 수밖에 없다는 것이다(Pinch & Bijker, 1984). 요컨대, 기술의 사회구성주의는 과학기술의 발전이 사회와 유리되어 일어나지 않을 뿐 만 아니라, 진정한 과학적 진보나 기술적 혁신은 사회문화적 요소와의 상호작용 속에서 이루어졌다는 것을 강조한다.

3) 미래 : 기술제일주의(technocentrism)를 넘어서

다문화 과학교육은 다문화교육이 본격화 된지 10여 년이 지난 1980년대에야 관심을 받기 시작했다(Krugly-Smolska, 1997). 다문화교육 초창기에는 과학연구 및 교육분야에 유럽중심주의와 엘리트주의가 팽배해있었기 때문에(Joseph, 1987; Tate, 1994), 과학교육에 다문화의 개념을 도입하는 것에 대해 학자들 간에 상당한 이견이 존재했다. 하지만 최근에는 과학의 정의, 연구범주 및 역할에 대한 학자들의 인식에 크게 변화함에 따라, '과학'에 대한 시각과 역할에 대한 인식이 변하게 되었다. 즉, 세상을 규정하는 것은 과학 이론이나 과학기술 자체가 아니라, 인간의 사고, 세계관, 의미부여와 같은 정신적 요소라는 것이다(Cobern, 2000).

이러한 과학에 대한 인식의 변화는 오늘날 기술제일주의 시각에 의문을 제기한다. 기술제일주의자들은 과학적 탐구의 목적을 자연세계를 통제하고, 환경을 변용하여 그 유용성을 극대화하는 데 두지만, 모든 과학적 활동의 궁극적 목적은 곧 인류를 포함한 자연생태계의 지속가능성을 보장하는 것임을 간과해서는 안 된다(Mazurski, 2002). 즉, 기술제일주의는 인류를 위한 수단으로서 과학적 발전을 도모하지만, 그 수단이 목적을 넘어서는 것을 막을 수 있는 통제장치를 갖지 못할 위험이 크다(Papert, 1990). 그런 의미에서 다음과 같은 과학학습의 정의를 눈여겨 볼 필요가 있다(Tobin, 1991).

> "(과학학습은) 현존의 지식을 바탕으로 경험으로부터 의미를 추출해내는 해석적 과정이다. 학습 과정의 핵심은 의미 교섭(the negotiation of meaning)이다.(...) 그러므로 학습은 학생들이 그들이 살아가는 세계로부터 의미를 추출해내는 과정에서 나온 결과가 되게끔 해야 한다.(...) 중요한 점은 학생들이 자신의 문화적 경험, 사고방식, 문화적 도구(cultural tools)를 활용하여 학습할 수 있는 기회를 가져야 한다는 것이다. 이러한 문화적 도구들에는 언어나 신화, 개인적 믿음, 은유, 이미지, 선호하는 학습스타일 등의 인지적 참조물(cognitive referents), 그리고 현존의 지식을 문제해결 상황에 적용할 수 있는 시간적, 공간적 요인들이 모두 포함된다."

위 인용문은 과학학습의 본질이 기계적인 개념학습이나 도구 및 기술의 습득이 아니라, 자신과 자기 주변의 자연적 사회적 환경에 대해 의미를 탐색해나가는 능력을 키우는 것임을 일깨워 준다.

요컨대, 과학교육의 궁극적 목적은 과학 자체가 아니라 인류에 봉사하는 지적 탐구로서의 과학에 대한 이해와 의미의 창출(meaning making)인데, 이는 기술적 접근에 의해서만이 아니라 인문학 및 사회과학에 기반한 문화적, 철학적 접근의 도움을 반드시 필요로 하는 것이다(Ogunniyi, Jegede, Ogawa, Yandila & Oladele, 1995). 따라서 미래의 다문화 과학교육은 기술에만 초점을 맞추는 것이 아니라, 동시에 문화를 고려할 수 있는 교육이 되어야 한다.

3. 다문화 과학교육의 지향점

마지막으로 본 절에서는 다문화 과학교육의 새로운 정향성을 제시하기 위해 다문화 과학교육관련 지식의 범주, 연구의 접근방식, 교육적 실천방안 차원에서 논의하도록 한다.

1) 다문화적 과학지식의 범주

현대과학은 크게 순수과학과 응용과학으로 나누거나, 경성과학(hard science)과 연성과학(soft science) 등으로 구분된다.[3] 일반적으로 경성과학의 대표적인 학문은 물리학이나 화학 등이고, 나머지는 그 정도에 따라 자연과학과 인문학의 경계선상에 있는 생물학, 인류학, 심리학 등과 사회과학의 학문분야들이 연성과학으로 분류되기도 한다(Wilson, 2012). 모든 학자들이 이러한 구분에 동의하지는 않지만, 전적인 경성과학으로 구분되는 물리학과 화학을 제외한 대부분의 연성과학의 범주에 있는 학문분야는 다문화 과학교육의 논의대상이 된다고 볼 수 있다.

아울러 문화와 관련된 지식 혹은 연구의 범주화는 문화 연구(culture studies)와 문화적 연구(cultural studies)에 대한 대조를 통해 시도해볼 수 있다. 우선 문화 연구는 문화 자체를 하나의 이론적 축과 해석적 틀로 삼아 과학교육을 실천하려는 접근으로써, 다양한 문화들 자체가 갖는 요인들과 교차문화적 상호작용이 과학에 미치는 역할에 관심을 갖는다.[4] 한편, 문화적 연구(cultural studies)는 한 사회의 불평등한 구조와 구성원들의 불평등한 자원에의 접근성을 인식하는 것으로써 매우 규범적이고 정치적인 요소를 갖고 있다(During, 1993). 문화적 연구는

3) 순수/응용과학의 구분은 다시 연구의 대상에 따라 순수한 자연현상을 연구대상으로 하면 순수과학으로, 인간과 사회에 밀접히 관련된 부분을 연구하면 응용과학이라고 부른다. 한편 경성/연성과학의 구분은 연구방법론적 엄밀성이나 적합성에 따라, 검증가능한 가설, 통제된 실험, 양적 데이터와 수학적 모델의 사용, 높은 수준의 정확성과 객관성, 그리고 순수과학적 방법론의 적용 여부의 기준을 엄격히 지키는 것을 경성과학, 그렇지 않은 것을 연성과학이라고 부른다(Gutting, 2012).

4) 하지만 심리학에서도 교차문화심리학(cross-cultural psychology)과 인지인류학(cognitive anthropology)적 관점이 상당한 차이를 보이는 것처럼, 연성과학에 속하는 학문들은 그 특성상 각자 나름대로의 문화에 대한 정의나 개념을 가지고 있기 때문에, 다문화 과학교육의 지식범주를 한마디로 규정짓기는 힘들다. 따라서 다문화 과학교육에 있어서 문화의 역할에 대한 논의는 향후 연구되어야 할 중요과제로 남아 있는 실정이다.

역사경제학적 측면(Marxism), 비판이론(Frankfurt 학파), 사회 내의 권력작용(Foucault 이론), 탈근대담론(postmodernism), 후기식민주의 이론과 연관성이 있으며, 다른 여러 사회과학적 연구의 이론적 틀의 역할을 한다. 따라서 문화적 연구의 입장에서 다문화 과학교육은 근대과학과 현대문명의 토대가 되는 서구문화와 그 과학적 산물에 대한 비판과 더불어, 그것을 토대로 한 과학문명이 현대인의 삶에 어떤 불평등, 차별, 미래사회의 왜곡을 야기시키는가를 비판하는 것이다.

언뜻 보기에 '과학'의 영역에서 벗어난 듯 보이는 이 문화적 연구의 역할은 앞서 논의한 바와 같이, 현대과학이 서구문화의 한 산물이라면 이러한 서구중심주의에 기반한 과학적 연구의 편협성과 한계를 극복하기 위한 보완적 영역의 역할에 있다. 문화적 연구는 특히 서구중심주의적 과학이 집대성해 놓은 자연과 사회에 대한 오늘날의 지식체계가 갖는 사회적 지배력에 의문을 제기하고, 사회 속에서 과학적 지식에 대한 불평등한 접근성도 비판하며, 이러한 서구적 과학이론 중심으로 구성된 과학 교과서나 과학교육에의 접근에 있어서의 불평등성을 비판함으로써 과학적 연구 및 과학교육의 진정한 방향이 무엇이 되어야 할 것인가에 대한 의미 있는 시사점을 제공해주는 역할을 하는 것이다. 이상에서 설명한 다문화 과학교육의 논의범주는 다음 [그림 5-2]로 정리할 수 있다.

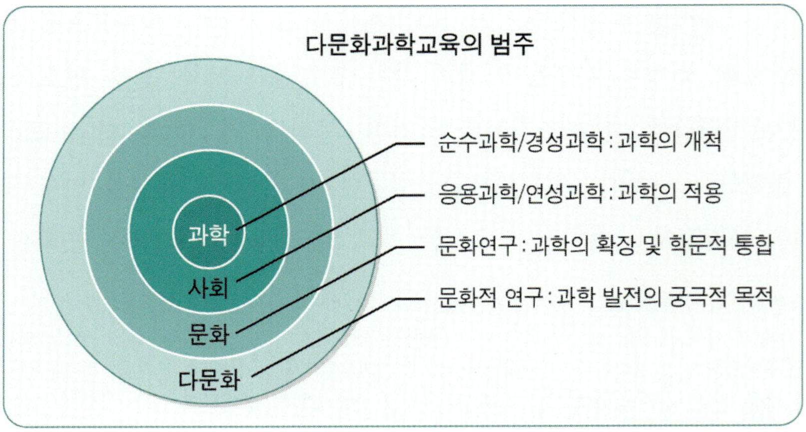

그림 5-2 다문화 과학교육의 개념 범주

[그림 5-2]가 보여주듯이, 다문화 과학교육은 과학적 연구를 개척하는 '순수과학/경성과학'의 역할에서 출발점으로 하여, 과학이 인간 및 사회에 기여하는 방향을 모색하는 '응용과학/연성과학'의 역할을 포용한다. 다문화 과학교육의 지식은 '순수/경성과학'의 이론과 실제들을 기반으로 바탕으로 하되, 그것이 적용되는 사회에 대한 고려를 통해 '응용과학/연성과학'적 측면을 포괄하고 있는 것이다. 아울러 문화 연구를 통해 과학과 문화의 접목을 통해 과학적 연구 및 통찰의 영역을 확대하여 타학문과의 통합적 이해를 도모하는 것이다. 마지막으로, 문화적 연구를 기반으로 과학이 궁극적으로 인류를 위해 기여할 수 있도록 다문화 과학교육은 사회공동체 속에서의 문화 간, 집단 간 조화와 공존의 방향을 모색하는 것이다.

이와 같은 구분을 바탕으로 다문화적 과학지식이 과연 어떠한 형태를 띠는가에 대한 구체적인 사례를 살펴보기 위해서는, 앞서 논의한 바와 같이 과학에 대한 기존의 편협한 관점의 탈피 필요가 있다. 20세기 중반까지만 해도 과학의 발전은 생물학과 화학의 분리, 물리학과 지구과학의 분리로 대표되는 분과적 접근을 통해서 이루어져 왔다. 하지만 21세기에 접어선 오늘날 과학에 대한 통합적 접근, 신과학(new science) 및 복잡성이론의 출현, 정보통신기술의 발전, 그리고 바이오

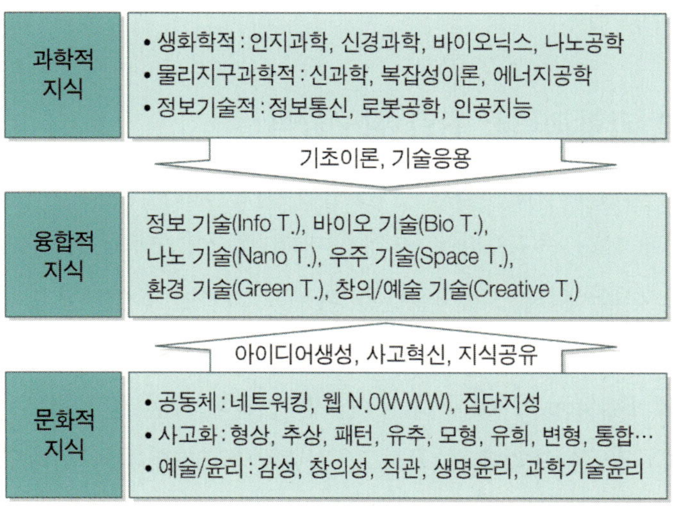

그림 5-3 과학적 지식과 문화적 지식의 융합

출처 : 이인식(2011).

공학의 발전 등으로 인해 전통적 과학의 학문구분에서 완전히 벗어난 과학에 대한 융합적이고 통합적 관점이 필수가 되었다(김광수 외, 2010). 아울러 이러한 과학에 대한 통합적 접근은 문화적 지식의 도움을 받지 않을 수 없게 되었고, 그렇게 관심을 얻게 된 것이 최근의 융합적 과학기술 연구인데(이인식, 2011; Klein, 2010; Robinson, 2010; Root-Bernstein & Root-Bernstein, 1999), 이를 정리해 보면 다음 [그림 5-3]과 같다.

요컨대, [그림 5-3]과 같은 오늘날 최첨단의 융합적 기술의 탄생은 외면적으로 과학적 지식이나 기술만을 바탕으로 만들어진 것으로 보이지만, 그 내면에는 집단지성과 같은 지식생성과 공유 차원에서의 집단성, 다양한 사고화 방식의 기초가 되는 문화의 영향력, 창의성의 원동력이 되는 예술적 감성 및 윤리적 태도 등의 문화적 지식을 기반으로 하고 있다. 이러한 문화적 지식에서 아이디어가 생성되고, 혁신적 사고가 창출되며, 지식이 공유됨으로써 다양한 융합적 기술들이 만들어질 수 있는 것이다. 특히 오늘날과 같은 지구촌 세계화와 다문화된 사회환경을 바탕으로 소통, 공유, 개방화가 강조되는 상황 속에서 문화적 지식에 대한 이해는 다문화적 맥락을 기반으로 한 다문화적 지식의 차원에서 파악할 필요가 있다. 결국 과학교육도 다문화적 이해, 문화적 지식, 융합적 사고를 바탕으로 이루어져야 하고, 그것이 궁극적으로 미래사회가 요구하는 과학인재의 기본 소양이 되어야 하는 것이다.

2) 다문화 과학교육을 위한 탐구방식

과학적 탐구방법에 대한 교육이 이루어진 지난 100여 년간 과학적 탐구는 관련 개념 자체에 대한 숙고보다는 가설에 대한 검증에 초점을 맞추어짐으로써, 학생들이 내용 지식의 이해보다는 물질을 다루는 기법에 집중하였고, 그에 따라 과학적 지식에 대한 인식론적 틀을 형성하는 데 어려움을 갖게 되었다(Windschitl, Thompson, & Braaten, 2008). 즉, 자연 및 인간에 대한 깊이 있는 이해를 기반으로 한 인식론적 틀을 갖추지 못하고, 실증주의 및 환원론적 태도로 대표되는 과학적 방법론에 대한 훈련에만 몰두하게 된 것이다. 이는 과학적 탐구란 무엇인가에 대한 두 가지 상반된 태도, 즉 문화적 물질주의(cultural materialism)[5]와 과학지식의 사회학(Sociology of scientific knowledge)[6]에 대한 대조를 통해 잘 이해할 수 있다. 요컨대, 문화적 물질주의는 과학적 탐구를 에틱(etics)의 관점, 즉 객관화, 보편화를 바탕으로 한 현상에 대한 인식을 고수하는 것이고,[7] 지식의 사회학은 그러한 현상을 인식하는 인간주체, 지식의 구성, 지식이 형성되고 소비되는 방식에 있어서의 사회문화적 맥락을 고려한 지식의 주관성, 특수성을 감안한 에믹(emics)의 관점을 취하는 것이다. 사실상 쿤(Kuhn, 1962)의 과학혁명의 구조에 대한 '패러다임'의 개념도 결국은 지식(과학) 공동체가 갖는 인식의 구조가 사회적 이해의 패러다임에 구속된다는 주장인 것이다.

그런 의미에서 고린스키(Golinski, 2008)는 학교에서 다루어지는 과학적 지식이나 탐구방식도 지구상에서의 인류의 역할에 대한 기술적·과학적 이해이고, 인간의 몸과 마음은 탐구의 대상이자 과학적 실천의(문화적) 도구라고 보았다. 따라서 그는 과학으로 대표되는 탐구의 대상으로서의 자연과 문화로 대표되는 탐구의 주체로서의 인간이라는 두 축의 호혜적인(reciprocal) 관계에 주목하였던 것이다. 결국 과학을 탐구하는 것은 그 대상이 되는 자연에 대한 이해뿐만 아니라, 탐구의 주체로서의 인간의 경험과 인식구조의 총체인 문화를 바탕으로 하지 않을 수 없는 것이다.

그렇다면, 이와 같은 에믹적 관점에 기반한 다문화 과학교육의 탐구의 구체적인 방식은 무엇인가? 이는 크게 세 가지 차원에서 논의할 수 있다.

첫째, 과학을 가르친다는 것은 우리가 가진 사고의 틀을 깨뜨리는 이중적 과정

---

5) 문화적 물질주의(Harris, 1964)는 문화를 단순히 사람들의 마음속에 있는 내용이 아니라 측정될 수 있는 행동의 패턴들로 구성된다고 보고, 전 인류(pan-human)의 문화적 양식에 대한 보다 과학적인 이해를 위한 하나의 연구방법론으로 제안된 것이다. 따라서 문화적 물질주의는 사회 속의 어떤 현상의 본질을 이해하기 위해 관찰가능하고 수량화할 수 있는 존재(entities)와 사건들(events)에 초점을 맞추어, 반복가능한(replicable) 검증작업을 활용하여 그 본질을 탐색하도록 하였다.

6) 과학지식 사회학의 입장은 과학이 본질적으로 보편적 지식을 다루는 것이라는 가정에 도전하여, 자연 및 사회현상에 대한 인류의 지식은 기본적으로 지역적이고 문화적인 이해에 토대하고 있다고 본다. 이러한 입장에서 학자들은 과학적 지식이 전 지구적으로 확장되어가는 방식에 있어서 관여했던 물질적, 문화적 수단들에 대해 연구하기 시작했고, 이것이 민속방법론(ethnomethodology)이나 상징적 상호작용이론(symbolic interactionism), 그리고 과학적 지식을 구성함에 있어서 사회적 행위자로서 인간의 역할에 초점을 두는 구성주의(constructivism) 이론으로 발전하였던 것이다(Golinski, 2008).

7) 이 관점은 이후 언어학자인 파이크(Pike, 1967)의 이론화에 힘입어, 내부 구성원 자신들의 삶과 그들의 세계 자체에 기반한 이해(emics)와 그들을 묘사하고 이해하도록 하는 외부 관찰자로서 인류학자들의 범주화에 따른 이해(etics)를 구분하는 개념적 틀이 되었다(Harris & Johnson, 2000).

을 포함한다. 하나는 기존의 '비과학적' 시각으로 자연현상이나 사회현상을 바라보던 시각에서 벗어나는 것이고, 다른 하나는 그러한 '과학'이 가질 수 있는 신화를 깨는 것이다. 과학이 가질 수 있는 신화란 과학 자체의 문제라기보다는 과학에서 파생하는 문제로 '과학만능주의'(scientism), '엘리트주의(elitism)', '환원주의(reductionism)' 등을 들 수 있다. 과학만능주의는 과학적 접근, 실증주의적 연구방법만이 진리를 파악할 수 있는 유일한 학문적 접근이라는 생각과 과학 및 기술공학의 발전의 정도에 따라 인류가 안고 있는 미래의 모든 문제가 해결될 수 있다고 믿는 입장이다(Sorell, 1994). 엘리트주의란 뛰어난 재능을 가진 소수가 인류의 여러 문제들을 극복해내는 탁월한 발명과 발견을 해내고, 그들의 기여에 따라 사회와 문명이 발전해나간다고 보는 입장이다. 또한 환원주의란 전체는 부분의 합이므로 전체를 파악하기 위해서는 그 세부요소를 부분적으로 탐구하고, 그 탐구방법으로 인과성에 대한 탐색에 크게 의존하려는 사고이다(Jones, 2013). 환원주의로부터 과학에 대한 편협한 이해가 시작되고[8], 엘리트주의로 인해 과학에의 대중적 접근이 차단되며, 과학만능주의로 인해 과학의 역할, 즉 그 기능과 한계에 대한 그릇된 인식이 자리잡게 되는 것이다. 요컨대 과학교육이나 과학적 훈련의 올바른 방향은 일상의 시각에서 과학적 시각에 대한 훈련을 거쳐서, 다시 과학의 틀에 안주하지 않고 일상적 세계로 돌아오는 과정을 모두 포함하는 것이어야 한다.

둘째, 과학교육은 과학의 개념과 사고방식, 즉 과학의 언어를 배우는 것이며, 과학자나 과학교사들은 과학의 언어를 배우고 그것을 바탕으로 연구하며 가르치는 사람들이다. 그런데 과학적 언어를 배우고 과학적 사고를 훈련하는 것은 모국어의 습득 및 활용능력과 밀접하게 관련되어 있어서, 많은 언어전문가들은 학생들이 외국어(예, 영어)를 배울 때조차도 자신의 모국어를 수단으로 해서 배울 때 훨씬 더 잘 배울 수 있다고 주장한다(Cummins, 1986; Hakuta, 1986). 이처럼

8) 쇼펜하우어는 세계를 정신과 물질로 구분하는 데카르트의 방법론이 세계를 하나의 원인학적 설명으로 귀결시키는 극단적인 환원주의적 입장을 조장할 뿐이라고 비판한 바 있다(이서구, 2014: 553). 과학의 환원주의적 설명은 수준 내(intra-level) 환원의 문제에만 초점을 맞추고 있고, 차원과 맥락을 달리하는 수준 간(inter-level) 환원의 문제를 설명할 수 있는 논리적, 경험적 근거가 박약하다. 환원주의를 강조하는 과학자들도 이러한 비판에 대응하여 수정모델(New Wave Model)을 제시하고 있기도 하지만, 아직까지 많은 논란이 있다(Eronen, 2008).

학생들의 일상생활에서의 언어를 기반으로 한 직접적 경험이 과학적 개념 이해에 가장 효과적인 방식이므로, 과학을 배우는 교실은 학생들이 그들의 모국어를 자유롭게 활용할 수 있는 풍부한 기회가 주어지는 교실이어야 한다. 그래야만 학생들은 주변의 사물과 세상에 대해서 의미를 파악하려는 지적 모험을 시도할 수 있는 것이다.

셋째, 과학을 가르친다는 것은 과학의 언어로 소통하는 사람들의 공동체(즉, 과학학문의 공동체나 과학교육의 공동체)에 이미 속해 있는 과학자나 과학교사들이 그렇지 못한 학생들을 바로 그러한 공동체 속에 참여시키는 것이다[9]. 그러므로 과학을 가르친다는 것은 일종의 과학의 공동체에 참여시키는 사회적 과정이 되는 것이다. 학문의 탐구나 학문의 체계화 자체가 바로 이러한 과학의 공동체와 같은 지적 공동체에 의해 이루어진다. 대학의 탄생은 학자들의 학문적 교류(fellowships)에서 시작되었고, 학회(conference), 학위수여, 동료 간 논문심사(peer-reviewing), 교수직(professorship) 등과 같은 대부분의 용어는 바로 그러한 학문탐구의 공동체적 성격에 기반한 것이다(Mandl, Gruber, & Renkl, 1996). 앞 절에서 언급한 바와 같이, 최근에는 집단지능(collective intelligence)에 대한 연구를 통해 인류의 지적성취를 소수의 엘리트들에 의해서만이 아니라, 공동체적 지능의 차원에서 이해하기 시작했다(Reingold, 2002; Surowiecki, 2004). 실제로 최근 지식이 더욱 세분화, 전문화됨에 따라 첨단분야의 연구성과는 개인에 의해서가 아니라, 집단적 노력에 의해 이루어지고 있는 실정이다(Simonton, 2013). 따라서 이제는 과학교육도 독립적 연구자로서의 훈련보다는 협동적 연구자로서의 훈련이 더욱 요구되는 것이다.

3) 문화 과학교육의 실천

지금까지 논의한 다문화 과학교육의 재개념화를 바탕으로 한 교육적 실천을 위해 다문화 과학수업에 필요한 환경과 교사의 역할은 무엇인지 논의해보자. 지금까지의 과학수업에서는 학생들이 과학을 배운다는 것이 유럽중심(Eurocentric),

9) 레비나스와 메를로-퐁티와 같은 현대의 지성들은 데카르트식의 코기토의 관점에서 벗어나서 주체의 정체성과 소통의 가치를 중시하는 공동체적 사회의 추구를 강조하고 있다(윤대선, 2014).

인류중심(Anthropocentric)의 우주관과 인식론의 방식에 동화되는 것을 의미했다(Barba, 1993). 인류중심주의란 자연환경이 인간을 위해 존재한다고 믿으며, 자연을 개발과 이용의 대상으로만 바라보는 것인데(Plumwood, 1996), 이에 기반한 과학관은 이미 그 효용성을 상실했으며, 자연과 인간, 그리고 환경에 대한 대안적 가치와 접근이 요구되고 있다(Boddice, 2011).

따라서 다문화 과학교실에서도 자연관에서는 유럽중심 및 인류중심주의로부터 탈피하고, 문화적 동화(acculturation : 대체적 접근)가 아닌 문화적 적응(accommodating : 보완적 접근)에 기반한 교수학습 방식이 요구되고 있다(Lambert, 1975). 동화의 과정에서는 자신의 기존 문화의 상실이 일어나는 반면, 적응의 과정은 자신의 문화적 유산을 유지한 채 새로운 문화들과의 소통을 통해 복합적인 문화환경에서 보다 잘 기능하는 것을 목표로 한다(De Vos, 1995). 이를 위해서는 무엇보다도 학생들이 자신의 언어와 문화에 대한 긍정적 정체성을 가질 수 있도록 가정, 학교 및 사회에서 다문화에 대한 긍정적인 환경이 마련되어야 한다.

푸(Pugh, 1990)는 과학 및 과학교육과 관련한 개념들이 특정 문화적 관점만을 바탕으로 이루어져서는 다문화교실의 모든 학생들의 삶의 경험들에 직접적으로 연관 지을 수 없음을 강조한다. 따라서 과학수업을 역사적, 사회적, 다문화적 맥락에서 구성하기 위한 방략으로 첫째, 과학 교육과정을 비서구문화에서의 과학적 진보 사례들에 관련시켜서 개발하거나 서로 다른 문화들 속에서의 과학 지식을 비교하는 방법, 둘째, 다문화 학생들이 가진 다양한 문화, 언어, 그리고 다문화적 맥락에서 오는 지식과 경험을 활용하여 학습을 고무하고, 셋째, 학생들의 다양한 관점들이 학교문화 전체 차원에서 활동의 기반이 되도록 하는 것이 필요함을 강조하고 있다(Lucas, Henze, & Donato, 1990).

따라서 과학교사의 역할은 앞에서 과학교육이 과학의 언어를 배우고, 과학의 커뮤니티에 참여하는 것이라고 강조했던 것처럼, 과학의 언어로 학생들과 소통하는 것이 기본이 되어야 한다. 그러나 다문화적 교실에서 교사가 모든 학생들과 적절하게 소통하기 위해서는 다음 사항들을 유의할 필요가 있다.

첫째, 교사는 과학수업을 맥락기반적 의사소통을 중심으로 이끌어갈 필요가 있다. 커민스(J. Cummins)는 교사의 의사소통방식을 맥락기반적(context-embedded)

대 맥락소거적(context-reduced) 의사소통으로 구분하였다(Cummins, 1981). 맥락기반적 의사소통을 활용하는 과학수업은 어떤 과학적 현상을 이해함에 있어서 다양하고 다감각적인 경험에서 의미를 발견하고, 협동적인 집단과 작업해나가는 경우에 잘 어울린다. 즉, 맥락기반적 교실에서 공부하는 학생들은 단순히 추상적 어휘에 숙달하기 위한 것이 아니라, 개념학습이 강조되는 방식으로 과학을 탐구하는 기회를 얻게 되는 것이다.

둘째, 교사들은 학생들의 상이한 문화적 배경에 대한 민감성을 길러야 한다. 다문화교실에선 주류 사회와 다른 문화적 규범을 가진 학생들이 포함되어 있는데, 교사는 그러한 소수문화 학생들의 문화, 관점, 태도 등에 대한 사전이해와 적절한 전략이 반드시 필요하고(Taylor, 1987), 학생들의 상이한 학습스타일에 따른 다양한 수업구성 및 수업방식을 준비해야 한다(Jordan, 1985). 이를 위해서는 비록 그 효과성이 확실히 검증되어 있지 않더라도, 선행연구 및 실천사례에 대한 검토 후에 적절한 소재와 방법론을 찾아내어 다문화의 특성을 고려한 수업방식을 시도해볼 필요가 있다.

셋째, 다양한 문화적 배경을 가진 학생들로 구성된 다문화교실은 과학교사에게 부가적인 도전과제가 될 수밖에 없는데, 이러한 다문화교실의 문화적 불일치(cultural incongruence)는 과학교육의 의미 있는 자산으로 받아들일 수 있어야 한다. 예를 들어, 영(nothing) 개념의 발견, 진공이론, 양자역학, 흑체복사, 블랙홀, 복잡성이론, 끈이론(String Theory) 등과 같은 과학계의 중요한 발견 등은 모두 기존 사고의 틀을 넘어서는 사유와 실험을 통해서 이루어져 있다(Barrow, 2003).

넷째, 과학교사는 학생들의 과학적 지식이 그들이 삶의 문화와 상호작용하고 모든 경험으로부터 의미를 탐색하는 것과 밀접한 관련이 있다는 것을 명심해야 한다. 따라서 그들의 토착지식(indigenous knowledge)이나 독특한 세계관, 그들 토착문화적 경험들을 어떻게 과학교육의 자원으로 활용할 수 있을지 고민해봐야 하는 것이다.

요컨대, 다문화 과학수업은 인류중심 및 유럽중심주의에서 벗어나 보편적 진리로서의 과학보다는 문화적 · 상대적 관점에서 과학을 바라보는 시각을 바탕으로 해야 하고, 아울러 교사의 의사소통방식, 문화적 차이에 대한 민감성, 문화적 불일치에 대한 개방적 태도, 그리고 토착지식의 이해와 활용 등이 다문화 과학교육의 성공에 중요한 역할을 한다는 것을 명심해야 할 것이다.

Chapter 06

다문화교육에서의 창의성

1. 다문화적 창의성의 이해
2. 다문화적 창의성 : 연구 요인 분석
3. 다문화적 창의성의 보완적 연구 방향

과거에는 이중어 학습이 아동의 모국어 발달 및 인지발달에 부정적인 영향을 줄 수 있다는 인식들(Darcy, 1953; Macnamara, 1966)이 널리 팽배해 있었고, 특히 언어의 문법이나 발음 규칙과 같은 형식적 측면의 발달에 지체를 초래한다는 주장이 있었다. 최근에도 비알리스톡(Bialystok, 2010) 등의 연구에서 어휘발달의 측면에서 이러한 이중어 학습의 영향요인에 대해 논의하였다. 하지만 최근 세계화 및 개방화 등의 여파로 국경을 넘어선 이동이 활발해지고, 다문화, 다언어적 배경을 가진 사람들이 섞여 생활하는 혼성적 사회가 증가함에 따라 자연스럽게 이중어를 사용하는 사람들이 증가하게 되었다. 이러한 사회적 변화는 이중어 학습에 대한 사회적 · 학문적 인식에도 변화를 초래하여 이중어 구사에 대한 새로운 인식이 자리 잡게 되었다. 예를 들어, 이중어가 아동의 지능발달에 부정적인 영향을 미친다는 주장은 잦아들게 되었고, 반대로 이중어 학습이 상위언어적(meta-linguistic) 인식이나 인지적 발달 등에 긍정적인 영향을 준다는 한다는 연구들이 속속 나타나기 시작한 것이다(Barac & Bialystok, 2011).

얼마 전 모차르트 음악이 유아의 인지발달에 도움을 준다는 연구(Raucher, Shaw, & Ky, 1993)가 대중에 알려진 뒤 모차르트 음악이 사회적으로 재조명되었고, 급기야 모차르트 음악의 창의교육적 효과가 다양한 방식으로 상업화되었던 적이 있었다. 하지만 머지않아 그 연구 과정의 실체가 드러나고 연구결과에 대한 많은 반론이 제기되면서 학계와 사회가 큰 논란에 휩싸이기도 했다(Nantais & Schellenberg, 1999). 이러한 사례는 이중어 화자가 증가하고 이중어 학습에 대한 사회적 관심이 높아지고 있는 현실 속에서, 이중어 습득과 인지능력 향상과의 연관성에 대한 학문적 접근과 교육적 실천이 매우 신중한 방식으로 이루어져야 함을 일깨워 준다. 즉, 이중어 학습과 인지능력 혹은 창의성 발달과의 관련성은 단순히 인지적 요인에 의해서 결정되는 것이 아니라, 사회적, 문화적, 정치경제적 요인들의 복합적인 상호작용을 모두 고려하여 이해할 필요가 있다는 것이다. 예를 들어, 이중어 교육이 가져온 효과의 수혜자들이 다양한 교육적 혜택을 받을 수 있었던 특권층의 자녀들인 경우이거나 지능적 혹은 지적/교육적 수준이 높은 아이들일 수도 있다(Peal & Lambert, 1962). 반면, 이중어 학습이 자발적이거나 개인적 학습동기와 호기심 때문이 아니라, 이민이나 문화적 소수자로서의 경험

등과 같은 억압적 상황 속에서의 불가피한 선택에 의해서일 수도 있다. 이 두 경우에서 이중어 구사의 인지적 효과는 매우 다른 방식으로 해석될 필요가 있다.

1. 다문화적 창의성의 이해

다문화적 경험이 창의성에 어떤 영향을 미칠 수 있을까 하는 문제는 우선 창의성에 대한 올바른 이해를 바탕으로 하여야 한다. 창의성을 올바로 이해하기 위해 창의성 개념이 어떻게 이론적으로 범주화되어왔는가를 간략히 정리해보자.

1) 창의성 개념의 변화

일반적으로 창의성은 무엇인가 새롭고 유용한 것을 만들어내는 과정이라는 것(Sawyer, 2006; Sternberg & O'Hara, 1999; Amabile, 1996)과 그 과정이 무의식적이면서도 설명하기 어려운 수준에서 갑작스럽게 생성될 수 있는 통찰을 포함하는 현상(Schooler & Melcher, 1994)이라는 것에 많은 학자들이 동의하고 있다. 또한 창의성은 관습에서 벗어난 사고를 통해서 확실성보다는 가능성에 집중하는 것이고, 창의적 결과뿐 아니라 창의적 과정, 즉 창의적 아이디어를 산출해내기 위한 유창성, 융통성과 같은 사고과정 과도 깊은 관련이 있다(Friedman & Fo¨rster, 2001; Lam & Chiu, 2002). 창의성 연구자들은 이러한 창의성에 대한 기본적인 인식을 기반으로 창의성의 심리학적 요인을 개인적 특성, 감정, 인지, 동기 등에서 찾아왔던 것이다(Amabile, 1996; Csikszentmihalyi, 1996; Sawyer, 2006).

스턴버그와 루바트(Sternberg & Lubart, 1999)는 창의성 연구의 흐름을 세 단계로 나누었다.

첫 번째 흐름은 1950-60년대의 인성적 접근으로 특별한 재능을 지닌 개인들의 특성(personalities) 차원에서의 연구되었는데, Taylor(1959)가 창의성을 표현적(expressive), 생산적(productive), 창조적(inventive), 혁신적(innovative), 창발적

(emergentive) 창의성으로 구분한 것이 그 대표적인 예이다. 두 번째는 1970~80년대의 인지적 접근으로 개인들이 창조적 행위를 수행할 때 동반되는 내적 정신 과정을 인지심리학적 접근이며, 세 번째는 1980~90년대에는 간학문적 접근을 바탕으로 창의적 사회시스템(사회문화적 맥락 속에서 사람들의 집단의 창의성 발현)을 연구하는 사회문화적 접근이다. 하지만 지금까지의 창의성 연구가 이와 같이 지엽적이고 계파적으로 연구되어 왔다는 한계 때문에 창의성에 대한 다학문적 이해가 부족했다는 지적을 받았던 것이다.

그러던 중, 2000년대에 들어서면서 창의성에 대한 새로운 분류학적 접근이 시도된 바 있다. 예를 들어, 카우프만과 베게토(Kaufman & Beghetto, 2009)는 창의력을 2수준으로 나누어 미시적 창의성(mini-c : 아이들이 최초로 무언가를 발견할 때 생기는 학습의 과정에 내재된 창의성)과 전문적 창의성(pro-c : 전문가들이 창의적 영역에서 그 영역을 초월하는 수준)으로 구분하기도 하였고, 펠드맨과 벤자민(Feldman & Benjamin, 2006)은 창의성의 성과를 기준으로 한 세 가지 수준, 즉 고수준(High C) 혹은 위대한(Big C) 창의성, 중간 수준(middle C) 혹은 전문적 창의성(Pro C), 그리고 기초 수준(low C) 혹은 소소한 창의성(little c)으로 구분하기도 하였다. 또한 창의력 연구를 산출(product) 창의성(참신하고 적절하다고 판단되는 산출물에 대한 연구), 개인(Person) 창의성(창의적인 개인의 특성이나 창의력과 관련된 개인유형), 과정(process) 창의성(창의적인 작업이나 사고과정에서 일어나는 과정), 그리고 동인(Press) 창의성(창의력을 촉진하는 사회문화적 맥락들)의 4가지 상이한 차원으로 구분할 수 있다는 주장도 있다. 아울러 최근의 창의성 연구 경향은 신경심리학을 기반으로 한 뇌과학(neuro-science)적 접근의 갈래와 유추창의성과 같은 융합심리학적 연구가 진행되고 있다.

2) 창의성에 대한 인지적 접근

세계화와 개방화에 따라 순혈적인 사회에서 급속하게 다문화, 다인종화되어 가는 오늘날의 사회구조 속에서 다문화적 인식에 입각한 창의성에 대한 연구는 창의성 연구의 새로운 주제로 연구분야로 학계의 관심을 끌고 있다. 다문화적 창의성에 대한 연구의 이론적 기반은 창의성에 대한 인지적 접근이다(Amabile, 1996;

Bink & Marsh, 2000; Finke, Ward, & Smith, 1992; Runco & Chand, 1995; Wan & Chiu, 2002). 이 접근의 핵심주장은 창의적 사고가 일상적 과업수행에 작용하는 인지과정과 특별한 차이가 없기 때문에, 누구나 일상적 인지과정을 효과적으로 활용한다면 뛰어난 창의적 결과를 얻을 수 있다는 것이다(Finke et al., 1992; T. B. Ward, Smith, & Vaid, 1997; Weisberg, 1993).

창의적 인지접근은 창의적 사고가 두 가지 인지적 과정, 즉 생성적(generative) 과정과 탐색적(exploratory) 과정을 거치며 이루어진다고 가정한다(Finke et al., 1992). 사람들은 우선 생성적 과정을 통해 창의적 가능성을 가진 아이디어 후보들을 생성해내기 위해 관련된 정보를 적극적으로 추출하거나 탐색한다. 생성적 과정을 효과적으로 수행하기 위한 전략 중 하나는 겉보기엔 무관한 개념들의 특성을 기존의 개념에 추가하여 개념의 범주를 넓히는 개념적 확장(conceptual expansion)을 들 수 있다(Wan & Chiu, 2002; T. B. Ward, Patterson, Sifonis, Dodds, & Saunders, 2002; T. B. Ward et al., 1997). 예를 들어, 사회인지적 관점에서 Chen & Andersen(1999)는 전이(transference : 무의식적으로 한 사람의 감정을 다른 사람의 감정으로 전환하는 것)를 새로운 심리학적 구조로 제안하면서, 새로운 아이디어가 기존의 아이디어의 범주에서 벗어나서 생성되는 현상이 전이가 창의성의 한 측면이라고 주장하였다. 다음으로 탐색적 과정은 생성적 과정을 통해 산출된 후보 아이디어를 철저히 검증하면서 최종 아이디어를 선택한 후, 다음 단계인 교정(modification), 정교화(elaboration), 그리고 변형(transformation)의 과정을 거쳐 최종적으로 창의적 아이디어가 만들어진다고 본다. 요컨대, 이러한 창의적 인지 접근의 관점은 일상적 과업수행에 영향을 미치는 요인으로써의 다문화적 경험이 어떻게 창의성 발현과 관련될 수 있을 것인가에 대한 인식론적 논의를 촉발시키고 있는 것이다.

Tip

문화 : 창의력의 핵심 원천

에게르(Eger, 2013)는 아래와 같은 유럽교육문화위원회의 말을 인용하면서, 문화야말로 창의력의 핵심적 원천이 될 수 있다고 주장하였다.

"문화는 인간성의 가장 일반적 표현이자 그 창의성의 표현이다. 유럽의 다양한 문화, 역사, 지리적 특성은 유럽의 창의성의 매우 중요한 원천이다. 그러한 영향으로 유럽은 창의성과 혁신적 가능성을 키울 수 있었다. 이런 식으로 창의성, 예술, 문화의 힘은 유럽의 경제적 사회적 진보를 이끌어내는 데 점점 더 중요한 역할을 해낼 수 있었다."

같은 맥락에서, 2010년의 UN의 산하기관인 UNCTAD(the UN Conference on Trade and Development)와 UNDP(the UN Development Program)도 저개발국가들이 생산과 서비스에서의 문화적 산물을 핵심 요소로 하여 새로운 경제시스템에 참여해야 한다고 강조하였다.

"창의성, 지식, 문화, 그리고 테크놀로지가 직업의 창출, 혁신, 그리고 사회적 통합의 추진력이 되며, 보다 지속적이고 통합적이고 생태적인 사회적 재건을 가능케 하는 잠재력을 제공한다."(A 2010 UNCTAD/UNDP report on The Creative Economy)

3) 다문화 경험과 창의성의 관련성

문화는 관습화되고 학습된 습관들로서 사회 속 개인들로 하여금 사회적 행위를 수행하게 한다(Chiu & Hong, 2006). 반면 문화는 역사적으로 누적된 관행적인 사고의 틀을 가지고 있어서, 그 문화에 몰입되고 익숙해진 관습과 시각 때문에 개인들이 창의성을 발휘하는 것을 방해하기도 한다(Ward, 1994). 이러한 문화의 이중적 성격은 다문화적 경험이 창의성에 미치는 효과에 있어서도 마찬가지이다. 한 개인이 다양한 문화를 접하고 경험하게 되면, 그러한 생경한 경험들을 통해 새로운 관점과 삶의 방식, 그리고 참신한 사고의 원천을 경험하게 되기도 하지만, 반면 새로운 문화적 경험이 낯섦, 불안, 문화충격, 친숙한 것들의 부재로 인한 혼란 등을 겪기도 한다(Ward, Bochner, & Furnham, 2001). 이와 같은 문화적 경험이 갖는 이중적 성격에도 불구하고, 새로운 것을 경험한다는 것이 갖는 잠재적 효과와 그 의의를 생각한다면, 우리는 다문화적 경험이 갖는 긍정적 효과를 탐색하는 일에 집중할 수밖에 없다.

문화의 정의가 상호연결된 개인들에 의해 생성되고 재생산되어 유연하게 조직되는 아이디어와 행위들의 집합이라면, 다문화적 경험은 다양한 문화들의 구성원들 및 요소들이 대면하고 상호작용하는 직간접적인 경험들이라고 정의될 수 있다(Chiu & Hong, 2007). 융, 매덕스, 갈린스키, 그리고 치우(Leung, Maddux, Galinsky, & Chiu, 2008)는 이러한 다문화적 경험은 다음 다섯 가지 측면에서 창의성 개발에 기여할 수 있다고 보았다.

첫째, 다양한 경험의 입력 효과이다. 다문화적 경험을 통해 새로운 사상, 개념, 그리고 삶의 방식들을 입력받음으로써 자신의 사고에 창의적인 확장을 가져올 수 있다(Weisberg, 1999).

둘째, 문화적 중의성에 대한 경험 효과이다. 다문화적 생활경험(음식, 의복, 관습, 기후 등)은 사람들로 하여금 동일한 행동이라도 문화에 따라 다른 기능과 함의를 가질 수 있다는 것을 깨닫게 된다(Chiu & Hong, 2006; Galinsky, Maddux, & Ku, 2006).

셋째, 갈등과 중재 경험의 효과이다. 앞서 논의한 바와 같이 한 문화는 그 구성원들에게 구조화되고 반복적인 삶의 방식을 제공함과 동시에, 그들이 다른 문화에 노출되고 새로운 환경에 적응해야 할 때는 불안을 유발하는 원인이 된다. 따라서 다양한 문화에 대한 새로운 경험은 사람들로 하여금 그로 인한 비관습적인 지식, 행동, 가치관을 수용하는 열린 태도를 갖게 한다.

넷째, 심리적 개방성 효과이다. 풍부한 다문화적 경험은 사람들로 하여금 다양한 원천에서 아이디어를 탐색하고, 창의적 과정에 투입하는 데 활용할 수 있는 심리적 준비를 할 수 있게 한다.

다섯째, 복잡성 경험과 문제해결 전략개발의 효과이다. 자신의 문화와 다르거나 상충되는 가치를 가진 외국 문화들과의 심리적 불일치를 해결하는 과정의 경험은 복잡성에 대한 적응과 문제해결전략을 개발할 수 있는 힘을 길러준다(Tadmor & Tetlock, 2006).

이러한 다섯 가지 요인들이 창의성 발휘에 기여하는 효과에 대해 이미 많은 연구들이 이루어져 왔다. 문화적 불일치 경험이 갖는 효과에 대한 연구를 예로 들면, 다양한 문화에 노출된 사람들은 표면적으로 상이한 아이디어를 각각의 문화에서 추출하여 그것들을 새로운 방식으로 비교하거나 통합할 수 있는 능력을 발휘하고(Chiu & Hong, 2005), 보다 높은 창의성은 바로 그러한 상이성 속에서 공통성을 발견하거나 유사성 속에서 독특한 사고를 이끌어내는 능력이라는 연구 결과들이 이를 강조하고 있다(Hampton, 1987; Wan & Chiu, 2002). 이는 특히 지식이나 학문적 구분을 넘어선 융합적 사고가 창의적인 문제해결에 큰 도움이 된다는 주장에 의해서도 확인되고 있다(Ku, Galinsky, & Murnighan, 2006; Guimera`, Uzzi, Spiro, & Amaral, 2005).

4) 다문화적 창의성 : 창의성 연구의 새 분야

스턴버그와 고르디바(Sternberg & Gordeeva, 1996)의 연구에서 252명의 심리학 연구자들에게 창의적이고 참신한 심리학 논문을 위해 중요시되는 것들이 무엇인지를 물었다. 그들은 "심리학적 지식에 기여하는 요소, 새롭고 근본적인 내용을 추가하는 것, 유용한 새로운 이론의 제시, 새로운 연구의 발굴, 참신한 아이디어의 제공"을 할 수 있는 논문이라고 답하였으며, 세계적 상호관련성이 증가하는 시점과 맞물려 다문화적 자각과 능력의 중요하다고 하였다. 아울러, 1999년 미국 심리학회에서 주관한 전국 다문화 학회에서 다문화역량(multicultural competence)이 심리학 연구, 훈련, 교육 등에 필수적이라는 사실을 표명하기도 했다(Sue, Bingham, Porche-Burke, & Vasquez, 1999).

다문화적 경험이 창의적 수행을 이끌어내는가를 살펴보기 위한 실험에서 중국 문화에 대한 지식이 거의 없는 유럽계 학부생들에게 45분짜리 슬라이드 쇼를 감상하게 하고 난 후 창의력 검사를 실시한 결과(Leung & Chiu, 2010 in press-a), 중국 문화에 관한 슬라이드만 보여준 그룹과 미국 문화와 중국 문화를 병렬적으로 보여준 그룹, 미국-중국 문화가 혼합된 자료를 보여준 그룹을 비교하였다. 또한 이들에게 터키에 대한 정보를 제공하고 터키 아이들을 위해 신데렐라 이야기를 창의적으로 구성해보라는 과제를 제시하였다.(물론 이 과제에서는 중국에 대한 정보가 요구되지 않은 것이다). 비교 결과, 중국 단일 문화자료만 시청한 그룹은 통제집단보다 더 창의적인 과제를 수행하지 못하였고, 중국-미국 문화를 병렬적으로 보여준 그룹과 혼합적으로 보여준 그룹은 보다 창의적인 신데렐라 이야기를 구성하였다. 이 실험은 다음과 같은 흥미로운 시사점을 보여주었다.

첫째, 5~7일이 지난 후 동일한 집단에 대해 창의적인 시간 비유 과제를 제시했을 때에도, 앞서 병렬 자료 그룹과 혼합자료 그룹들은 통제집단보다 더 창의적으로 과제를 수행하였다.

둘째, 중국 문화에의 노출은 그것이 미국 문화와 동시에 노출되었을 때 창의적인 효과를 가져왔다는 사실이다. 즉, 중국 문화에만 노출된 그룹에게서는 통제집단에 비해 더 큰 창의성이 나타나지 않았다는 것이다. 이 결과는 두 문화에서 유래한 상이하게 보이는 아이디어들을 인지적 병렬 상태로 수용하였을 때, 그것이 창의적인 개념적 확장에 기여한다는 기존의 연구결과에 상응하는 것이다(Wan & Chiu, 2002).

셋째, 더구나 피험자들이 감상한 슬라이드 자료에 대해 응답자들이 반응한 내용에 대한 분석(지연 창의성 측정방법) 결과, 대부분의 비교 및 혼합 실험 조건의 참여자들이 미국 문화와 중국 문화의 차이성과 유사성을 비교한 후, 동시에 겉보기에는 대조되는 두 문화의 요소들을 통합하여 새로운 아이디어를 산출해내려고 시도했다는 사실이다. 이러한 반응은 중국 문화에만 단독으로 노출된 참여자들에게서는 나타나지 않은 반응이었다. 이 결과는 랑거 등(Langer et al.,)의 몰입경험(Mindfulness)에 관한 연구, 즉 자신의 환경을 능동적이고 분명히 인지하고 참신한 구별을 시도하는 것이 창의성을 강화하게 된다는 연구(Grant, Langer, Falk, & Capodilupo, 2004; Langer, 2000)와 일치한다.

이 연구는 다문화적 노출이 창의적 개념 확장을 위해 인지적 기능이 개입하게 하는 효과를 갖고 있음을 보여준다. 다문화 경험 설문조사(Multicultural Experience Survey: Leung & Chiu, 2010 in press-a)에 따르면, 다문화 경험이 많은 유럽계 미국인 학부생들은 그렇지 않은 학부생들에 비해 창의적 아이디어를 생성하는데 더 유창한 것으로 나타났다(Leung & Chiu, 2008 in press-b).

2. 다문화적 창의성 : 연구 요인 분석

문화가 창의성에 영향을 미칠 수 있다는 것에 대해서는 대부분의 학자들이 동의하지만(confluence theories: Sternberg & Lubart, 1996), 다문화적 경험이 창의성을 촉진한다는 것은 아직은 가설의 수준으로 실증적인 연구결과들이 충분히 축적되어 검증된 상태는 아니다(Bassett-Jones, 2005; Maehr & Yamaguchi, 2001). 사실 다문화적 경험이 창의성 발달에 미치는 영향에 대한 논의는 구체적으로 다음과 같은 질문들에 답할 수 있어야 한다.

첫째, 어떤 다문화적 경험이 창의성의 발달을 촉발하는가?(창의성 촉발요인)

둘째, 다문화적 경험이 창의성 발달에 기여하는 기재는 무엇인가?(창의성 발현 기재)

셋째, 다문화적 경험이 영향을 미치는 창의성의 구체적인 내용은 무엇인가?(창의성 구성요인)

넷째, 다문화적 경험은 어떤 맥락 속에서 창의성의 발현을 이끌어내는가?(창의성의 맥락/상황)

1) 창의성 촉발요인

어떤 다문화적 경험이 창의성을 촉발하는가의 문제는 연구하기 위해선 우선 다문화적 경험에 대한 조작적 정의가 필요하다. 그동안 몇몇 연구에서 이 문제에 대해 다문화적 경험을 크게 해외체류 경험 유무 및 기간, 외래 문화와의 상호작용의 범위와 정도(가족 이민 배경, 타 문화/인종 사람들과의 상호작용), 외국 문화의 노출 정도, 그리고 이중어 구사 정도 등에 따라 다르게 측정하도록 하였다(Nemeth & Kwan, 1987; Simonton, 1999). 이와 같은 다문화적 경험에 대한 정의를 바탕으로, 다문화적 경험의 유무 및 정도에 따라 연구대상을 분류한 후, 각 요인에 대한 연구대상들의 경험 유무에 따라 어떻게 창의성이 달라지는가를 분석했던 것이다.

이러한 요인들은 창의성의 발현에 긍정적인 영향을 미치는 요인이라는 측면에서 기여요인들(contributing factors)이라고 볼 수 있는데, 이 연구들의 사례를 몇 가지 소개하면 다음과 같다.

우선 외국거주 및 여행경험에 대한 한 실험으로 둥커(Duncker) 과업(Duncker, 1945)[1]을 통해 미국 MBA 학생들에게 실험을 한 결과, 해외거주 경험이 있는 학생들(60%)이 그렇지 않은 학생들(42%)보다 더 성공적 수행을 해냈고, 해외 거주 기간에 따라 창의적 통찰력에 차이가 있다고 보고하였다(Maddux & Galinsky, 2007). 이 연구에서는 일시적인 해외여행보다는 장기간의 해외거주를 통해 사람들이 인지적 행동적 적응과 변화를 위한 적절한 자극을 얻을 수 있다는 결론을 내렸다.

또 다른 연구의 예를 들면, 이민 1세대 혹은 2세대들이나 소수인종들에게서 창의적 성과가 더 흔히 발견된다는 연구결과들(Lambert, Tucker, & d'Anglejan, 1973; Simonton, 1997, 1999)은 이민경험이 창의성을 발달에 기여할 수 있다는 것을 보여주고, 이중어 구사자들이 단일어 구사자보다 더 창의적이라는 연구들(Nemeth & Kwan, 1987; Simonton, 1999)은 이중어 구사력 자체가 창의성 발현을 자극할 수 있다는 것을 강조하고 있다.

요컨대, 초기의 연구들은 주로 다문화적 경험이 창의성을 촉진하는 정황적 증거나 개괄적인 증거와 같은 비교적 간접적인 증거로서 다문화적 경험의 역할을 확인할 뿐이었다. 더구나 이러한 연구들은 다문화적 경험을 이민기간, 해외체류 경험, 외국 문화와의 상호작용 유무 등으로 조작적으로 정의하여 영향 여부를 분석하였기 때문에, 다문화적 경험의 본질이 무엇인가에 대한 질문에 답을 하지 못하는 한계를 지닐 수밖에 없었다. 따라서 다문화적 경험의 본질이 무엇인가에 대한 논의가 필요한 것이다.

---

1) The Duncker candle problem : 초, 성냥갑, 압정(tacks) 박스를 통해 촛농을 떨어뜨리지 않게 하면서 초를 벽에 붙여 타게 하는 실험으로, 사물의 전형적 기능과는 다르게 활용하는 창의성 발휘여부를 검사하는 실험이다.

2) 창의성 구성요인

창의성 발현에 기여하는 다문화적 경험의 본질과 성격이 무엇인가에 대한 연구는 결국 그러한 다문화적 경험이 창의성의 어떤 내적 요소에 영향을 미치는가에 대한 탐구로 연결될 수 있다. 이는 창의성의 구성요인(constructive factors)으로 간주할 수 있는데, 다문화적 창의성의 구성요인은 크게 타 문화에 대한 개방성/수용성, 복잡성/이질성에 대한 인내, 융통적 사고방식 등의 차원에서 연구되었다.

첫째, 타 문화에 대한 개방성은 새로운 경험에 대해 개방적인 태도인가와 창의적 아이디어 확장을 위해 낯선 문화에서 아이디어 수집할 준비가 되어 있는가 등에 의해 판단되고 있다. 즉, 새로운 경험에 개방적인 사람이 새로운 아이디어에 더 수용적이라는 연구(Costa & McCrae, 1992; Feist, 1998; Feist & Brady, 2004; McCrae & Costa, 1987)를 바탕으로, 그러한 사람들은 낯선 문화의 새로운 경험들에 더 잘 적응하고 그 문화를 통해 잘 배운다고 보았다. 반면, 그렇지 않은 사람들은 새로운 문화의 경험에서 위압감과 불안함을 느껴서 자신들에게 익숙한 문화 속의 안전지대로 후퇴하려는 경향이 있다는 것이다(Hong, Wan, No, & Chiu, 2007).

이는 개인뿐 아니라 사회집단에 대한 연구에서도 유사하게 나타난다. 외부 문화에 개방적인 사회에서나 지정학상 사회문화적으로 많은 교류가 있었거나, 정치적 · 종교적 다양성을 가진 사회에서 창의성이 증가했다는 연구도 있다(Simonton, 1997).

둘째, 이질성에 대한 인내는 새로운 것들에 대한 호기심이나 관심의 지속, 개방적 탐색, 그리고 모호함에 대한 인내 등과 관련된 연구를 통해 창의성과의 관련성이 많이 논의되어 왔다. 개인들은 이 과정에서 익숙한 것(자신이 잘 알고 있는 것)과 익숙하지 않은 것(새롭고 낯선 것)을 효과적으로 통합할 수 있는 능력이 인지적인 측면 및 행동적 측면에서 융통성을 촉진시킬 수 있다는 여러 연구결과들과 맥락을 같이한다.

이는 또한 집단 수준에서도 다양한 구성원을 포함한 협동적 집단에서나 (Guimera`, et al., 2005; J. M. Levine & Moreland, 2004), 이질적인 의견들이 자유롭게 표현되는 집단(Nemeth & Wachtler, 1983; Simonton, 2003)에서 창의성이 더욱 발현된다는 연구도 같은 맥락에서 이해할 수 있다.

셋째, 새로운 문화에의 경험은 사고방식에 있어서 융통성의 발휘하여 비관습적인 사고, 즉 문제해결의 참신한 방법을 시도하고, 자신의 기억(지식) 속에서 사실들 간의 새로운 연관성을 발견해내는 것과 관련된다. 특히 융통적 사고는 단일한 문화적 전제, 신념, 경험의 틀 속에 속박되어 확정적이고 획일적인 답만을 추구하지 않고, 다양성에 대한 수용과 이해, 가치 기준의 복수성, 획일성에 구속되지 않는 사고는 가능케 하여 창의성을 촉진할 수 있다는 연구들과 비슷한 맥락에서 그 결과를 해석할 수 있다.

이상의 연구를 종합해보면, 창의성의 발현에 기여하는 다문화적 경험의 본질은 낯선 경험에 대한 열린 자세와 이질성에 대한 인내, 그리고 문제해결을 위한 융통적 사고로 크게 구분할 수 있다. 이 외에도 보다 적극적인 측면에서 타 문화에 대한 호기심과 그에 적응하려는 강한 동기, 그리고 문화적 차이에 대한 민감성 등이 다문화적 경험을 보다 효과적인 창의성 발현의 요인으로 만들어 줄 수 있을 것이다.

3) 창의성의 측정요인

그렇다면 이러한 다문화적 경험이 어떤 측면에서 실제적인 창의성으로 나타나는가? 이는 창의성의 발현의 측면을 살펴보는 것으로, 지금까지 연구에서는 창의성의 측정차원에서 다루어져 왔다. 따라서 이를 창의성 측정요인(measuring factors)으로 간주하고, 다문화적 창의성이 어떻게 측정되어 왔는가를 살펴볼 필요가 있을 것이다.

창의력에 대한 고전적 검사의 대표적인 예로써 길포드(Guilford, 1959)는 일상적인 사물들(예, 젓가락, 빗, 쓰레기봉투 등)의 비관습적인(unconventional) 활용능력에 대한 검사를 통해 대안적인 사용 사례의 제시 횟수(유창성), 그 사용 유형의 종류(융통성)를 측정하였다. 이 검사를 활용한 한 연구(Hong, Wan, No, & Chiu, 2007)에서는, 참가자들은 특정 사물(예, 쓰레기봉투)이나 분야(예, 직업)에서 자신의 기억이나 전형적 사고와 다른 사물의 용례나 직업의 사례를 고안해 낼 수 있는지를 측정한 결과, 경험에의 개방성과 참가자들의 실제적 다문화 경험(정도) 간에 유의한 상관이 있는 것으로 나타났다. 즉, 다문화 경험이 광범위한 사람들이 쓰레기봉투의 새로운 활용방법을 더 유창하고 융통성 있게 고안해 냈고, 보다 비일상적인 직업의 사례를 생각해낸 것이다.

또 다른 예를 들면, 현재 창의성에 대한 표준화검사로 많이 활용되고 있는 토랜스 창의적 사고검사(Torrance Tests of Creativity Thinking : Torrance, 1974)가 있는데, 이는 창의적 수행과 창의성을 촉진하는 인지적 과정의 두 부문으로 구성되어 있다. 이 검사의 하위 요소를 보면 창의적 수행은 문제해결을 위한 통찰학습, 거리감 있는 사물들 관련짓기(generation of remote association), 그리고 창의적 이야기와 발산적(divergent) 아이디어 생성으로 구분되고, 창의성 촉진 인지과정은 비관습적 지식의 추출과 창의적 아이디어 확장을 위해 생소한 문화로부터 아이디어 탐색으로 이루어져 있다. 즉, 다문화적 경험이 필수적인 생소한 문화로부터 아이디어 탐색이 창의성 발현의 핵심적 요소로 간주되고 있는 것이다.

이러한 검사들을 살펴보면, 다문화적 경험은 아이디어의 확장을 위해 생소한 것들을 관련짓기, 발산적 아이디어의 생성, 비관습적 지식의 추출, 낯선 문화로부터 아이디어 생성 등의 형태로 창의성의 주요한 구성요소인 아이디어의 유창성과 융통성의 원천으로 간주됨을 알 수 있다. 다만 아직까지 창의성을 검증하는 방법에 대한 학자들의 입장이 다르다는 사실과, 창의성 발달에 기여하는 요소들 가운데에서 다문화적 경험이 기여하는 비중에 대한 일치된 의견이 없다는 점을 고려할 필요가 있다(Chiu & Hong, 2005; Glover, Ronning & Reynolds, 1989).

4) 창의성 발현의 맥락

다문화적 경험과 창의성과의 관련성은 맥락의존적(context-based)인 현상으로, 어떤 사람에게서와 어떤 맥락 속에서 다문화적 경험이 창의성에 영향을 미칠 것인가를 논의할 필요가 있다. 이는 창의성의 발현에 영향을 미치는 조건요인(conditional factors)들에 대한 것으로, 이에 대한 논의는 크게 물리적 조건(시간/공간 제한, 검사의 형태), 심리정서적 조건(호기심, 동기, 불안 등), 사회문화적 조건(학력, 계층, 경제적 배경 등)으로 나누어 볼 수 있다.

(1) 물리적 조건

시간/공간적 제한이나 검사의 형태와 같은 물리적 조건에 의해 창의성의 발현이 영향을 받는다는 것이다. 일반적으로 시간제한이 엄격하거나, 확답을 요구하는 폐쇄적 검사(closed test)는 창의성을 제한할 수 있다고 알려져 있다. 특히 확답을 요구하는 검사에서 참가자들의 심리상태는 완성욕구(the Need For Closure : NFC)란 개념을 통해 조사된다. 피험자들은 가능한 한 빨리 확실한 답을 찾고자 하는 인식론적 욕구와 다른 대안이 발견되지 않았을 때 기존의 해결책에 고착하려는 경향이 있는데, 이것이 완성욕구로 나타난다고 연구되었다(Kruglanski & Webster, 1996; Webster & Kruglanski, 1994). 아울러 이러한 완성욕구는 규범적으로 수용가능한 사례들, 즉 자신의 문화적 범주 안에서 허용되는 방식 안에서 문제해결을 시도하려는 사람들일수록 더 크게 작용한다는 연구 결과도 있다(Ip, Chen, & Chiu, 2006).

그런데 시간제한 하에서는 더 완성욕구가 높아지는 경향이 있는데(Chiu et al., 2000; Kruglanski & Freund, 1983), 이와 관련한 최근 연구에서 마감시간에 쫓기는 박사학위 준비생들은 아이디어를 얻기 위해 생소한 연구사례들을 검토하려 하지 않는다거나, 시간제한이 있는 창의성 검사에서는 다문화적 경험이 많은 참가자들도 확정적 답안만을 탐색하거나 생소한 문화로부터 아이디어를 수집하기를 꺼려하는 경향이 있다는 연구가 이를 잘 보여준다(Leung & Chiu, in press-a, Study 4).

더구나, 완성욕구가 높은 사람은 보수적인 사고 패턴을 가지고 있고 문화적 관습에 얽매이는 경향이 있다는 연구도 있다(Chiu, Morris, Hong, & Menon, 2000; Fu et al., 2007; Jost, Glaser, Sulloway, & Kruglanski, 2003). 이들은 질서 잡힌 상황과 예측가능성을 선호하고 모호함을 불편해하기 때문에 다양한 대안보다는 확실한 해답을 원하는 것이다. 즉, 규범과 관습적 지식에 얽매이는 사람은 특정 문화에서 널리 수용되는 관습적 해결책을 모색하는 경향이 있기 때문에, 완성욕구가 높은 사람은 문화적 규범 하에서 안전한 판단을 통해 정답만을 찾으려고 하는 것이다(Chiu et al., 2000).

(2) 심리정서적 조건

창의성은 호기심, 동기, 불안과 같은 심리정서적 조건에도 영향을 받는다. 시간적 제약뿐만 아니라 폐쇄적 사고(closed mindedness)는 다문화적 경험을 제한할 뿐 아니라 결과적으로 창의성의 발현을 방해하게 될 수도 있다. 피아제식 이론에 따르면, 호기심이란 결국은 새로운 정보와 자극을 끊임없이 수용하면서 인지적 평형 상태에 도전하는 정신 상태인데, 그럼으로써 발생된 인지적 부조화를 극복하는 과정을 통해서 새로운 지식을 구성해나갈 수 있는 것이다(Wadsworth, 2004). 이러한 호기심을 자극하는 가장 중요한 원천은 바로 새로운 문화적 현상들에 대한 다양한 경험들일 것이다. 실제로 창의성이 풍부하게 발현되는 맥락을 보면, 여유로운 사회 혹은 조직의 분위기나 지적 자율성이 존중되는 집단에서 창의성이 더 잘 발현된다는 연구결과가 나왔다(Smith, Peterson, & Schwartz, 2002).

또한 심리정서적 조건 중에 창의성의 발현에 영향을 미치는 또 다른 요인으로는 죽음 인식(Mortality salience)의 정도가 있다. 일반적으로 사람들이 죽음을 상기하게 되면 자기 문화적 지식에의 의존성, 즉 자기 문화의 관습에 귀의하려는 성향이 높아진다. 죽음에 대한 불안의 효과를 설명하는 한 이론인 공포조절이론(terror management theory)에 따르면, 개인이 집단의 문화 속에서 통용되는 어떤 세계관을 공유하게 되면 실존적 공포(existential terror)를 덜 느끼게 된다고 한다(Greenberg, Solomon, & Pyszczynski, 1997). 사람들은 자기존재에 대한 불안심리인 실존적 공포를 다스리기 위해 자신이 속한 문화 속에서 가치와 아이디어를 찾고, 그 문화적 가치를 포용함으로써 안정감을 느끼고 실존적 불안을 줄일 수 있게 된다는 것이다(Kashima, Halloran, Yuki, & Kashima, 2004).

같은 맥락에서 사람들이 자신의 유한성을 느끼게 되면, 창조적인 활동에 참여하려는 동기가 저하되고, 심지어는 죄책감까지 느끼게 된다는 연구도 있다(Arndt, Greenberg, Solomon, Pyszczynski, & Schimel, 1999). 이러한 동기 저하의 상태나 죄책감에 사로잡힌 상황에서는 보다 적극적으로 다문화적 경험을 받아들이기도 어렵고, 기존의 풍부한 다문화적 경험 속에서도 어떤 새로운 아이디어를 발굴해내기 어려울 것이다(Leung & Chiu, in press-a, Study 5).

(3) 사회문화적 조건

사회문화적 조건 또한 창의성의 발현에 영향을 미치는 중요한 요인이다. 지금까지 다문화적 경험과 창의성과의 관계를 확인하기 위한 연구의 주요대상들은 다음과 같은 측면에서 매우 제한적이었다는 지적을 피하기 어렵다.

우선 연구대상 범위의 문제이다. 연구참여자들이 주로 대학교육을 받았거나 중산층 이상의 학식 있는 계층을 대상으로 하였기 때문에 저학력 계층을 대상으로 한 연구가 부족하였고, 또한 주로 미주 및 유럽권 사회의 성인들을 대상으로 실시되었기 때문에 아시아, 아프리카, 남미 등의 제3세계 사람들을 포함한 다양한 사회와 문화적 배경을 가진 사람들을 대상으로 실시되었다고 보기 어려운 것이 사실이다.

다음은 문화적 격차의 문제이다. 앞에서 언급한 바와 같이, 외국 문화 경험에 대한 양적인 지표(조작적 정의)가 보다 외국 문화적 경험의 질적인 차이를 바탕으로 창의성과의 관련성을 연구할 필요가 있다. 아울러 지나치게 생소한 문화적 경험은 오히려 저항감을 불러일으킬 수 있어 창의성 촉진에 부정적 효과를 가져올 수 있다는 연구(Chiu & Cheng, 2007)도 있듯이, 자기 문화에 비해 외국 문화의 생소함의 정도도 그것이 창의성 신장에 미치는 영향을 해석함에 있어서 신중함을 필요로 한다.

마찬가지로, 본국과 외국 문화의 문명, 즉 사회적 발전도나 사회경제적 위상의 차이가 비슷한 경우와 큰 차이가 있는 경우 어느 쪽이 창의성을 자극하는 효과가 더 큰지에 대해서도 많은 논란이 존재하고 있다(Galinsky, Magee, Inesi, & Gruenfeld, 2006).

마지막으로, 이따금 큰 사회적 성공을 거둔 사람들 중에 짧은 외국 문화의 충격이나 노출된 사건이 그 사람의 태도나 아이디어에 큰 영향을 주었다는 사례를 접하게 된다. 이러한 사례에 비추어보았을 때, 개인적 차원에서 창의성 발휘에 효과를 나타낼 수 있는 외국 문화에의 몰입이나 경험에 필요한 최소 시간의 수준이 어느 정도인지의 문제나 개인의 발달상의 어느 시점에서 외국 문화의 경험이 창의성 발현으로 극대화되어 나타나게 될지에 대한 연구도 필요할 것이다.

3. 다문화적 창의성의 보완적 연구 방향

지금까지 논의한 다문화적 창의성의 연구 방향을 창의성 연구의 구조와 유의점을 중심으로 정리해보자.

1) 다문화적 창의성 연구의 구조

앞서 논의한 다문화적 창의성의 연구 방향을 바탕으로 창의성 연구의 구조를 정리해보면 다음 <표 6-1>과 같다.

표 6-1 다문화적 창의성 연구 구조

창의성 요인	다문화적 창의성 연구 구조	
창의성 촉발요인 (기여요인)	다문화적 경험	• 해외체류 경험 유무 • 해외체류 기간 • 문화적 노출 정도
	외래문화와의 상호작용	• 상호작용 범위/ 상호작용 정도 • 가족이민 배경 • 타 인종/문화와의 상호작용 • 문화적 접촉
	이중어 구사	이중어 구사능력에 영향을 미치는 요인
창의성 발현기재 (구성요인)	• 타 문화 개방성 • 복잡성/이질성 인내 • 융통적 사고방식	• 수용성/적응성 • 익숙함과 생소함 속의 조화, 다양성 속에서의 창의성 발현 • 비관습적 사고, 참신한 문제해결력, 획일적 사고의 탈피, 가치의 다원화
창의성의 검사 (측정요인)	• 비관습성 • 유창성/융통성 • 창의적 수행	• 비관습적 문제해결력(Guilford 검사) • 문제해결을 위한 통찰 학습, 거리감 있는 사물들 관련짓기, 창의적 이야기와 발산적 아이디어 생성

창의성 요인	다문화적 창의성 연구 구조	
	• 창의성 촉진 인지적 과정	• 비관습적 지식의 추출, 생소한 문화로부터 아이디어 탐색
창의성 발현맥락 (조건요인)	물리적 조건	• 시간/공간 제한 • 검사(개방적/폐쇄적 등) 형태 • 완성 욕구
	심리 정서적 조건 (호기심, 동기, 불안)	• 폐쇄적 사고 • 죽음 인식 • 실존적 공포 • 자기 유한성 인식
	사회문화적 조건 (학력, 문화적 배경)	• 연구대상자의 학력 • 사회경제적 배경, • 인종, 문화적 배경 • 자 문화와 타 문화의 문화 격차 • 문화적 유사성과 이질성 • 문화적 노출의 최소시간 및 창의성 발현시점

<표 6-1>에 대한 설명의 한 예를 들면, 창의성 발현기재에서 타 문화에 대한 개방성/수용성이 부족한 경우, 사람들은 타 문화에 대한 위압감이나 불안감을 느끼게 되고, 더 나아가 그들은 자기 문화 속에 안주하려는 경향을 많이 나타내게 될 것이다. 결국 이러한 심리적 상태는 사람들이 창의성을 발휘하는데 방해요소로 작용하게 될 가능성이 있는 것이다.

요컨대, 위 표에서 정리된 창의성 발현의 과정에서 관여하는 여러 요인들의 역할을 정리해보면 다음 [그림 6-1]과 같다.

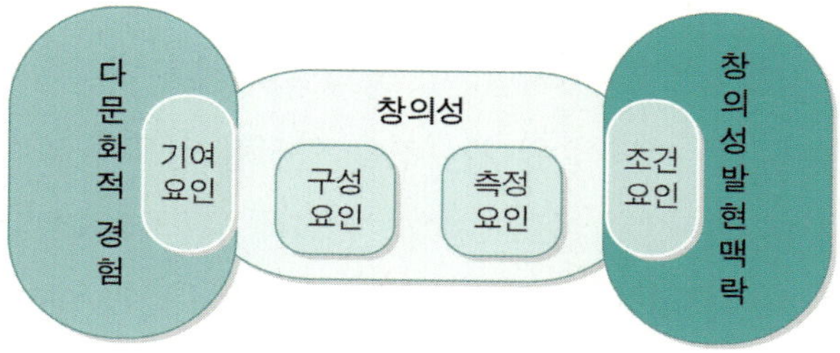

그림 6-1 다문화적 창의성의 구성요인

즉, 다문화적 창의성은 다문화적 경험을 기여요인으로 하고, 그것이 어떤 창의성의 요소들에 영향을 미치는가, 그리고 그것을 어떻게 측정할 것인가, 마지막으로 창의성이 발현될 수 있는 맥락은 무엇인가에 대해 설명할 필요가 있는 것이다.

2) 다문화적 창의성 연구의 유의점

이러한 다문화적 경험과 창의성의 관계에 대한 요인분석을 바탕으로, 향후 다문화적 창의성을 연구할 때 다음 세 가지 점에 주의할 필요가 있다.

첫째, 창의성 촉발(기여)요인에 대한 구체적 개념화이다. 창의성 촉발요인으로 분류된 다문화적 경험, 외래 문화와의 상호작용, 혹은 문화적 접촉과 같은 요인들은 지금까지 문화 연구(cultural studies), 비고츠키(Vygotsky) 학파의 문화와 인지의 관련성 연구, 문화와 언어(외국어) 습득의 관련성 등의 분야에서 상당 수준 연구되어왔던 주제들이다. 하지만 지금까지 논의해보았듯이, 그러한 문화적 경험의 세부 요소들이 어떻게 창의성 발달에 영향을 미칠 수 있을 것인가에 대해서는 본 절에서 소개한 사례들 외에는 거의 이루어지지 않았다. 따라서 (다)문화적 경험이 어떻게 인지발달에 기여할 수 있을 것인가에 대한 기존의 연구에서 더 나아가 다문화적 경험이 창의성에 기여할 수 있는 부분에 대한 연구가 이루어질 필요가 있고, 이를 위해서는 다문화적 경험의 본질이 무엇인가에 대한 구체적 연구들이 더욱 수행되어야 할 것이다.

둘째, 창의성의 발현 기재로서 분석되는 구성요인들(예, 개방성, 융통적 사고)이 순수하게 다문화적 경험에 의한 것인지, 아니면 다른 요인(예, 인지 혹은 정서적 영향)에 의한 것은 아닌지의 문제이다. 지금까지의 연구는 주로 창의성 기여요인(예, 외래문화와의 상호작용)으로 인해 앞서 언급한 창의성 구성 요인들이 촉발되었다는 것을 전제로 하고 있지만, 이 둘의 관계성은 다분히 간접적이고 개연적인 연관성 수준에서 논의되어 왔다는 점을 인식할 필요가 있다. 예를 들어, 창의성의 발현 기재이자 구성 요인으로서 타 문화에 대한 태도는 절대적 요인이라기보다는 창의성 발현에 영향을 미치는 여러 조건들에 따라 다르게 작용할 수 있다. 즉, 어떤 사람이 타 문화에 대한 수용성이 부족한 경우, 그것이 타 문화에 대한 접촉 경험이 부족해서 일 수도 있고, 단지 불안이 높거나 호기심이 부족한 것

등의 심리정서적 상태 때문일 수도 있는 것이다. 예를 들어, 다문화와 창의성의 관련성에 대해서 연구한 몇몇 연구들은 실존적 공포가 큰 사람들의 경우 자 문화에 회귀하려는 경향이 높거나, 자기 유한성 인식이 큰 사람들은 새로운 것에 도전할 동기가 약하여 창의적인 사고나 수행을 잘 해내지 못한다는 연구도 있다. 이 경우 창의성 발현의 성과가 낮은 이유가 창의성을 촉발하는 다문화적 경험이 적기 때문인지, 아니면 개인의 불안이나 공포와 같은 심리정서적 원인 때문인지를 판단하기가 어려울 것이다.

이러한 두 가지 질문이 의미하는 것을 도식화하면 다음 [그림 6-2]와 같다.

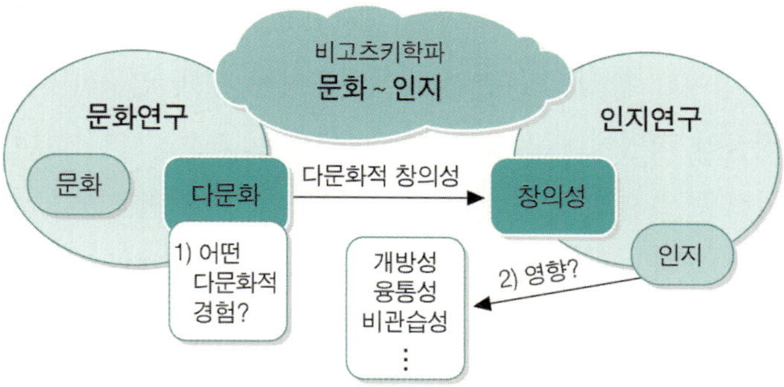

그림 6-2 다문화적 창의성의 개념도

셋째, 다문화적 창의성을 어떻게 확인 혹은 검사할 것인가와 같은 측정의 문제가 있다. 이 문제는 창의성의 범주, 즉 창의성 측정에 흔히 사용되는 비관습적 사고, 융통성/유창성, 그리고 발산적 아이디어 이외에도 어떤 사고력을 다문화적 창의성에 포함시킬 것인가의 문제와 그러한 창의성을 어떻게 측정할 것인가의 문제로 나누어 생각해볼 수 있다. 여기서 창의성 측정의 문제는 창의성의 성격과 역할을 이해하는 방식에 따라 달라질 수 있다. 예를 들어, 기존의 창의성 연구가 개인주의적, 인지주의적 관점에서 고안된 창의력의 개념에 토대를 하고 있다면, 다문화적 창의성을 연구하기 위해서는 사회심리학 혹은 문화심리학적인 이론을 토대로 창의성 연구에 대한 새로운 접근이 요구될 것이다. 사회심리학의 한 예를 들면, 소여(Sawyer, 2011, 2014)는 조직의 혁신에 대한 이론(Amabile, 1988)에서 착안하여, 창의적인 사고가 조직 내에서 성공적으로 정착하는 과정에 주목하고, 이 개념을 바탕으로 개인적 창의성의 발현은 '작은 창의성'으로, 집단적 창의성의 발현을 '큰 창의성'으로 구분하기도 하였다.

결론적으로, 다문화적 창의성은 창의성에 대한 보다 포괄적인 이해를 제공할 수 있다. 예를 들면, 호른(Horn, 2006)은 창의력 연구를 창의적 성과(product), 발현자의 특성(person), 창의성이 발현되는 과정(process), 그리고 창의력 촉진의 사회문화적 맥락들(press), 네 가지 관점으로 구분하였다.

여기서 성과(product) 창의성은 참신하고 적절하다고 판단되는 산출물에 대한 연구로 이것이 사회문화적 판단에 의해 결정되고, 발현자(person) 창의성은 창의적인 개인의 특성이나 창의력과 관련된 개인유형에 대해 연구하며, 과정(process) 창의성은 창의적인 작업이나 사고과정이 일어나는 과정을 연구하며, 동인(Press) 창의성은 창의력을 촉진하는 사회문화적 맥락들에 대해 연구한다. 이와 같이, 다문화적 창의성에 대한 개념을 정립을 통해서 창의성에 대한 기존의 이론과 이해를 새로운 관점에서 재해석하고, 창의성 연구의 새로운 접근을 시도할 수 있는 것이다.

마지막으로 다문화와 창의성의 관계에 대한 연구에서 더 나아가서 이중어구사 여부/능력과 창의성과의 관계에 대한 연구가 또 하나의 연구관심 분야이다. 이 문제는 언어와 문화의 관계, 이중어 습득과 다문화적 경험과의 관계 등과 관련하여 그동안 많은 언어학자, 인지심리학자, 문화학자들의 관심을 받고 있다. 다음 장에서는 이러한 이중어 구사능력이 창의성의 발현에 어떤 인지적·정서적 효과를 가져오는가를 논의해보기로 한다.

Chapter 07

이중어 구사와 창의성의 관계

1. 이중어 구사력의 인식론
2. 이중어 능력과 창의성 : 총론적 이해
3. 이중어 능력과 창의성 : 요인별 논의

이중어 구사능력의 발달과 인지능력과의 관련성에 대해서는 이미 많은 연구가 이루어졌지만, 이중어 구사와 창의성과의 관계에 대해서는 아직 거의 논의가 이루어지고 있지 못하다. 이중어 구사와 창의성의 관련성은 다문화적, 혹은 다언어적 경험이 어떻게 개인에게 다중적인 문화적 부호, 언어적 부호를 수용하고, 선택하고, 습득하여 그 둘 사이의 연관성에 대해 어떻게 이해하고 자유롭게 조작할 수 있게 되는가의 문제를 연구하는 것이다. 이중어 구사능력과 창의성의 관련성을 논의하기 위해서는 우선 창의성을 어떻게 볼 것인가의 문제부터 논의해야 할 것이다. 하지만 6장에서 언급한 바와 같이, 아직도 창의성에 대한 개념적 · 이론적 탐구는 계속되고 있기 때문에(Runco, 2007), 본 장에서는 언어학, 인지과학, 심리학 등의 분야에서의 이 주제와 관련된 이론을 바탕으로 그 관계성에 대한 개념적 탐색을 시도해보기로 한다.

1. 이중어 구사력의 인식론

1970년대 이후 지난 40여 년간 이중어 구사력이 창의성에 어느 정도 기여하는 것으로 알려져 왔고, 그 관련성에 대한 연구결과는 약 200여 개에 달한다(European Commission, 2009). 하지만 이러한 연구들이 다양한 방법론적 접근과 연구대상 등을 포함하고 있다는 점 때문에 과연 그 연구들이 이중어와 창의성의 관련 구인들을 정확하게 측정하고 있는지에 대해서는 많은 의구심을 받고 있다. 아울러 창의성이 작동하는 방식과 이중어 구사력이 그러한 창의성의 작동에 기여하는가에 대한 실증적인 연구는 매우 부족한 실정이다. 이 문제를 논의하기 위해 이중어 구사력과 창의성의 관련성이 인지과학적 측면에서 어떤 연결고리가 있는지를 탐색하도록 하는 것이다.

이중어 구사와 인지 작용의 관련성은 어휘학습의 예를 통해 가장 쉽게 이해할 수 있다. 어휘는 개념을 생성하는 근거라는 가설(Whorf, 1956)이나 언어 발달 과정에 인지발달이 필수적으로 수반된다는 이론(Clark, 1973, 1993)을 거론하지 않더라도 모국어를 습득하는 과정에서 아동이 어휘와 개념을 같이 배운다는 것에는 이론의 여지가 없다. 즉, 어휘는 단순한 사물이나 동작 등을 표현하는 언어적 상징(소리나 문자의 조합)을 배우는 것이 아니라, 어휘의 표현 대상에 대한 관념적, 실용적, 관계적 지식을 하나씩 쌓아나가는 것이다. 모국어 학습을 통해 이러한 대상과 언어의 복잡한 관계들의 연결망(network)을 하나만 형성하는 것도 오랜 시간과 인지적 노력이 필요한데, 이중어 학습의 경우 서로 다른 의미의 연결망을 두 개씩 습득해야 하는 것이다. 실제로 이중어 학습의 경우 한 언어에서 언어와 개념의 관계성 구축이 다른 언어에서의 그러한 시스템 구축과 다른 양상을 보이는 경우가 대부분이다. 인지언어학의 연구초기에서부터 아동의 문법 개념 발달에 인지가 중요한 역할을 한다는 연구들이 있었지만(Bowerman, 1985), 이는 문법의 영역뿐 아니라 어휘, 구문론, 음운체계, 화용체계, 기호학 등의 모든 언어학 영역에 적용되는 사항이다.

통사론은 이중어와 인지능력의 관계성에 대해 이해할 수 있는 또 하나의 영역이다. 인지언어학자인 칼빈Calvin은 통사론은 단순히 언어의 표면적인 어순의 문제(문법)가 아니라, 항목들(단어들) 사이의 관계를 인간의 근원적인 정신의 모형 속에 구성하는 일과 관련되는 것으로 보았다(Calvin, 2012). 따라서 "통사론이 사람다운 지능을 판가름한다는 데는 의심의 여지가 없다. 통사론이 없다면 우리는 침팬지보다 영리할 것이 없다"고 주장하기도 했다. 같은 맥락에서 인지언어학자인 색스Sacks는 수화조차 배우지 못하고 자란 11세 청각장애 소년의 인지능력이 추상적인 개념을 마음에 새기거나 반성적, 계획적 사고를 못하고 융통성이 없으며, 가설이나 가능성을 다룰수 없었다고 분석한 바 있는데, 이는 언어 구사에 필수적인 통사적 능력의 결핍이 추상적, 논리적 사고, 시간 관념, 자기의식 등에서 결핍을 가져오게 된다는 사실을 보여준다.

한편, 현대의 뇌과학 연구결과에 따르면, 인간의 공간의식은 시각을 통해 구성되지만 시간 의식은 청각을 통해 형성된다고 한다. 영아의 뇌는 주변의 청각신호(말소리)에 민감하게 반응하고, 특히 생존에 필수적인 주변 인물들의 말소리에 반응하면서 이러한 경험들이 축적되어 독특한 청각장을 형성한다. 청각신호는 순차적으로 주어지는 속성 즉 시간성을 갖고 있기 때문에, 뇌에서 형성되는 이러한 청각 장은 시차성을 포함하게 되고 이것이 시간 개념의 발달로 이어지는 것이다

(Adelman, 317). 구어(말)가 갖는 청각적 자극과 그로 인한 시간 개념의 형성은 인간이 즉각적인 현재만 인식하는 동물적인 상태에서 벗어나게끔 하는 중요한 요인이고 이러한 시간의식 속에서 과거를 반성하고 미래를 의식하고 판단하고 선택하는 자기의식의 형성에도 도움이 된다.

요컨대 캘빈이 정신적 문법이라고 부른 통사론은 인간의 다양한 사고와 의사를 표현하기 위해서 한 언어체계 속에서 어휘들을 자유로우면서도 규칙적으로 제어할 수 있는 능력이며, 이는 인간이 갖는 "보다 정교한 정신의 모형을 만들기 위해 사용하는 언어의 구조"라고 볼 수 있다. 이는 곧 언어가 의식형성이나 사고능력과 뗄 레야 뗄 수 없는 관계라는 것을 보여주는 예이다. 이중어 구사능력은 이러한 정신적 문법을 복수로 경험하고 학습하여 숙달한 상태이므로, 그에 따라 훨씬 정교하고 복잡한 인지적 제어능력을 요구한다고 볼 수 있다.

이러한 이중어 구사능력을 이해하고 설명하기 위해 나온 이론이 바로 이중언어 시스템(dual language system) 가설이다. 이중어 구사자들은 서로 다른 언어가 통용되는 맥락에서 자신의 머리 속에 습득된 두 가지의 상이한 언어체계로부터 취사선택하여 소통을 시도하게 되는데, 이러한 경우를 이중 언어 시스템이 작동한다고 가정하는 것이다. 이 가정에 의하면 이중어화자는 각각의 언어 체계가 뇌 속에서 별도의 신경회로의 체계를 이루고 있다고 보는데, 이러한 이중적 신경회로의 매커니즘이 무엇인가를 밝혀내는 것이 신경언어학(neurolinguistics)의 과제인 것이다.

2. 이중어 능력과 창의성 : 총론적 이해

지능검사(Stanford Binet Intelligence Test)를 최초로 개발한 20세기 초 몇몇 학자들은 이 지능검사를 이중어 아동들에게 적용한 후 이중어 사용자들이 단일어 구사자들에 비해 정신적 혼동과 열등함을 보여주었다고 보고하기도 했다(Saer, 1923). 그 이후 대부분의 연구에서 이중언어 구사자들이 단일어 구사자에 비해 언어 영역의 검사에서 약세를 보이는 것으로 나타났다(Vialistok,).

전향적인 연구는 Peal & Lambert(1962)의 연구에서 나타났는데, 이들의 연구에서는 비언어적 지능을 포함하는 거의 모든 검사에서 이중어 구사자가 더 나은 수행을 보였다. 예를 들어, 공간지각적 재조직과 상징적 재조직의 두 가지 범주로 구분된 비언어적 검사에서 상징적 재조직에서 특히 큰 성취를 보였는데, 저자들은 그 이유가 이중어 구사자들의 정신적 유연성(flexibility)에 있다고 보았다.

Adesope, Lavin, Thompson, & Ungerleider(2010)가 이중어 구사와 인지능력 발달 혹은 인지적 성과의 관련성을 검토하기 위해 기존의 연구 63개를 메타분석한 결과에 따르면, 이중어는 주의집중 통제(attentional control), 작업 기억(working memory), 상위언어적 자각(metalinguistic awareness), 그리고 추상적 혹은 상징적 재현(abstract and symbolic representation) 기술을 향상시키는 것으로 분석된 바 있다. 한편 다른 연구에서는 이중어 구사자들은 단일어 구사자들에 비해 문제해결(problem solving: Bain, 1975), 인식적 집중(perceptual focusing: Duncan & De Avila, 1979), 그리고 사이먼 과업[1)](Simon task: Bialystok et al., 2004; Bialystok & Craik, 2010)에서 뛰어난 것으로 조사되었는데, 이는 이중어 구사자들이 여러 언어를 배우는 과정에서 숙달된 수행적 통제(executive control) 기능에 능하기 때문인 것으로 여겨지고 있다. 반면 새로운 언어를 배우는 경험은 이미 자신의 지배적 언어(즉, 모국어)에 얽매이지 않고 이를 적절히 통제하면서 새로운 언어의 구사력을 습득하는 억제적 통제(inhibitory control: Green, 1998; Bialystok, 2001) 능력의 향상이 필요하다는 입장도 있다.

이러한 주의집중, 통제, 기억, 혹은 추상적/상징적 재현 능력에서 더 나아가 보다 포괄적인 능력의 차원에서 이중어 학습의 효과를 논의한 연구들도 있는데, 그 대표적인 능력이 바로 창의성과 관련한 능력이다. 예를 들어, Lee와 Kim(2011)이 이중어와 적응적(adaptive) 창의성 유형, 혁신적(innovative) 창의성 유형, 그리고 창의성 강도(creative strengths)의 관계를 연구한 결과, 이중어의 수준이 적응적 창의성 유형 및 창의성 강도와 긍정적인 연관을 갖는 것으로 나타났다. 예

1) 사이먼 과업(Simon task)은 자극이 반응과 상대적으로 유사한 장소에서 발생했을 경우, 보다 빠르고 정확한 반응이 일어나는 효과(Simon effect: Simon & Wolf, 1963)와 관련한 과업을 가리킨다. 예를 들어, 오른쪽과 왼쪽 귀에 'right'과 'left'의 소리를 들려주고 반응의 지체시간을 측정한 결과, 동일한 위치에 동일한 신호를 들려주었을 경우, 그렇지 않은 때보다 반응속도가 빠른 것으로 나타났다(Simon & Rudell, 1967).

를 들어, 이중어 구사 수준이 높을수록 정교화(elaboration)와 제목의 추상화(abstractness) 과업에서 더 높은 성과를 보이는 것으로 보고하고 있다.

이중어 구사의 경우 두 언어를 동시에 학습(습득)하게 되는 동시적 이중어("simultaneous" bilinguals)와 각각의 언어를 학습하는 시기가 구별되는 순차적 이중어("successive" bilinguals)가 구분된다. 코스탠드얀 & 레도바야(Kostandyan & Ledovaya, 2013)는 아르메니아-러시아어 이중어에 대해 두 언어를 동시에 학습하기 시작한 동시적 이중어 화자와 두 언어 학습시작 기간에 2~4년 차이가 있었던 순차적 이중어 화자를 비교하여 두 그룹 간의 구어적 및 비구어적 창의적 사고에 차이가 있는지를 연구하였다. 그 결과 동시적 이중어의 경우 다양한 관련이 적은 아이디어들을 제안하는 비언어적 능력을 촉진한다는 것이 발견되었는데, 이는 순차적 이중어에 비해 동시적 이중어의 비구어적 창의성이 보다 복잡한 방식으로 조직되고 있는 것을 보여주는 것이다.

물론 이중어와 창의성의 관련성은 어떤 이중어를 대상으로 하느냐, 어떤 성별, 연령, 외국어의 학습자를 대상으로 하느냐, 그리고 어떤 측정방법을 활용하였느냐 등에 따라 달라질 수 있다. 예를 들어, 단일 주류언어(이태리어나 영어)만 구사하는 아동들보다 소수언어(Sardinian나 Scottish Gaelic)도 배웠던 아동들이 표준화 인지능력 검사(인지적 통제, 문제해결능력, 상위언어적 자각, 작업 기억)중 특정 요소(블록 디자인과 어휘 검사)에서 더 나은 점수를 올렸다는 연구(Lauchlan, Parisi, & Fadda, 2013)나, 이중어 구사정도를 어휘연관성 검사(Word Association Test: Lambert, 1956)와 주제 자기평가(Subject Self Rating: Peal & Lambert, 1962)로 측정하거나, 토렌스 창의사고검사(Torrance Tests of Creative Thinking: Torrance, 2008) 점수를 바탕으로 측정한 창의적 잠재력 사이의 상관을 통해 이중어와 창의성의 관련성을 살펴보았다는 것 등이 그러한 예이다. 즉, 피험자들의 성별, 연령, 이중어 학습 경험뿐 아니라, 이중어의 종류 자체에 의해서도 연구결과가 달라질 수 있으며, 창의성과 관련한 변수들과 측정방법 들이 무수히 많기 때문에 그 어떤 독립변수(인구학적, 언어적)와 종속변수(창의성 관련 요소)들의 조합이 그 관련성을 보여주는가에 대해서는 보다 구체적인 논의와 세밀한 연구가 필요하다.

3. 이중어 능력과 창의성 : 요인별 논의

본 절에서는 앞서 이중어 구사와 인지능력의 연관성에 관한 연구결과들을 메타분석한 에드소프, 래빈, 톰슨 그리고 언거라이더(Adesope, Lavin, Thompson, & Ungerleider, 2010) 결과를 토대로, 이중어 구사의 인지적 효과를 인지적 통제, 인지기능 전후의 기재(작업기억 및 상위언어적 자각), 그리고 다양한 사고기능의 측면으로 구분하여 논의해보도록 한다.

1) 인지적 통제

(1) 인지적 통제 연구 동향

이중어 학습이 인지능력에 영향을 미칠수 있는 가장 기본적인 영역이 바로 인지적 통제 영역이다. 인지적 통제(cognitive control)란 개인이 마음속에 투영된 인지적, 행동적 목표에 맞추어 자신의 사고와 행동을 제어하는 능력을 가리킨다. 이 인지적 통제의 방식은 여러 가지로 설명되고 있는데, 한편으로 인지적 통제는 전향적(proactive) 모드 혹은 반응적(reactive) 모드가 순간적이면서도 역동적으로 상호작용하는 기재에 의해서 이루어진다고 알려져 있다(Braver, 2012). 여기서 전향적 모드의 통제는 보다 능동적인 통제이고, 반응적 모드의 통제는 보다 수동적인 통제라고 이해될 수 있다. 이러한 이중어 구사와 인지적 통제와의 관련성에 대한 연구는 다음과 같은 세 가지 양상으로 이루어져 왔다.

첫째, 이중어 구사자와 단일어 구사자가 인지적 통제에 어떤 차이를 보이는가의 문제이다. 비알리스톡(Bialystok, 1999)은 이중어 구사 아동들이 여러 차원적 변화(dimensional changes)를 포함하는 카드 분류 과업을 더 잘해낸다고 밝힘으로써 이중어 구사 아동들이 단일어구사자들과 비교하여 억제적 요인의 활용성이 뛰어나다고 주장하였다. 기존의 연구에서는 이러한 차이가 이중어 구사 아동들이 가진 뛰어난 재현 능력(representational abilities) 때문이라고 이해하였지만, 이 연구에서는 이중어 구사 아동의 카드분류 능력이 그들의 억제적 통제(inhibitory control)능력이 뛰어났기 때문이라고 해석하였다. 같은 맥락에서 비알리스톡

(Bialystok, 2001)은 이중어 구사 아동들이 같은 또래의 단일어구사자들보다 인식적 정보를 다루는 수준 높은 억제적 통제(inhibitory control) 능력, 즉 중요한 정보에 선택적으로 주의를 집중하는 한편 부정확하거나 잘못된 단서들은 무시하는 데 능하다는 연구결과를 내놓았다. 이를 비알리스톡과 마틴(Bialystok & Martin, 2004)에서는 이중어 구사 어린이들이 끊임없이 부가적인 인식 정보들을 분류하는 과정으로 설명하였는데, 이중어 구사자들은 모든 대상이나 행동에 대하여 각 언어별로 별개의 명칭을 부여하고 자신들이 처한 상황적 맥락 속에서 그에 적절한 명칭을 선택하는 능력을 기른다는 것이다. 그래서 이중어 구사 아동들은 어떠한 상황이나 맥락에 관련이 깊고 적절한 정보에 보다 집중하고 그와 무관한 정보에는 주의를 억제하는 능력을 발달시키게 된다는 것이다.

둘째, 이중어 구사자가 발휘하는 인지적 억제 기재를 어떻게 확인할 것인가의 문제이다. 이는 인지적 억제에 대한 검사를 기반으로 한 연구에서 많이 이루어졌는데, 이중어와 단일어 구사 아동들을 억제적 통제 능력을 측정하는 검사들[2)]을 통해 시도되었다. 예를 들어, 비알리스톡과 마줌더(Bialystok & Majumder, 1998)는 이중어 구사 아동이 단일어 아동들에 비해 비구어적 과업(non-verbal tasks)에서 상당히 높은 수행을 보인다는 것을 발견하였고, 최근 억제적 통제능력에 대한 보다 세밀한 검사설계를 통해 연구(Treccani, Argyri, Sorace, & Della Sala, 2009)에서는 억제기술이 불리하게끔 설계된 과업에서 이중어화자들이 혼란스러운 정보를 억제하는 데(inhibiting distracting information) 효과적인 반응을 보인다는 결과를 얻기도 하였다. 이 연구에서는 어떤 과업을 수행하기 위해 필요한 정보와 불필요한 정보를 통제하는 수행 통제 정보처리(executive control processing) 능력의 발달에 있어서 이중어 구사능력이 큰 효과를 발휘하고 있다는 결론을 내린 것이다.

셋째, 능숙한 이중어 구사가 과연 어떤 측면에서 인지적 통제를 촉진시킬 수 있을까하는 문제에 관한 연구이다. 이에 대한 최근의 연구결과들은 특정한 인지적 과업의 수행함에 있어서 사용되는 통제능력이 이중어 구사와 관련되어 있음을

2) 억제적 통제 능력의 수준을 가늠하는 진단검사로는 웩슬러 아동 지능검사(the Wechsler Intelligence Scale for Children : WISC, Wechsler, 1974)의 하위 검사인 블록디자인 검사(the Block Design sub-test)나 수위 과업 검사(the Water Level task: Pascual-Leone, 1969)등이 있다.

보여주는 연구도 있다. 예를 들어, 워드니카(Tao, Marzecová, Taft, Asanowicz, & Wodniecka, 2011)(저자확인_한글발음)는 제2언어(L2) 습득 연령과 이중어 구사력의 균형 정도가 주의망검사(Attention Network Test: ANT)에서의 실행에 어느 정도 영향을 미치는가를 실험하였는데, 그 결과 초기 및 후기 이중어 구사들 모두에 비해 단일어 구사자들이 갈등 해결(resolution of conflict) 과업에서 효율성이 낮은 수행을 보인 것으로 나타났다. 아울러 초기 및 후기 이중어 구사자들 모두가 보다 효율적인 주의집중 네트워크를 가졌지만, 그중 후기 이중어 구사자들이 갈등 해결을 더 유능하게 수행한 반면, 초기 이중어 구사자들은 감독 기능을 더 잘 수행하는 것으로 나타났다.

지금까지 소개한 것처럼 초기에는 이중어 구사와 인지적 통제와의 관련성은 주로 이중어 구사능력이 인지적 '억제'의 기재와 관련되어 있다는 가설을 중심으로 이루어져 왔다. 즉, 학습자들이 서로 다른 인지적 과업을 수행할 때 인지적 통제의 다양한 유형 중에서 억제(inhibition)가 매우 중요한 역할을 한다고 간주되었던 것이다(Dagenbach & Carr, 1994; Dempster, 1992; Diamond & Taylor, 1996). 반면, 이중어 구사의 인지적 효과에 대한 최근의 연구는 인지적 '억제'의 차원보다는 선택적 주의집중(selective attention)의 측면에서 연구가 이루어지고 있다.

(2) 억제적 통제와 선택적 주의집중

선택적 주의집중이라는 이론은 이중어 구사자들이 다양한 형태의 언어 코드 전환(code-switching)과 보다 창의적인 소통 전략을 구사한다는 사실에 착안한 관점이다. 즉 이중어 구사 능력이 다양한 정보와 인지적 자원에 대해 선택적 집중(selective attention)을 함으로써 보다 창의적인 문제해결에 기여할 수 있다는 것이다. 예를 들어 이중어 구사자들이 수 이해(cardinality : 기수성)에 있어서 특히 높은 수준의 선택적 주의집중(selective attention) 전략을 구사한다는 연구가 있었다(Bialystok & Codd, 1997).

카쿠린(Kharkhurin, 2011)의 연구에서는 상이한 수준 영어구사력을 가진 90명의 이중어 구사 대학생들을 대상으로 창의적 인지능력 검사를 실시한 결과, 언어

구사력이 뛰어난 학생들이 창의적 문제해결 과정에서 독창적이고 유용한 사고와 표준 범주를 넘어서는 사고능력을 보인 것으로 나타났다. 여기서 연구자는 두 가지 선택적 집중의 매커니즘 -즉 부적절한 정보의 억제와 유관한 정보의 촉진-을 이중어 구사력이 가진 창의적 잠재력으로 보았다.[3] 특히 이 연구에 참여한 이중어 구사자들은 이중어 구사 수준이 높을수록 선택적 집중 능력을 효과적으로 사용하였고, 결과적으로 창의적 문제해결을 위해 다양한 전략을 구사한다는 것을 알 수 있었다. 아울러 보다 최근에는 이중어 구사자들 중에서도 습관적으로 코드전환을 수행하는 이중어 구사자들은 간헐적 코드전환하는 이중어 구사자들에 비해 혁신적 사고를 더 많이 보여주었는데, 간헐적 코드전환자들이 보이는 상대적으로 낮은 혁신적 사고는 그들이 보인 낮은 선택적 주의집중력과 연관성이 있다는 연구결과도 있다(Kharkhurin, & Wei, 2014).

한편, 최근 여러 학자들은 이중어를 효과적으로 구사하기 위해 필요한 언어들간의 간섭(interference)을 방지하는 것은 직접적인 억제가 필요한 과업이라기보다는 하향적으로(top-down) 주의집중을 배합하여 직접 과업을 수행하는 말단(local)에서의 경쟁을 조율하는 과업이라는 이론을 제기하기도 하였다(Poulisse & Bongaerts, 1994; Dijkstra & van Heuven, 1998; La Heij, 2005; Bialystok et al., 2006). 이러한 입장은 이중어 구사자들이 단일어구사자들에 비해 원치 않은 반응들을 억제하는 데 능숙한 것이 아니라, 다중적으로 시각적 목표를 가진 사건들(multiple visual target events)에 대한 주의집중 자원의 배분에 더 유능하다는 것을 발견함으로써 지지되기 시작했다(Colzato et al., 2008). 즉 다중어를 배우는 것은 모국어에 대한 억제기술을 향상시키는 것이 아니라 오히려 인지적 통제 과정에서 보다 강한 선택적 집중 능력을 발휘하게끔 한다는 것이다(Colzato et al., 2008).

하지만 선택적 주의집중도 결국은 인지적 통제의 일환으로 보다 효과적으로 의사소통을 수행하기 위한 전략일 뿐이라는 입장도 있다. 이 입장에서는 인지적 통제가 궁극적으로 환경적 요구에 적응하는 전략이므로 이를 적응적 통제라고 이해

---

3) 여기서 부적절한 정보의 억제는 보다 독창적이고 유용한 아이디어를 처리하기 위한 두뇌의 용량을 증가시키는 역할을 하고, 유관한 정보의 촉진은 다중적인 관념들을 활성화시키면서 기존의 활성화된 관념을 활용하도록 하는 능력을 촉발하는 역할을 한다.

한 것이다. 적응적 통제 가설(adaptive control hypothesis)을 적용한 한 연구의 예를 들면, 그린과 아부탈레비(Green & Abutalebi, 2013)는 피험자들이 8가지 종류의 통제 과정(목표 유지, 갈등 감독, 방해 억제, 명확한 신호 감지, 선택적 반응 억제, 과업 탈피, 과업 관여, 기회주의적 계획(goal maintenance, conflict monitoring, interference suppression, salient cue detection, selective response inhibition, task disengagement, task engagement, opportunistic planning)에 대해 세 가지 상호작용적 맥락(단일어 구사, 이중어 구사, 잦은 언어 전환(dense code-switching)에서 어떻게 반응하는가를 실험을 통해 관찰한 결과, 이중어 사용 맥락에서 과업을 통제하는 과정에서 나타나는 딜레마 상황을 해결하기 위해 그 딜레마를 우회하여 과업을 수행하는 두뇌 사용 회로가 활성화되고 있음을 발견하였다. 이는 이중어 구사가 두뇌의 신경회로의 적응적 통제에 영향을 미쳐서 두뇌의 효율적 활용을 자극할 수 있음을 보여주는 것이다.

(3) 인지적 효과의 영역특수성 여부

이중어 구사와 관련한 인지적 통제가 다른 영역에서도 동일하게 적용되는 인지능력인가? 그러한 차원에서 칼라브리아, 에르난데스, 브란지와 코스타(Calabria, Hernández, Branzi, & Costa, 2012)는 이중어를 구사하기 위한 언어적 통제가 다른 유형의 인지적 통제와 차이가 있는지를 연구하였는데, 동일한 피험자들에 대해 능숙한 이중어 구사자들에게서 흔히 나타나는 양 언어 사이의 균형 잡힌 코드전환(symmetrical switch)이 다른 인지영역의 비언어적 전환 과제에서는 나타나지 않는다는 사실을 발견했다. 이 결과를 바탕으로 이중어 언어 통제는 영역일반적인 통제(domain general control)에 해당하는 것이 아니라는 결론을 내렸다. 반면 뢰롭스, 피아이, 그리고 로드리게즈(Roelofs, Piai, & Rodriguez, 2011)는 통상적으로 인지적 억제(inhibition)는 영역 일반적인 기재인데, 이중어 구사 행위에 있어서는 주의집중적 통제(attentional control)의 하나로 나타나는 것이라고 주장하기도 했다. 즉, 이중어 구사에 주의집중적 통제가 관여된다면, 그것은 영역일반적인 인지적 억제 중의 하나로 보아야 한다는 것이다.

이러한 논란에 대해 최근 뉴로심리학적(neuro-psychology) 연구는 이 주제에 새로운 시사점을 제공해주고 있다. 뉴로심리학적 연구에 따르면, 이러한 인지적 통제의 과정은 전두엽에서 이루어지는데, 전두엽이 일반적 인지기능에서 핵심 역할을 하므로 인지적 통제 능력의 발달은 개인의 전반적 인지능력 수행에 큰 영향을 미치게 된다고 보았다(Hasher & Zacks, 1988; Kimberg, D'Esposito, & Farah, 1997). 이러한 인지적 통제가 전두엽에서 이루어진다는 주장과는 다른 연구도 있다. 예를 들어, 헤르바이스-아델만, 모저-머서 그리고 골리스타니(Hervais-Adelman, Moser-Mercer, & Golestani, 2011)는 언어의 실행적 통제에 관여하는 두 가지 상이한 네트워크가 있는데, 전두엽 기저신경 회로(A fronto-basal- ganglia loop)가 언어 산출 시 서로 다른 언어들이 조합되는 것을 막는 역할을 하므로, 번역 과업(translation equivalents)등을 수행할 때 핵심적인 역할을 하는 반면, 전두-두정엽망(A fronto-parietal network)은 보다 일반적 언어전환 과업 수행을 지원하는 것으로 보았다. 이러한 언어통제의 뉴로심리학적 연구는 언어전환과 언어 통제에 대한 실험연구들이 보여주는 상충되는 결과들을 종합적으로 이해하는 데 도움을 줄 수도 있는 것이다.

요컨대, 이중어 구사자들은 높은 수준의 통제조절(control adjustment)을 통해 단일어구사자보다 월등한 인지적 억제 능력을 발휘한다는 입장이 있고, 다른 한편으로는 이중어 구사자들이 이중어 학습(습득) 경험을 통해 보다 효과적인 선택적 주의집중 능력을 개발할 수 있었다는 입장이 있다. 이러한 이중어 구사자들이 보여주는 언어 간의 간섭을 극복하고, 서로 다른 수행을 통제할 수 있는 기재(executive control mechanisms)가 억제인지, 선택적 주의집중인지의 여부는 이중어 구사의 인지적 효과를 이해하는 데 중요한 논점이 되며, 이는 그 인지적 효과가 언어실행 영역에 국한된 것인지 다른 영역에도 적용될 수 있는 것인지의 여부에 따라 달라질 수 있을 것이다(Morales, Gómez-Ariza, & Bajo, 2013).

2) 인지 전후 : 작업 기억 활용력 vs. 상위언어적 자각

이중어 구사력이 갖는 효과를 인지적 억제나 선택적 주의집중과는 인지 차원이 아닌 다른 차원에서 이해하려는 연구도 많이 시도되었는데, 작업 기억 활용도나 상위언어적 자각(meta-linguistic awareness)의 차이에 대한 연구이다. 작업 기억 용량과 인지적 유창성((Ackerman, Beier, & Boyle, 2005; Engle, Tuholski, Laughlin, & Conway, 1999)과의 높은 상관관계를 바탕으로, 언어구사에 있어서도 작업 기억 용량이 영향을 미칠 것이라는 가설이 있었고(Daneman & Carpenter, 1980), 실제로 작업기억 용량과 언어이해력의 높은 상관관계(Daneman & Merikle, 1996)를 밝히는 연구가 뒤따랐다. 또한 상위언어적 자각에 있어서도 많은 연구들이 이중어 구사자들이 단일어 구사자들에 비해 다양한 측면의 상위언어적 자각-즉 단어 자각(word awareness: Bialystok, 1988; Edwards & Christopherson, 1988), 구문적 자각(syntactic awareness: Galombos & Hakuta, 1988), 그리고 음성학적 자각(phonological awareness: Campbell & Sais, 1995)-이 뛰어났다고 보고하였다.

(1) 작업 기억 활용력

이중어 구사가 인지적 통제에 영향을 미치고 문제해결능력의 향상에 긍정적인 효과를 미친다는 것과 관련해서는 많은 연구들이 있었지만, 작업 기억(working memory)에 미치는 영향에 관해서는 아직 많은 연구들이 이루어지지 않았다(Kormi-Nouri, Moniri, & Nilsson, 2003). 초기에는 작업 기억을 단일한 체계를 가진 단일한 역량으로 이해하였지만(Daneman & Carpenter, 1980), 후기에는 작업 기억이 과정 효율성, 정보 저장능력, 그리고 정보를 조율하고 통합하기 위한 주의집중 통제능력(앞 절에서 논의한 인지적 통제와 유사한 기재)으로 나누는 모형 등이 제기되었다(Jarrold & Towse, 2006).[4] 그렇다면 과연 이중어 구사는 이 작업 기억의 활용과 어떤 관련을 갖는가?

배들리 등(Baddeley et al., 1998)은 구어적 작업 기억이 언어학습의 주요 기재라고 주장한다. 여러 연령의 아동들에 대한 연구들은 모국어 어휘지식과 구어적 작업 기억용량 사이에 긍정적 상관이 존재한다는 결과를 내놓았고(Bowey, 2001; Gathercole & Adams, 1993, 1994), 작업 기억력을 확인하기 위한 한 방안으로 활용되는 숫자 기억(digit span) 용량의 측정은 구사 언어마다 다르게 나타나기

4) 물론 기억 이론의 원형인 작업-단기-장기 기억이 실제로는 독자적인 기억구조가 아니라 기억의 재현 수준과 그 재현에 소요되는 주의집중 통제 용량에 따라 다르게 작용하는 것뿐이라는 주장도 있다 (Cowan, 1988; Oberauer, 2009).

때문에(Hoosain, 1984; Naveh-Benjamin & Ayres, 1986; Stigler, Lee, & Stevenson, 1986), 이중어 구사자들도 언어에 따라 숫자 기억 과업에 있어 다른 수행 정도를 보인다.

이처럼 숫자에 대한 발화나 조음 시간(articulation time)이 언어들마다 차이가 나는 원인이 작업 기억을 관할하는 뇌 영역에 부과되는 부하량의 차이 때문이라는 가설도 있지만, 이를 검증하기 위해 포르투갈-영어 이중어 구사자들을 대상으로 한 실험(Da Costa Pinto, 1991)에 따르면, 조음 시간과 숫자기억 용량 사이에 유의한 관계가 나타나지 않았다. 즉, 실험대상 아동들은 포르투갈어가 영어보다 더 많은 음절(syllables)과 음소(phonemes)를 가졌음에도 불구하고, 포르투갈어로 수행한 과제에서 더 높은 숫자기억 용량을 보였던 것이다. 대신 연구자는 친밀성 효과('familiarity effect')란 개념을 제시하면서 이중어 아동의 높은 숫자 기억력은 이중어 중 모국어 효과, 즉 아동에게 가장 능숙한 언어의 효과로 인한 것이라고 주장하였다.

반면, 친코다와 후세인(Chincotta & Hoosain, 1995)은 스페인어에 더 능숙한(자기평가의 결과로) 스페인어-영어 이중어화자들이 영어에서 더 높은 숫자주의력을 보였다고 발표했다. 그들은 다 코스타 핀토(Da Costa Pinto, 1991) 연구의 아동들이 균형 잡힌 이중어 구사자들이 아니었기 때문에 모국어로 수행된 과업에서 높은 성과를 보였다고 간주하고, 균형 잡힌 이중어 구사자들의 경우는 이중어 구사의 정도에 따라 작업 기억에 미치는 부담이 달라질 수 있다고 해석하였다.

이처럼 이중어 구사 아동의 구어적 작업기억에 대해서는 아직까진 엇갈린 연구결과가 나타나고 있다. 어떤 연구들은 단일어 구사자보다 더 나은 수행을 보였다고 보고하기도 하였고(Bialystok, 2006; Bialystok et al., 2005), 다른 연구의 경우 언어처리와 이해(language processing and comprehension) 두 과제에 있어서 이중어(Spanish and English) 구사자와 단일어(English)구사자의 사이에 유의미한 차이가 없었다는 연구(Gutierrez-Clellan & Weismer, 2004)도 있다.

(2) 상위언어적 자각

상위언어적 자각이란 언어화자의 입장에선 소통의 매개로서의 언어의 차원을 넘어서 사고의 매개로서 언어의 역할과 자신의 사고 속에서의 언어들 간의 관계성을 인식할 수 있는 능력을 말한다. 크라센과 테럴(Krashen & Terrell, 1983)은 습득은 언어에 대한 메타지식이 없이 자연스럽게 이루어지는 언어구사력의 발달이고, 학습은 언어의 규칙들에 초점이 맞추어진 인위적인 정보처리의 과정을 통해 언어를 구사하는 것이라고 구분하면서, 학습에 의한 언어는 습득에서처럼 자연스러운 언어사용을 유도하기 힘들다고 주장하였던 것이다. 엘리스(Ellis, 1994: 2)는 이처럼 습득을 통해 언어구사의 원칙들을 통솔하는 과정에서 '무의식적 조작(unconscious operation)'이 작용한다고 보았고, 슈미트(Schmidt, 1990)는 이러한 무의식적인 조작을 의도적(intentional) 학습과 대비시켜 우연적(accidental) 학습이라고 주장하였다. 따라서 성인학습자가 새로운 언어를 학습할 때는 유아들이 무의식적으로 언어를 습득하는 것과는 달리 문법규칙을 배울 때처럼 언어의 형식에 '주목하기'과 주의집중의 과정을 통해서 의식적인 학습의 과정이 필요하다는 것이다(Schmidt, 1990: 49). 이처럼 언어의 형식에 의식적으로 주의를 집중하고 의도적인 노력을 기울일 때 필요한 인지적 작용이 바로 상위언어적 자각(metalinguistic awareness)이다.

상위언어적 자각은 언어에 관한 지식을 활용하는 능력을 가리키는 것으로, 이중어를 구사하는 아동들에게서 흔히 발견되는 능력이다. 이러한 상위언어적 자각이 사고나 언어학습에 미치는 효과는 언어들 간의 유사성, 음성학적 기술의 전이가능성(transferability), 학습자의 연령이나 언어구사력 등의 변수에 따라 달라질 수 있다(Bialystok, Majumder, & Martin, 2003). 그럼에도 불구하고 제스너(Jessner, 2008)는 이중어나 다중어 구사자들이 화용론적 능력, 의사소통 민감성, 융통성, 그리고 번역 기술 및 추가적인 언어습득 가능성에 있어서 분명 단일어구사자들에 비해 큰 잠재력을 가지고 있음을 부인할 수 없다고 주장한다.

다만 상위언어적(자각) 능력과 앞서 논의한 인지적 통제 능력 사이의 관계에 대해서는 추가적인 논의와 연구가 필요하다. 예를 들어, 정보처리 통제 능력(control of processing)이 상위언어적 기술의 중요한 요소라는 주장(Bialystok & Codd, 1997: 85)도 있지만, 그것을 인지적 통제 기능의 일부라고 볼 수도 있는 것이다. 아울러 상위언어적 자각이 높은 수준의 창의성과 정보 재조직화

(reorganisation of information)능력과 중첩될 수 있다는 주장도 있고(Jessner, 2008: 277), 상위언어적 기술에 자기-수정(self-correct) 능력이 포함되기도 하고, 어려운 과제를 해결함으로써 얻는 자기효능감이 포함되기도 한다. 따라서, 상위언어적 자각에 대한 분명한 개념정의와 범주화를 바탕으로 이것이 이중어 구사력과 어떤 연관성이 있으며, 아울러 창의력과 같은 보다 고차원적인 정신능력의 개발에 어떤 기여를 하는지에 대한 보다 심층적인 논의가 필요할 것이다.

(3) 사고 능력 : 유비적 사고, 확산적 사고, 융통성/문제해결력

연구자들은 이중어 구사의 인지적 효과를 검증하기 위해 검사대상에 비구어적(즉, 비언어적) 영역을 포함시켜 이중어 구사 여부에 따른 차이를 검증하도록 한다. 여기서 흔히 비언어적 사고력으로 연구되는 것이 유비적 사고, 확산적 사고, 융통성/문제해결력 등이다. 이중어 구사력이 이러한 각각의 사고능력의 차원에 어떤 영향을 미치는지를 간략하게 살펴보자.

① 유비적 사고

하쿠타와 다이즈(Hakuta & Diaz, 1985)는 스페인어-영어 이중어 아동들(N=300)을 대상으로 한 연구에서 비구어적(non-verbal) 지능검사 점수와 이중어 수준이 정적인 상관을 맺고 있다고 밝혔는데, 특히 균형 잡힌 이중어를 구사할수록 비구어적 지능 항목의 점수가 높았다고 보고하고 있다. 또 다른 연구(Diaz, 1985)에서는 스페인어-영어 이중어 어린이들이 유비적 사고능력(analogical reasoning ability)이 뛰어났고, 종단적 분석에서도 연구대상자들이 양 언어의 유창성이 모두 뛰어날수록 더 높은 유비적 사유 능력을 보였다고 보고하였다.

② 확산적 사고

창의성에 대한 연구는 그동안 수렴적 사고보다는 확산적 사고와 관련 있다고 인식되고 연구되어 왔다(Nusbaum & Silvia, 2011; Runco, 2010). 하지만 수렴적 사고와 확산적 사고의 성격과 장점을 동시에 고려했을 때, 창의성이 반드시 확산적 사고와만 관련된 것이라고 제한하기는 어렵다. 그러한 맥락에서 홈멜, 코잘토, 그리고 크리스토펠스(Hommel, Colzato, Fischer, & Christoffels, 2011)의 연구에서는 능숙한(high-proficient) 이중어 구사자는 수렴형 사고(convergent-thinking)를 요하는 과업에서 더 뛰어난 성과를 발휘하고, 미숙한(low-proficient) 이중어 구사자는 확산형 사고(divergent thinking)를 요하는 과업에서 더 뛰어난 성과를 발휘했다는 연구결과를 발표하기도 했다. 즉, 창의성의 발휘에 있어서 수렴적 혹은 확산적 사고 여부는 이중어 구사의 능숙도에 따라 다를 수 있다는 것이다. 한편, 곤술리와 쇼우키(Ghonsooly & Showqi, 2012)는 이중어 구사력 자체보다는 외국어학습의 경험이 확산적 사고능력(divergent thinking abilities)과 관련한 모든 세부 영역(fluency, elaboration, originality and flexibility)에서 외국어학습을 경험하지 못한 집단에 비해 더 나은 성과를 보였다고 밝히기도 했다.

③ 문제해결력

확산적 사고나 융통성, 그리고 통찰력을 포함하여 최근 창의적 사고를 검증하는 주요 요소로 활용되는 것이 바로 문제해결력이다. 이중어 구사가 창의적 사고를 통한 문제해결력에 기여하는 바에 대한 초기 연구(Peal & Lambert, 1962)는 이중어 구사 어린이들이 구어나 비구어적 측정에서 모두 뛰어났고, 특히 정신적 혹은 상징적 융통성과 개념형성을 필요로 하는 과업에서 나은 수행을 보였다는 연구에서 출발하고 있다. 필과 램버트(Peal & Lambert)는 기존의 연구에서 연구 대상들이 일정 수준 이상의 균형 잡힌('balanced') 이중어 구사자가 아니었기 때문에 이중어 구사가 창의적 문제해결에 악영향을 미치는 것으로 조사되었다고 지적하고, 그들의 연구에서는 양 언어(영어와 불어) 모두에 어느 정도 유창성을 보이는 균형 잡힌 이중어 구사자들을 대상으로 하였다. 같은 맥락에서 리키아델리(Ricciardelli, 1992)의 연구에서는 균형 잡힌 이태리어-영어 이중어 구사자들이 단일어구사자들보다 창의성 검사에서 더 나은 결과를 보였고, 단일어 구사자나 한 언어에만 능숙한 부분적 이중어 구사자들 사이에는 별 차이가 없었다고 보고하기도 하였다.

이중어 구사의 능숙도와 함께 중요한 변수가 이중어 구사의 숙달 시점이다. 어린 시절의 이중어 습득이 융통성을 발휘하여 통찰력 있는 문제해결에 영향을 미친다는 한 연구(Cushen & Wiley, 2011)에서는 주어진 난제(initial impasse)에 대해 이중어 구사 완성도 시점에서 창의적 문제해결의 차이가 있는지를 탐색하였는데, 초기 이중어 구사자들이 통찰력 문제와 비통찰력 문제가 혼합된 과업 세트에서 후기 이중어 구사자들 보다 더 뛰어난 수행을 보인다는 것을 발견하였다.

또 다른 예로, 이중어 및 단일어 구사 유치원생들의 수학적/비수학적 문제해결의 차이를 비교한 연구에서 이중어 환경 유치원에 다니는 이중어 구사자(N=13)와 단일어 환경 유치원에 다니는 이중어 구사자(N=10), 그리고 단일어 환경 유치원에 다니는 단일어 구사자(N=14)를 대상으로 그림 다중 해결(Picture Multiple Solution)과제를 통해 일반 창의성을, 창의적 동등 수(the Creating Equal Number)과제를 통해 수학적 창의성을 비교하였다. 분석결과 조기의 이중어환경과 이중어 교육의 경험은 일반적 및 수학적 창의성 향상에 기여하는 것으로 나타났고, 특히 이중어 구사자들 사이에서도 유치원 환경(즉, 이중어 환경이냐 아니냐)에 따라 차이가 두드러졌다고 보고하고 있다(Leikin, 2013). 이 연구는 이중어 능숙도, 이중어 숙달 시점, 그리고 초기 이중어 환경의 중요성이 일반적 및 수학적 창의성(문제해결력)에 영향을 미칠 수 있음을 시사하고 있다.

이와 같은 연구결과들을 이해함에 있어 한 가지 유의할 사항이 있다. 이중어 구사가 비언어적 영역에 인지적 영향을 미친다는 연구들도 있지만, 그와 동시에 단일어만 구사하는 화자의 경우 해당 언어의 완성도, 유창성 수준에 차이가 있을 수 있음에도 주목할 필요가 있다. 예를 들어, 카쿨린(Kharkhurin, 2010a)은 구어(verbal) 및 비구어적(non-verbal) 창의적 수행에 대해 미국 내 러시아-영어 이중어 구사자(103명)와 영어 단일어구사자(47명)를 약식 토랜스 검사(Abbreviated Torrance Test)를 통해 비교하였는데, 이 연구에서는 비구어적 창의성에서는 이중어 구사자가, 구어 창의성에서는 단일어 구사자가 더 뛰어난 점수를 획득하였다고 밝혔다. 이러한 결과는 이중어 구사가 비구어적(창의성) 영역에 효과를 가져올 수 있다는 것을 보여줌과 동시에, 구어적 측면에서 한 언어에 집중할 수밖에 없는 단일어 구사자들에 비해 낮은 수행을 보일 수도 있다는 것을 시사한다.

요컨대, 이중어 구사력에 있어서도 균형 잡힌 이중어 구사, 숙달도, 그리고 숙달 시점이 창의적 문제해결능력에 일정 부분 영향을 미치고, 특히 단일어구사자들에 비해 비구어적 영역에서 보다 유의한 차이를 보임을 알 수 있다. 이는 이중어 학습 혹은 구사 경험이 단순히 언어적 영역의 사고력을 자극하는 것이 아니라, 오히려 비언어적 영역의 사고의 다양한 영역(유비적 사고, 확산적 사고, 문제해결력 등)을 자극하고 있다는 것을 알 수 있다.

요컨대, 이처럼 이중어 구사력의 인지적 효과 혹은 창의성과의 관련성은 이중어 구사여부 및 구사 수준, 외국어 학습경험 및 외국문화의 경험, 영역일반성이냐 특수성이냐-즉, 언어영역에 국한된 효과이냐 전체 사고능력 전반에 적용할 수 있는 효과이냐-, 그리고 이중어(조합)의 종류에 따라 다르게 논의될 필요가 있다.

결론적으로, 지금까지 논의한 바와 같이 이중어 구사력은 인지능력과 밀접한 관련을 갖고 그 인지능력이 여러 측면에서 창의력과도 연결될 수 있는 부분이라고 볼 수 있다. 만일 아동기의 이중언어 학습이나 습득이 인지 기능에 주요한 영향을 미친다는 것이 실증적인 연구결과를 통해서 증명된다면, 이는 언어지식의 본질이 무엇인지 언어지식과 정신 구조의 관계가 무엇인지에 대한 학계의 논의에 결정적 영향을 미치게 될 것이다. 예를 들어, 이중어 지식이 아동의 비언어적 인지능력의 발달에 영향을 미친다면 그것은 기존의 언어 형식주의 이론의 기반을 흔드는 연구결과가 될 수도 있다. 그에 반해 언어가 영역 특수적이며 다른 인지능력과 구별된다는 모듈성 이론은 유아의 언어학습과 초기 인지발달의 밀접한 상호작용에 대한 여러 증거들과 어울리지 않기도 하고, 이중어의 경우 두 언어가 모듈성의 차원에서 어떻게 관련지어지는지를 설명해야한 다는 부담을 안게 된다. 따라서 이중어 구사력과 창의성의 관계를 이해하기 위해서는 언어학습이론, 이중어학습이론, 인지언어이론 등의 다양한 분야의 융합적 연구가 더욱 활발히 시도되어야 할 것이다.

Chapter 08

다문화시대의 역량교육*

1. 역량기반 교육과정의 유래와 기본 원리
2. 역량기반 교육 접근법의 분석
3. 역량기반 교육의 비판적 재인식
4. 다문화 역량의 적용 : 고령 다문화사회

* 본 장은 [박휴용(2015). 핵심역량기반 교육에 대한 비판적 고찰. 교육사상연구, 29(4), 49-78.]의 내용을 기반으로 작성됨.

1893년 미국 하버드대 총장이었던 찰스 엘리엇(Charles Eliot)은 미국 국가교육협의회(The National Education Association)를 통해 '주당 1시간의 수업이 12~14주로 이루어진 한 학기동안 이루어질 때의 학습량'의 개념을 갖는 이수학점(the credit hour)제도를 처음 제안하였고, 이러한 '수업시간이 곧 학습량'이라는 개념은 최근까지 1세기 이상 학교교육 시스템을 지배해왔다. 하지만, 최근 이러한 이수시간이나 출신학교로 대변되는 '학벌'보다는 '학생이 어떤 지식을 갖고 있고, 무엇을 할 수 있는지'를 확인하여 학습결과에 따른 학생들의 실질적 능력에 초점을 맞추려는 '역량'의 개념이 공교육의 주된 관심사로 떠오르기 시작했다(Dennis, 2014). 이 역량의 개념은 이러한 교육의 결과로서 지식이나 기술의 습득뿐 아니라 타인과의 관계, 협동심, 사회참여와 공헌 등의 동기와 태도와 같은 요인을 망라하고 있으며, 개인의 성공적인 삶과 조화로운 사회를 위해 국가차원에서 모든 개인에게 공통적으로 요구하는 능력을 가리키는 개념으로 받아들여지고 있다(Spencer & Spencer, 1993; OECD, 2003).

이렇듯 역량의 개념이 전 세계적인 교육적 관심사로 재부상하게 된 것은 폭발적으로 증가하는 지식과 급변하는 정보화 사회 속에서 정적인 지식의 전수에 기반 한 근대적 학교교육은 더 이상 미래사회가 요구하는 인재를 양성할 수 없다는 사회적 인식에 기반하고 있다. 이에 따라 유수한 국제기구들(OECD, UNESCO, EU 등)은 21세기의 사회적 변화에 걸 맞는 인재를 양성하기 위한 핵심 역량(key competencies)을 규명하기 위한 연구들을 수행하였고, 그 결과를 바탕으로 호주, 영국, 프랑스, 뉴질랜드, 캐나다 등의 세계 여러 나라들이 국가적 및 주정부 차원에서 공교육과정의 혁신을 위한 핵심역량을 개발해 오고 있다(Australian Curriculum Assessment, & Reporting Authority, 2010; Department of Education, 2007; Ministère de l'Éducation, 2011; New Zealand Ministry of Education, 2010; Ontario Ministry of Education, 2009; 이근호 · 이광우 · 박지만 외, 2013).

이러한 역량의 개념과 역량기반 교육의 세계적 확산에 발맞추어 우리나라에서도 핵심역량의 개념을 기반으로 한 국가적 교육과정 재편을 위한 연구가 2008년부터 활발히 수행되어 오고 있다(박순경 · 이광우 · 이미숙 · 정영근 · 민용성 · 이근호 외, 2008; 이광우 · 민용성 · 전제철 · 김미영, 2008; 이광우 · 전제철 · 허경철 · 홍원표 · 김문숙, 2009; 이근호 · 곽영순 · 이승미 · 최정순, 2012; 이근호 · 김기철 · 김사훈 · 김현미 · 이명진 · 이상하 외, 2013; 홍원표 · 이근호, 2010). 이처럼 역량기반 교육을 기반으로 국가교육과정을 재편하려는 여러 연구들이 진행되어오고 있지만, 아직까지 역량기반 교육과정의 성격과 타당성에 대한 논의는 소수의 연구(박민정, 2009)를 제외하고는 매우 드문 형편이다. 역량기반 교육이 세계적인 추세임을 인정하더라도, 역량교육에 대한 개념적 이슈와 그것을 적용함에 따르는 실제적 문제들에 대한 엄밀한 논의나 고민 없이 국가교육과정의 방향으로 성급하게 수용한다면, 미래 교육의 올바른 방향을 정립하는 데 큰 혼란과 위기를 초래할 수 있다는 지적을 잊어서는 안 될 것이다(Gonczi, 1997).

본 절은 이러한 문제의식을 토대로 다음의 세 가지 문제를 논의하도록 한다. 첫째, 역량기반 교육과정의 유래와 기본 원리를 정리해보고, 그 출발점으로 지목되고 있는 직업교육으로서의 역량교육의 본질에 대해 검토해보도록 한다.

둘째, 현재 널리 알려진 세계적 역량기반 교육접근법 다섯 가지(OECD의 DeSeCo 프로젝트, EU의 Key Competencies in Europe, 미국의 Common Core National Standards, 미국의 The Partnerships for 21C Learning, 그리고 국제적 프로젝트인 The Assessment and Teaching of 21st-Century Skills)의 목표와 특성에 대해 비교분석하고, 이 접근법들과 우리나라가 추진 중인 핵심역량 국가교육과정의 관련성을 검토해보기로 한다.

셋째, 위 다섯 가지 핵심역량접근법에 대한 소개를 바탕으로 핵심역량교육이 갖는 한계점을 배경이론상의 문제, 정치/이념적 문제, 그리고 실천적 문제를 중심으로 논의하도록 한다.

본 절의 논의는 현재 각 교과의 핵심역량 내용과 교수방법론에 대한 개발이 한창 이루어지고 있는 우리나라의 핵심역량 교육과정의 올바른 방향을 제시하고, 이 역량기반 교육이 어떻게 미래의 학교교육과정으로 적용되어야 되는지에 대한 논의의 장을 여는 데 도움이 될 수 있을 것이다.

1. 역량기반 교육과정의 유래와 기본 원리

1) 역량기반 개념의 유래

역량기반이라는 개념의 이론적 출발점을 찾아 거슬러 올라가면, 20세기 초반의 테일러(Frederick W. Taylor)의 과학적 관리이론(scientific management theories)과 1950년대의 행동주의적 목표 운동(behavioural objectives movement)이라는 두 가지 큰 이론적 토대를 만나게 된다(Bates, 2002). 20세기 초반의 테일러주의(Taylorism) 즉, 과학적 관리이론(scientific management theory)은 한마디로 효율적인 기업경영과 생산관리를 위해 근로자들의 과업과 동선을 분석하고, 과학적 선발 및 훈련 기법을 도입하며, 효율적 과업수행을 위한 과학적 방법론을 적용하고, 노동생산성을 체계적으로 분석하도록 했던 것이다. 이를 위해선 작업의 표준화, 불필요한 공정의 제거, 특정 기술을 가진 근로자들의 선별, 지식과 기술의 전수 체계화 등이 선행되어야 했다(Taylor, 1911, 2004).

사실 산업계에서 적용된 과학적 관리이론과 학교교육에서 적용된 행동주의 목표운동은 같은 인식론적 토대를 가진 이론들이다. 과학적 관리이론은 심리학에서의 행동주의의 유행에 힘입어 20세기 중반에 이르러 학교교육에 접목되어 행동주의적 목표 운동으로 나타났던 것이다. 행동주의적 목표 설정은 학습 프로그램이 의도하는 성과를 교사로 하여금 관찰가능 한 학생들의 행동변화에 맞추도록 한 것이고(Tyler, 1949), 이는 블룸(Bloom, 1956)의 교육목표 분류학(taxonomy)의 개발에 힘입어 오늘날까지 학교에서의 교육목표 설정의 기본 틀로서 활용되고 있다. 예를 들어, 행동주의적 목표 설정은 "학습목표를 가능한 한 세분화하여 직접적으로 관찰가능 한 행동들의 달성여부를 꼼꼼히 기록하도록 하고, 그것을 바탕으로 목표 성취 여부를 안정적으로 관찰하고 판정하도록" 하는 의도를 가졌었고(Bloom, Hastings, & Madaus, 1971: 28), 행동적 목표의 달성 여부를 확인하고 객관성을 확보하기 위해 학습결과를 "조작적으로 정의하여 그 달성여부에 대한 판정에 있어서 주관적 해석의 여지가 없는" 평가를 지향하였으며, 이를 위해 교육목표를 "학생들의 행동을 묘사하는 '진술하다', '열거한다', '명명한다', '선택한다', '인식한다', '연결한다', '계산한다'와 같은 동사로 기술하도록" 하였던 것이다(Bloom, Hastings, & Madaus, 1971: 34). 이처럼 행동주의적 목표운동은 과학적 관리이론의 '학교 모형'이었던 것이다.

이러한 행동주의 목표운동의 광범위한 확산 분위기 속에서 1960년대 들어서자 미국에서 본질주의 교육사조가 생겨났고, 그 후인 1960년대 후반 경 교사교육에 대한 관심이 커지면서 최초로 역량교육의 개념이 교사 역량개발에 적용되기 시작했다(Burke, 1989; Ashworth & Saxton, 1990).[1] 교육의 책무성(accountability in education)과 교사 자원의 관리라는 과제가 공교육의 핵심 의제로 떠오르던 이 시기에 효과적인 교사의 양성과 교수효율성을 높이기 위해 교사의 역량을 키워야 한다는 논리가 설득력을 얻었던 것이다.[2] 그러던 중 그동안 공공성을 강조했던 학교교육과 시장주의에 기반 한 산업계의 요구 사이의 인식 차이로 인해 고등학교나 대학 졸업생들이 고용시장에서 적응해나가기 어렵다는 지적과 더불어, 그에 대한 대안으로써 학생들의 역량 개발을 목표로 한 교육과정이 필요하다는 주장을 제기되었다(Moore, 1976).

그 이후 실제적 역량개발을 목표로 한 교육과정이 미국의 직업교육 프로그램에 적용되기 시작하였고, 그리하여 역량개발의 개념이 완전학습(mastery learning), 준거-참조 검사(criterion-referenced testing), 최소 역량 검사(minimum competency testing), 역량기반 교육(competency-based education)과 같은 1970~80년대의 다양한 이론의 개념적 기초로 활용되었다(Gonczi, 1997). 이렇듯 1970년대부터 역량의 개념이 교육 프로그램에 접목되면서 인력 개발의 중요한 요소로 정착하기 시작하였고, 이러한 인식은 이후 1980년대 들어 위기의 국가(A Nation at Risk: 1983) 의제의 등장과 더불어 학교교육이 산업기술사회에 대한 준비에 소홀해왔다는 사회적 비판과 어우러져 더욱 큰 설득력을 얻게 되었던 것이다(Jones & Moore, 1995).

이 역량 개념이 1980년대를 지나면서 영국이나 독일 등의 유럽국가에서 직업

1) 이 시기에 처음 교사교육에 적용된 교사의 역량개발의 개념이 나중에 1980년대 후반에 이르러 수행기반 교사교육(Performance Based Teacher Education)으로 발전하기도 하였다.

2) 이러한 맥락에서 포짜니(Forzani, 2014)는 교사교육을 가) 1800년대의 보통학교 교사양성을 위한 최초의 교사교육 시기, 나) 1920~30년대의 과학적 효율성을 강조하던 시기의 교사교육, 그리고 다) 1960~70년대의 역량기반 교사교육의 시기로 구분하기도 하였다.

훈련 프로그램의 한 요소로 적용되기 시작하였고, 1990년대에 들어서서는 호주, 뉴질랜드 등 국가들에도 전파되어 직업훈련 및 전문기술 훈련프로그램에서 역량개발의 개념이 중요한 부분을 차지하기 시작했다(Gonczi, 1997). 이로써 역량개발의 개념이 전 세계적으로 확산되게 되었고, 2000년대에 들어서 OECD, UNESCO 등의 세계기구들이 교육의 중요 어젠다로 채택하게 된 것이다(OECD, 2005; Partnership for 21st Century Skills, 2008). 요컨대, 역량 개발의 목표는 학생들로 하여금 직업세계에 대비한 효과적 과업수행 능력을 키우는 것에 초점이 맞추어져 있었고, 따라서 교육의 내용이나 학습방법보다는 교육의 결과로써 학생들의 작업 수행능력을 훈련하고 검증하는 데 더 큰 관심이 모아졌던 것이다. 즉, 역량교육의 개념은 행동주의적 교육이론, 산업주의적 효율성, 성과중심의 인력관리 이론 등이 자리 잡았던 20세기 후반 미국의 사회경제적 배경과 그에 따른 학교교육에 대한 요구 변화에 토대하고 있다. 다음 절에서는 이러한 역량기반 교육의 원리들을 좀 더 세밀하게 검토해보자.

2) 역량기반 교육의 기본 원리

그랜트 등(Grant et al., 1979)은 역량기반 교육을 학생들이 현대 사회에서 수행하기를 기대하는 실제적 역할에 대한 분석과 그 역할의 가시적인 수행을 바탕으로 한 성장과정을 확인하도록 커리큘럼을 짜놓은 교육의 한 형태로 정의한 바 있다. 이 정의에서 가장 중요한 개념은 가시적인 수행(demonstration of performance)이나 성장과정의 확인(assessment of the progress)이다. 같은 맥락에서, 페이건(Fagan, 1984: 5; Hyland, 1993 재인용)은 '역량'이란 용어 자체가 '행동적 목표와 책무성의 융합'을 대표하는 것으로, 책무성과 투입-산출의 효율성을 강조하는 1980년대 신경제학 이론의 이데올로기를 바탕으로 하고 있다고 지적한다. 비록 1990년대 들어 이러한 행동주의적 편협성을 극복하기 위해 '역량의 생성과 개발에 지식과 이해가 기여함'을 강조하기도 했지만, 여전히 역량의 본질에 대해서는 논란과 모호성이 존재한다고 지적받고 있다.

유럽에 이어 미주와 호주 등에서 역량개발이 교육의 주요 의제로 자리 잡은 1980년대 이후, 역량기반 교육은 성과에 중심을 교육과정 개발, 교육내용과 직업

세계의 연계성 강화, 관찰가능 한 역량 차원에서 성과의 재구조화, 학생들의 기능 향상이나 역량을 판정하기 위한 평가방법의 개발, 교육과정과 이수학점의 연계성 강화라는 방향으로 지속적으로 추진되어 왔다(Bowden & Masters, 1993). 이러한 역량기반 교육의 방향은 학교에서의 모든 학습경험을 직업세계에 대한 준비를 위한 것으로 인식하고 있기 때문이다. 그런 의미에서 역량기반 교육은 두 가지 가정에 토대를 두고 있다고 볼 수 있다. 하나는 모든 교육의 목적은 궁극적으로 학생들이 잠재적으로 고용시장과 사회에 적극적으로 참여하게끔 준비시키는 것이라는 것이고, 다른 하나는 학교에서의 배움의 핵심이 폭넓은 지식과 수준 높은 기술의 적용을 위한 잠재력을 향상시키기보다는 기업이 원하는 인재상에 맞춘 훈련이라는 생각이다. 따라서 이러한 역량기반 교육의 잘못된 가정을 극복하기 위한 올바른 역량교육에 대한 개념정립이 필요할 것이다.

이와 같은 문제점을 바탕으로 볼 때, 역량기반 교육은 본질적으로 다음의 세 가지 주요 특징을 가진 것으로 이해할 수 있다. 첫째, 행동주의적 모형에 기초하여 지식이나 이해보다는 수행과 그에 대한 평가를 강조한다. 둘째, 역량은 경영이나 기술적 측면에 핵심을 두고 있기 때문에 교육내용의 인식론적 근거나, 학생들의 이해, 융합/통합적인 지식의 역할에 대한 고려는 부족하다. 셋째, 역량기반 교육은 굳건한 이론적 논의에 토대를 두고 있다기보다는 시대적, 사회적 요구에 의해서 성급히 개발되었기 때문에 '역량'의 개념이 모호하다는 것이다(Ashworth & Saxton, 1990; Hyland, 1993, 1997). 결국, 역량기반 교육은 이론적으로는 행동주의 이론에 근거하고, 교육의 성과를 가시적으로 확인하기 위한 평가방법 및 결과를 중시하며, 학습에 있어서 지식의 역할보다는 학습의 결과에 따른 실천의 문제(즉 '무엇을 할 수 있느냐')에 초점이 맞춰져있다. 아울러 역량교육과정이 사회적 요구에 의해 급조되어 개발되었기 때문에 학문적, 이론적 토대가 매우 빈약하다는 사실이다. 따라서 앞으로 역량기반 교육과정을 개발하고 적용할 때에는 역량의 개념에 대한 이론적 토대를 정립하는 일과, 교육내용의 본질에 대한 심도 깊은 이해를 바탕으로 교육 내용(지식)과 실천 능력(역량) 사이의 연계성 탐색, 그리고 올바른 역량 평가의 방법론에 논의가 필요할 것이다.

3) 역량기반 교육의 주요 접근법 : 직업 교육

앞 절에서 간략히 소개한 것처럼, 역량기반 교육은 기본적으로 기술 및 직업교육 분야의 활성화를 위해 국가정책 차원의 필요성에 의해 개발된 개념이다. 1970년대에 역량의 개념이 직업훈련의 분야에 최초의 적용하기 시작한 영국은 국가직업능력 자질척도(National Vocational Qualifications/General National Vocational Qualifications : 이하 NVQ/GNVQ)의 개발과 함께 역량기반 교육을 개념화하여 전 학교교육의 영역을 역량기반 교육 및 훈련(competence-based education and training : CBET)으로 전환하는 시도를 하였다. 최근 들어 영국은 다시금 이러한 역량기반 모형을 재조명하면서, 공교육과 국가적 자격 시스템을 연동시킴으로써 역량기반 패러다임으로 학교교육의 구조를 재편하고 있다(Banks, 2009).[3)]

이러한 영국에서 시작된 직업교육 차원에서의 역량기반 교육은 1980년대 후반부터 90년대에 이르기까지 뉴질랜드, 호주, 캐나다, 미국 등지에서 다양한 역량기반 교육접근법의 개발과 적용으로 확대된 바 있다(Marks, 1994). 이러한 경향이 최근 미국에서 다시 재현되었는데, 그 한 예를 들면, 2013년경부터 미국의 직업전문대학들은 이수학점(credit hour)에 구애받지 않고, 대학이 직접 학생들의 학습 성과를 측정하여 졸업이나 자격을 인증하는 직접 학습 평가('direct assessment' of learning)제도를 도입하기 시작했고, 연방정부에서도 이러한 대학과 학생들에게 학자금 지원 신청자격을 부여하는 법안을 통과시키기도 했다. 이는 연방정부의 인정과 지원을 바탕으로 학력 인증을 받는 역량기반 프로그램을 운영하는 미국 내 대학들이 광범위하게 확대되고 있다는 지적(Bers, 2008)의 대표적인 사례가 되는 것이다.

문제는 대학졸업자들의 핵심 지식이나 기술 수준이 낮다는 산업계의 요구가 있더라도, 학교교육이 직업현장의 핵심 지식/기술을 가르치는 데 전념해야 하는 것인가에 대해서는 신중한 논의가 필요하다(Mehralizadeh, Salehi, & Marashi,

3) 그 한 예가 바로 영국의 디자인 및 기술협회(The Design and Technology Association : DATA)가 주도한 전 생애 전문성 발달(career-long professional development)이라는 프로그램인데, 여기서는 교사교육의 경우 표준화되어 개발된 교과특수적 역량을 전국의 모든 교사들이 이수해야 하고, 그러한 교사들만 전문적 교과지식을 갖춘 것으로 인정받게 되는 프로그램이다.

2013). 학교에서 무리하게 핵심 지식에만 초점을 맞추어 편협하게 교육과정을 운영하는 것이 가져오는 교육적 폐해에 대해서는 이미 많은 문제점이 지적된 바 있다(Green, 1998). 앞서 언급한 바와 같이 현재 사용되고 있는 역량의 개념은 매우 조급히 개발되었고, 더구나 매우 편협하면서도 영역특수적으로 사용되고 있어서, 그것이 학교교육이 다루어야 할 광범위한 지식, 문화적 통찰, 융합적 상상력을 담아낼 수 있기를 기대하기 어려운 상황에서, 역량교육을 통해 그 본래적 의미인 잠재력을 길러낼 수 있을지 의문시되는 것이다.

요컨대, 학생의 역량과 기업의 생산성을 연결시키는 직업교육의 차원에서 개발된 역량기반 교육의 관점은 다음과 같은 한계점을 안고 있다.

첫째, 학생들을 직업기술에만 몰두하게 함으로써 기업중심의 자유시장 경제 속에 피동적인 부속품으로서 기능하게 만드는 결과를 낳게 된다는 것이다(Hackett, 2001). 이는 교육을 실용적이고 기능적인 관점에서만 인식하는 신자유주의적 교육 이념과 일치하는 부분이라고 볼 수 있다.

둘째, 역량이 본질적으로 이성적-실증주의적 패러다임에 놓여 있고, 교육의 결과에 위계성을 부가하여 자율적이고 비판적인 사고기능을 억제할 수 있다. 셋째, 역량이 전문가의 수행영역에서 윤리나 가치의 문제를 제거함으로써, 학교교육의 역할을 정치적으로 통제하려는 이념적 의도를 가졌다고 지적받는다(Elliot, 1993).

결국 역량기반 교육은 학교교육에서 지식의 본질에 대한 고민이나 윤리와 가치의 문제를 간과한 상태에서 시장에 기반한 기업의 경영적 목표에 따라 학교교육의 가능성을 심각하게 제한하고 있는 접근법이라고 할 수 있다(Hodkinson & Issit, 1995). 지금까지 논의한 문제제기를 바탕으로, 이제부터 현재 세계적으로 유행하고 있는 역량기반 교육접근법이 어떤 형태와 성격을 지니고 있는지를 비교분석해 보기로 한다.

2. 역량기반 교육 접근법의 분석

본 절에서는 현재 세계적으로 널리 알려진 역량기반 교육의 다섯 가지 접근법을 소개하고, 그 구체적 내용을 비교분석함으로써 역량기반 교육들의 실체를 이해하도록 한다.

1) 분석 대상 역량기반 교육 접근법

(1) OECD의 DeSeCo(Definition and Selection of Competencies) 프로젝트

1997년 OECD 회원국들은 각국의 학생들이 중등학교 의무교육을 수료할 시점에 기대되는 지식과 기술들이 과연 사회에서 요구하는 기대수준에 부응할 것인가를 검증하기 위한 프로그램으로 국제학생평가프로그램(The Programme for International Student Assessment : PISA)를 제안하게 된다. 이 PISA는 학생들의 지식과 기술을 읽기, 수학, 과학, 문제해결의 영역에서 국제적으로 비교하기 위해 개발된 평가시스템이고, 그 비교의 내용으로서 학생들이 달성해야할 수행능력을 체계화시킨 것이 바로 DeSeCo이다.

DeSeCo의 핵심 아이디어는 지식기반사회에서 성공적인 삶을 살아나가기 위해 누구에게나 필요한 일반적 성격의 '핵심 역량(Key Competencies)'개념을 규명하는 것이었고, 이는 세 가지 하위 요소인 "도구의 상호작용적 사용, 이질적인 집단에서의 상호작용, 자율적 행동"으로 구성되었다(OECD, 2003: 5). DeSeCo의 핵심역량과 그 하위역량을 제시하면 다음 <표 8-1>과 같다(Rychen & Salganik, 2003)

표 8-1 OECD(DeSeCo)의 핵심역량

핵심역량	하위역량
1. 도구를 상호작용적으로 활용하는 능력	•언어, 상징, 텍스트 등 다양한 소통도구 활용 능력 •지식과 정보를 상호작용적으로 활용하는 능력 •새로운 테크놀로지 활용 능력
2. 이질적인 집단속에서의 사회적 상호작용 능력	•협업/협동능력 •인간관계 능력 •갈등관리 및 해결능력
3. 자신의 삶을 자주적으로 관리할 수 있는 능력	•사회·경제적 규범 등 주변 환경을 고려하면서 행동하고 판단하는 능력 •자신의 인생계획, 프로젝트를 설계·실행하는 능력 •자신의 권리, 필요 등을 변론·주장하는 능력

<표 8-1>에서 나타난 바와 같이 OECD의 DeSeCo 프로젝트에서 제안된 핵심역량은 개인의 기본 역량을 통한 성공적인 사회생활을 준비함과 동시에 그러한 개인들이 사회적으로 조화를 이룰 수 있는 기본 능력들을 강조하는 것을 목표로 하고 있으며, 역량을 직업준비에 국한시키기보다는 전 세계의 개개인들이 자신이 속한 사회 속에서 삶을 영위해 나가기 위해 필요한 기본 자질을 상징적으로 부각시키고 있는 것으로 평가할 수 있다.

(2) 유럽연합의 핵심 역량(Key Competences in Europe)

유럽에서의 역량기반 교육과정(Key Competences in Europe : 이하 KCiE)은 볼로냐 개혁(the Bologna-reform)을 중심으로 성과중심 모형(Outcome-based model)이라는 형태로 추진되었다. 이 모형은 의도된 학습 성과(Intended Learning Outcomes : ILOs)라는 교육과정 이론을 바탕으로 교수학습의 투명성(transparency), 이동성(mobility), 그리고 책무성(accountability)을 강조하기 위한 방안으로 인식되면서 사회적 관심을 끌게 되었다. 동시에 학습 성과와 관련하여 다양한 방식의 소통 능력이 학생들로 하여금 보다 자기주도적 학습(self-directed learning)을 안내하고 촉진하기 위한 전략으로 중요시되었다. 이러한 성과중심 교육 모형의 도입으로 학생주도적 학습과 교육과정의 역할에 대한 재인식을 통해 교육에 대한 기대가 커졌던 것이다(Barman, Silén, & Laksov, 2014).

유럽연합(EU)의 핵심역량의 다음과 같이 8개의 핵심역량으로 구성되어 있다(European Communities, 2007).

① 모국어 의사소통 능력
② 외국어 의사소통 능력
③ 수학, 과학, 기술 분야 역량
④ 디지털 역량
⑤ 학습능력(Learning to learn)
⑥ 사회적 및 시민 역량
⑦ 주도성과 기업가정신(entrepreneurship)
⑧ 문화적 감수성과 표현 역량

이처럼 EU의 핵심역량의 특징은 EU의 지정학적 특성상 자국어 및 외국어 의사소통을 강조하고 있다는 것, 기업가정신(전향적 프로젝트 관리능력, 효과적인 재현 및 협상능력, 개인적/협력적 팀워크능력), 그리고 문화적 감수성을 강조하고 있다는 것이다.

(3) 미국의 공통핵심국가표준

미국의 공통핵심국가표준(Common Core National Standards and Tests : 이하 CCNST)은 한마디로 미국의 유치원에서 중등학교(K-12)까지의 학생들을 대상으로, 영어와 수학 부문을 중심으로 매 학년 말에 성취해야 할 학습 및 시험 표준을 정해놓은 것이다. 이 CCNST는 전미주지사연합회(the National Governors Association : NGA)와 주교육관료협의회(the Council of Chief State School Officers : CCSSO)의 주도로 미국 전역의 일관성 있는 교육표준을 세워서 고등학교 졸업생 및 대학 졸업생들이 향후 직업세계가 요구하는 자질을 갖추게끔 하기 위해 설계한 표준교육목표인 것이다(Common Core State Standards Initiative, 2014).

CCNST의 출발은 1990년대 미국에서 일었던 표준과 책무성운동(Standards & Accountability Movement)에서 촉발되었고, 이를 위한 교육개혁의 차원에서 주지사협의회와 미국 내 대기업경영진이 모여 1996년에 설립한 회사(Achieve, Inc.)를 중심으로 추진되고 있다(Gibbs & Howley, 2000). 그 주요 취지는 공립학교의 학문적 표준과 졸업 기준을 높이고, 평가시스템을 개선함으로써 전국적으로 학교교육의 책무성을 높여야 한다는 것인데, 이는 Achieve(2004: 1)의 보고서의 서문에 적시된 "현재 고등학교 졸업생들의 능력은 대학과 기업고용주들의 기대에 한참 못 미친다"라는 표현에 잘 나타나있다. 이에 대응하기 위해 수립한 미국학위프로젝트(the American Diploma Project: ADP)의 일부분으로 개발된 것이 바로 공통핵심 주 표준안(Common Core State Standards)이다(Achieve, 2011).

요컨대, Achieve(2004, 2011)가 추진 중인 공통핵심 국가표준안의 주요 논점은 현재 미국 고등학교 졸업생들의 능력 수준이 대학과 기업이 요구하는 지식과 기술들에 한참 못 미친다는 것이다. 즉, 고졸자가 취득한 고등학교 졸업증(diploma)이 오늘날 노동시장이 요구하는 수준의 능력을 보여주지 못하기 때문에, 보다 엄격한 국가 공통적 교육 표준을 수립해야 한다는 것이다. 이후 2009년부터 전미 주지사연합회(NGA)는 공통핵심 주 표준안을 각 주의 공립학교 교육과정에 적용하기를 권고하기 시작했고, 2014년 현재 43개 주가 채택한 상태이다(Common Core State Standards Initiative, 2014).

(4) 21세기 학습을 위한 협력(Partnership for 21st Century Learning : 이하 P21)

P21은 미국의 대학연구기관, 교육부 및 각종 교육자협회(전미교육협회: NEA 등), 교육관련 기관(American Association of School Librarians, American Federation of Teachers, Educational Testing Service, Pearson Education), 그리고 주요 정보통신 기업(Time Warner, Ford, Microsoft, Cisco Systems, Dell, Verizon, SAS) 등이 21세기를 대비한 공교육의 표준을 개발하기 위해 조직한 국가적 컨소시엄이다. P21에서는 21세기 학습자들이 갖추어야 할 역량을 비판적 사고력과 문제해결력, 소통, 협업, 창의성, 혁신, 융통성과 적응성, 자기주도성, 사회 및 문화상호성, 생산성과 책무성, 리더십과 책임, 정보 문해력, 미디어 문해력,

정보 · 소통 · 기술 문해력 등 12가지로 정의하고, 이를 K-12의 교육과정에 실제적으로 적용하도록 하였다. P21이 지향하는 목표는 다음의 진술에 잘 나타나 있다.

> "P21은 교육, 비즈니스, 공동체, 그리고 정부 리더들의 협력관계를 촉진함으로써 모든 학습자들이 지식과 기술을 습득하게 하여 끊임없이 변화하고 학습이 지식되어야 하는 세상에서 잘 적응하게끔 하기 위한 방안이다"

P21은 크게 네 가지로 역량을 구성하고 있는데, 그 구체적인 내용은 다음 <표 8-2>와 같다.

표 8-2 P21의 역량 구성

역량 4영역	① 21세기 주제를 바탕으로 한 핵심교과(the 3Rs)		② 학습과 혁신 능력(4Cs)	③ 정보/미디어/기술활용 능력	④ 삶과 직업 기술
내용	-핵심교과- •영어/읽기 •외국어 •예술 •수학 •경제 •과학 •지리 •역사 •시민과 정부	-21세기 주제- •지구촌인식 •재정/경제/비즈니스/사업가적 소양 •시민의식소양 •건강기초소양 •환경기초소양	•창의와 혁신 •비판적 사고 능력과 문제해결능력 •의사소통 •협업능력	•정보 리터러시 •미디어 리터러시 •ICT 리터러시	•유연성과 적응력 •자기주도성 •사회적 기술과 다문화사회를 살아가는 능력 •계획수립/난관극복/목표달성능력 •결과에 대한 책무성 •리더십과 책임감

P21은 위와 같은 네 영역의 역량을 학교교육을 통해 달성하기 위해 첫째, 역량 표준의 설정, 둘째, 역량 평가방법의 제시, 셋째, 역량을 위한 교육과정과 지도방안, 넷째, 역량지도를 위한 교사 양성안, 다섯째, 이를 위한 학습 환경에 대한 기술한 5가지 차원의 지원시스템을 제시하였다.

(5) ATC21S(The Assessment and Teaching of 21st-Century Skills)

P21이 21세기를 대비한 핵심역량을 설정하고 교육과정을 개발하는 데 중점을 두었다면, 이를 구체적으로 평가하기 위한 방안으로 마련된 것이 바로 ACT21S 프로젝트이다. P21에서 제시된 역량에 대한 평가도구를 개발하기 위해 2009년부터 IT 관련 다국적 회사인 마이크로 소프트, 인텔, 시스코 3개 회사의 후원을 바탕으로 250명의 연구자와 세계 60개의 연구기관이 공동 참여하여 대규모 연구 프로젝트가 착수되었다. ACT21S 는 21세기에 요구되는 10가지 기능, 즉 창의성과 혁신, 비판적 사고/문제해결/의사결정, 학습방법 학습/초인지, 의사소통, 협력(팀워크), 정보소양, ICT 소양, 시민성(지역적, 지구적), 삶과 직업, 개인적 및 사회적 책임감(문화 인식 및 역량 포함)을 ① 사고방식, ② 작업방식, ③ 작업도구, ④ 세상 속의 삶이라는 4개의 범주로 구분하고 각 범주에 대해 의사소통, 협업능력, 문제해결능력, 그리고 ICT 리터러시를 평가하는 차원에서 개발되었다.

이 ATC21S는 학생들이 미래의 정보화 사회에 필요한 지식과 기술을 제대로 익히지 못하고 졸업함으로써 기업들이 요구에 부응하지 못하고 있고, 따라서 '21세기적 고용'에 필요한 협력, 디지털 문해력과 같은 기술들을 갖출 수 있어야 하므로, 그것을 위한 새로운 형태의 평가방안을 수립하여 학교교육을 변화시키고자 한다는 것이다(ATC21S, 2015). ATC21S는 다음과 같은 4가지 평가 영역에 대해 2가지 핵심적 역량을 평가하도록 개발되었다(Williams, Gannon, & Sawyer, 2013).

표 8-3 ATC21S의 역량 구성

4가지 평가 영역	2가지 평가 역량
① 사고하는 방식(Ways of thinking) •창의성과 혁신 •비판적 사고, 문제해결, 의사결정능력 •학습능력, 상위인지	① 협업에 의한 문제해결능력 (Collaborative problem-solving) : 공동의 과제를 협업을 통해 해결하는 역량 - 서로 생각, 지식, 자원을 교환하면서 목표를 달성하는 능력
② 작업도구 사용능력(Tools for working) •정보리터러시 •ICT 리터러시	② 정보통신기술 기본소양(communication & ICT literacy) :

4가지 평가 영역	2가지 평가 역량
③ 사회생활 능력(Skills for living in the world) •(지역적, 세계적) 시민의식 •삶과 직장에서 필요한 역량 •개인적/사회적 책임감(문화적 자각과 역량)	디지털 네트워크상에서 학습하는 능력 - 사회적 관계망, 정보통신기술 활용 소양, 기술에 대한 이해, 모의 과제(simulation) 수행능력
④ 작업하는 방식(Ways of working) •의사소통능력 •협업능력(팀워크)	

ATC21S는 현재 창립 멤버인 미국, 호주, 핀란드, 싱가포르 4개국을 중심으로 추진되고 있고, 언어와 문화적 차이가 평가에 어떤 영향을 끼치는지를 알기 위해 코스타리카와 네덜란드가 협력국가로 참가한 상태이다.

(6) 한국의 핵심역량 국가교육과정(Core competence curriculum)

지금까지 역량기반 교육과정과 관련한 국내의 연구는 크게 다음 세 가지로 구분될 수 있다: 첫째, 핵심역량의 필요성과 핵심역량 교육과정에 대한 요구에 관련한 논의(박순경 외, 2008; 이광우 외, 2008, 2009), 둘째, 구체적인 핵심역량 및 그 하위요소를 선정하기 위한 논의(유현숙 · 이정미 · 최정윤 · 임후남 · 권기석 · 서영인 외 2011, 윤현진 · 김영준 · 이광우 · 전제철, 2007; 이광우 외, 2008; 허희옥 외, 2011), 셋째, 핵심역량 교육과정을 구체적으로 적용하기 위한 교육과정 개발과 관련한 연구(윤현진 · 김영준 · 이광우 · 전제철, 2007; 이광우 · 민용성 · 전제철 · 김미영, 2008; 이광우 · 전제철 · 허경철 외, 2009; 이근호 · 곽영순 · 이승미 외, 2012; 이근호 · 김기철 · 김사훈 외, 2013; 홍원표 · 이근호, 2010)가 그것이다.

지금까지 제안된 국가교육과정의 주요 역량 요소들을 정리하면 다음 <표 8-4>와 같다.

표 8-4 우리나라의 주요 역량개발 접근법의 요소들

한국교육과정평가원(2008)	이광우(2009)	이근호(2012)	한국교육과정 평가원(2013)
•초 · 중등교육(10개 영역) 창의력, 문제해결능력, 의사소통능력, 정보처리능력, 대인관계능력, 자기관리능력, 시민의식, 국제감각, 진로개발능력, 정보처리능력	•개인적 역량 -자기관리능력 -기초학습능력 -진로개발능력	•인성역량 -도덕적 역량 -자아정체성 -자기인식 -배려 -개방성 -이해심	•삶과 직업을 위한 기초역량 -고등사고능력 -협업능력 -디지털 리터러시
•고등교육(11개 영역) 사고력, 문제해결능력, 의사소통능력, 정보처리 및 기술 활용능력, 대인관계능력, 자기관리능력, 시민의식, 국제이해, 문화감수성, 직무태도, 기초 및 전문 지식	•학습역량 -창의력 -문제해결능력 -정보처리능력	•지적역량 -창의적 사고능력 -습역량	•관계성을 위한 사회적 감성역량 -자기관리능력 -의사소통능력
•직업세계(6개 영역) 의사소통능력, 대인관계능력, 문제해결능력, 정보 · 기술 · 자원의 활용능력, 자기관리능력, 조직과 문화에 대한 이해 능력	•사회적 역량 -의사소통능력, -시민의식, -국제사회문화 이해, -대인관계능력)	•사회적 역량 -사회생활능력 -문제해결능력	•지속가능 사회를 위한 역량 -글로벌시민의식 -생명존중의식
•평생학습사회(13개 영역) 창의력, 문제해결력, 의사소통능력, 정보처리능력, 대인관계능력, 자기관리능력, 시민의식, 국제감각, 진로개발능력, 자기주도 학습능력, 기초생활문해력, 미디어 정보문해력, 예술 감수성			

위 <표 8-4>에 나타난 것처럼, 우리나라 국가교육과정이 핵심역량기반으로 급속하게 개편되고 있고, 현재는 실제적 교육과정에 적용하기 위해 각 교과목별 구체적 핵심역량관련 내용구성과 교수방법의 개발, 그리고 평가방법에 대한 연구들이 이루어지고 있는 실정이다.

2) 역량기반 교육 접근법의 비교분석

앞 절에서 소개한 여섯 가지 역량기반 교육접근법의 목표와 특징을 간략하게 정리하면 다음 <표 8-5>와 같다.

표 8-5 세계 주요 역량교육접근법의 목표와 특징 비교

역량 구분	목표	특징
DeSeCo(OECD)	• 공동체의 목표에 기여할 수 있는 개인역량의 개발 • 저학력 국가의 교육수준 고취 • 전 세계적 역량 목표의 표준화	• 핵심역량 개념의 최초 도입 • 3개 핵심역량과 9개 하위역량으로 구분 • PISA 평가의 모태
Key Competencies in Europe(유럽연합)	• 삶의 핵심 기술 함양 • 학생중심적 학습체계 개발 • 교수학습의 투명성, 이동성, 책무성 강조	• 성과중심 모형 • 자기주도적 학습(self-directed learning) • 의사소통능력 강조 / 디지털역량
Common Core National Standards(미국)	• 중등학교(K-12)까지의 학습 및 시험의 표준 개발 • 직업세계가 요구하는 자질 함양 • 중등학교 졸업생 자질 강화	• 공적 · 사적 교육영역의 공조체계 • 영어수학 중심의 기초 리터러시 역량 • 기존 교육과정 시스템(표준안)을 기반 • 학습영역에 대한 명시적, 체계적 지침 • 현재 약 43개주가 채택
Partnership for 21C Learning(미국)	• 21세기 미래사회 대비한 역량 개발 • 역량평가, 교육과정과 지도법, 교사양성, 학습환경의 구체적 방안 제시	• 정보통신 주도의 국가적 교육과정 개혁 • 대학, 정부, 교육단체, 민간기업이 총망라 • 역량요인개발 및 교육과정의 체계적 개발 • 구체적 평가방안(AT21CS) 개발과 연계
Assessment & Teaching of 21C Skills(미국)	• 새로운 평가방식을 통한 교육개혁 • 21세기에 요구되는 10가지 기능 중심 평가방식 설계	• P21의 평가도구를 개발 위한 프로젝트 • 미국 거대 IT기업이 주도한 평가시스템

역량 구분	목표	특징
		• '21세기적 고용' 강조 기업중심 교육개혁 • 2015년부터 PISA에 시범 적용
핵심역량 국가교육과정(한국)	• 미래 사회에 필요한 기초 소양 교육 강화(교육혁신위원회, 2007) • 평생학습체제의 확대, 학습장소의 다원화 및 가상화, 범교과적 능력 중시(소경희 · 이화진, 2001) • 미래 교육환경, 직업 세계 변화, 교육 패러다임 변화(이근호 · 김기철 · 김사훈 외, 2013)	• 역량기반 교육과정의 세계적 추세에 부응 • 한국교육과정평가원 중심 교육과정 개발 • OECD 역량기반 교육의 틀을 개념적 참조 • 전문가 델파이조사 등으로 핵심역량 추출 • 국가적 교육과정 개혁으로 추진

<표 8-5>에서 정리된 것처럼, 현재 세계적으로 잘 알려진 역량기반 교육의 접근법들의 목표들과 그 특징들을 보면, 역량기반 교육이 지향하는 바가 무엇인지 잘 드러난다.

첫째, OECD의 DeSeCo는 역량개념을 구체적 교육개혁의 의제로 최초로 개발하여 국제기구들을 중심으로 전 세계적 역량기반 교육의 방향을 제시하고 있으며, 이를 PISA와 같은 국제비교평가로 연결시켰다는 점이다. 이는 일반적이고 기초적 역량을 개발하여 이를 강조함으로써 전 세계적 시민 역량의 표준 제시하였다는 점에서 그 의의가 있다.

둘째, 유럽의 KCiE는 자기주도적 학습이나 의사소통 능력 등의 강조를 통해 개인의 사회적 적응과 이를 위한 공교육의 역할을 촉구하는 데 초점이 맞추어져 있는데, 이는 '삶의 핵심 기술 함양'이라는 매우 보편적 교육의 목표에 대한 공교육의 책임과 역할을 명시했다는 점에서 의의가 있다. 반면, 미국의 역량기반 교육 접근법들은 미래사회에 대한 대비 및 직업세계에 대한 준비를 강조함으로써 보다 실용주의적이고 현실적 측면의 학교교육의 역할을 부각시켰다는 사실이다. 이와 같이 유럽식 역량 개념과 미국식 역량개념의 차이를 어떻게 이해할 것인가가 역량기반 교육을 도입하도록 하는 우리가 풀어나가야 할 과제가 될 것이다.

셋째, 미국의 CCNST는 공립학교의 책무성 고취하고 각 주간의 학습격차를 해소하며, 최소 학습기준의 제시함으로써 공교육의 개혁을 추진한다는 명분을 갖고 있다. 하지만 이에 대한 반론으로 공립학교의 주도권을 연방정부에 넘겨주고 전국적으로 표준화된 커리큘럼이 사용됨으로써 교육자치제의 취지를 훼손하거나 교육이 중앙집중화될 수 있다는 우려가 있고, 그로 인해 교육수준의 전국적으로 하향평준화 될 우려가 제기되고 있다(Stotsky, 2012). 아울러 공통핵심(Common Core) 교육과정이 언어 및 수학 교과의 리터러시에 기반하고 있기 때문에, 읽기를 역사, 사회, 과학의 내용 수업이 이루어짐으로써, 개별교과의 내용 학습 수준의 질적 저하가 일어날 수 있다는 우려도 있다.

넷째, 미국의 CCNST나 P21프로그램의 가장 큰 특징은 국가적 교육개혁의 제안(initiatives)이 사기업과의 적극적 협력이나 공조체제에 의해 국가교육과정의 설계가 이루어지고 있다는 점이다. 이는 오늘날의 급속한 정보화 사회를 맞이하여, 그에 대한 교육적 의제를 선도하는 주체가 공적 영역에서 사적 영역으로 급선회하고 있는 현실을 보여주는 것이다. 이렇듯 미래사회를 위한 교육개혁의 주도권을 누가 가지며, 기업의 요구를 중심으로 한 교육개혁의 문제를 어떻게 수용할 것인가의 문제는 공교육의 역할과 방향을 설정하는 데 매우 중요한 논점이 될 것이다.

다섯째, ACT21S 프로젝트의 사례에서 알 수 있듯이 핵심역량기반 교육과정의 개발은 평가의 문제와 밀접하게 관련이 있으며, 실제적으로 PISA와 같은 국제적 학력비교검사와 연계되어 공교육의 계획과 실천에 큰 영향을 미치고 있다는 점이다. 예를 들어, ATC21S은 궁극적으로 '21세기 기술(21st-century skills)'과 같은 학생들의 잠재력을 향상시키기 위한 교육시스템의 개발과 그러한 '21세기 역량'을 평가하기 위한 모형을 개발하는 데 전력을 다하고 있다(Binkley, Erstad, Herman, Raizen, Ripley, Miller-Ricci, 2012). 이와 같이, 정보력과 기술력을 가진 세계적 ITC 전문기업이 학교교육 평가의 문제에 관여함으로써 그동안 공교육이 가장 취약했던 평가의 문제(예, 창의적 문제해결능력과 같은 매우 정교한 역량을 평가하는 기술)에 대한 체계화된 평가시스템이 개발되고 대중화될 가능성이 열린 것이다. 하지만 ATC21S가 목표한 바와 같은 평가를 통한 교육개혁은 그에 따른 교육과정 개편(교육내용 개편, 교사연수, 대입문제와 같은 사회적인 평가환경의 개선 등)이 뒤따라야 할 것이다.

결국 이 표에서 소개된 것처럼, 우리나라의 핵심역량 중심 교육과정에 대한 여러 연구들도 핵심역량 교육접근법의 세계적 확산과 밀접하게 관련되어 있음을 알 수 있다. 우리나라에서 추진 중인 핵심역량기반 국가교육과정의 올바른 방향설정을 위해서는 역량기반 교육의 기원과 성격에 대한 검토와 올바른 이해할 필요하다.

3. 역량기반 교육의 비판적 재인식

본 장에서는 역량기반 교육을 올바로 이해하기 위해 그 인식론적 문제, 이념/정치적 문제, 실천적 문제인 세 가지 차원에서 비판적으로 논의해보기로 한다.

1) 인식론적 문제

역량기반 교육의 인식론적 문제는 한마디로 학교교육에서 다루어지는 지식에 어떤 관점을 갖는가의 문제인데, 이를 기계론적 환원주의, 지식 범주의 축소, 그리고 지식의 사회적 역할에 대한 관점의 문제로 나누어 살펴볼 수 있다.

(1) 기계론적 환원주의

역량교육은 관찰이나 실천으로 확인가능한 지식만이 확실한 지식이라고 하는 기계론적 환원주의에 토대한 지식관을 가지고 있다. 채플, 곤찌, 해이거(Chappell, Gonczi, & Hager, 2000)는 역량 모형이 제시하는 모든 역량들은 행동주의에 기반해 목표행동의 목록들을 환원주의적으로 나열하는 방식을 추구하므로, 인간의 고등사고력이나 회고능력(reflection)은 등한시하면서 기계적 반응만을 훈련시키게 된다고 지적하였다. 여기서 언급된 환원주의에 대해 케르카(Kerka, 1998: 2)는 다음과 같이 지적하였다.

"(역량 모형이 기반한) 환원주의적 교육모형은 편협하고, 경직되고, 원자화되어서, 이론적으로나 실증적으로 건전하지 못한 가정에 의존하고 있다. 이는 행동주의적 모형과 맥락을 같이 하면서, 역량을 개인들이 자신의 기능적 역할을 독립적으로 수행하는 세분화된 작업들로 규정하여 이해하고 있다. 이러한 작업의 세분화된 방식이 역량에 대한 기술 혹은 표준화의 토대가 되고 있으며, 이는 다시금 역량교육의 목표와 평가기준으로 활용되고 있다."

이처럼 역량기반 교육은 모든 학습의 목표를 구체적 행동목록으로 변환된 형태로 이해하려는 행동주의적이고 환원주의적 접근을 기반으로 한다. 제이코부스(Jacobus, 2007)는 역량 교육이 선정한 행동목표들이 어떤 측면에서 교육적으로 적절한지에 대한 아무런 근거도 제시할 수 없기 때문에, 이러한 역량기반 접근법은 인식론적으로 부적절하며, 학교교육에서 나타날 수 있는 수많은 가능성을 제한하는 매우 편협한 접근법이라고 지적하고 있다. 앞 에서 언급한 영국의 국가직업능력 자질척도(NVQs)의 구성과 내용수준들을 보면, 매우 단순하고 편협한 방식으로 조직되었고, 평가(assessment) 기반으로 이루어져 고용자 입장에서 학생들의 성취를 파악하는 방식으로 구성되어 있다[4]. 이러한 NVQs의 편협성에 영향을 받아 교육과정이 지식과 기술을 융통성 있게 학습하지 못하게끔 운영되었기 때문에, '역량 있는 학생'을 키운다기보다는 역량 자체를 훈련하는 데 학교교육이 매진하는 본말전도의 현상이 속출할 우려가 있다.

(2) 지식범주의 축소

역량교육의 또 다른 문제는 역량 개념에 대한 이론적 토대가 불명확하고, 지식의 범주와 깊이를 축소하고 있다는 것이다. 지식은 본래적으로 개방성, 융통성, 확장성을 띠고 있는데, 그러한 지식을 구체적 목표(objectives)로 한정시켜 무리하게 수준을 나누는 것은 본질적으로 타당하지 않고, 그로 인해 교육활동(학생들의 성장이나 교사의 역할)을 제한할 위험이 있는 것이다(Bull, 1985). 아울러 역

4) 영국의 NVQs는 6개의 요소(성과평가, 과정평가, 핵심기술 발달, 단위들의 그룹화, 지식습득, 그리고 포트폴리오 작성)가 3단계(Level 1 : 기초, Level 2 : 중급, Level 3 : 고급)로 이루어진 시스템이다. 각 요소들은 독자적으로 평가되고, 해당 자질을 습득하였을 경우, 학점(credits)이 주어진다. Level 3을 통과한 경우 고등교육에 입학할 자격이 주어지고, Level 2의 경우 보통 1년 정도의 종일제 학습을 통해 달성될 수 있다.

량개념이 갖는 행동적 범주, 인지적 역할, 그리고 교육적 의미에 대한 논리적 근거가 불확실하고, 역량이 구체적으로 가리키는 것이 개인의 자질(attribute), 목표행동, 혹은 행위(학습)의 결과인지가 명확히 구명되지 않았기 때문에 역량의 개념은 매우 모호하고 일관성이 없이 사용되고 있기도 하다(Ashworth & Saxton, 1990). 그 대표적인 현상이 앞서 논의한 행동주의적 목표설정에 역량기반 교육이 의존하고 있다는 것인데, 이는 진정한 의미의 교육이라기보다는 훈련이나 세뇌에 가까운 것이다.

이러한 비판적 관점은 다음 세 가지와 같은 분명한 근거에 토대해 있다.

첫째, 역량의 개념화가 행동주의적 학습을 적용하기 시작한 당시에도 이미 잘 알려진 행동주의의 여러 단점들을 전혀 극복하지 못한 상태로 적용되었다는 사실이다(Hyland, 1993: 59).

둘째, 역량 개념이 전통적인 이성적-실증주의적 패러다임(rational-positivistic paradigm)에 배태되어 있어서, 그 발달단계가 매우 위계적이어서 보다 융통성 있고 자율적인 사유를 억제할 수 있다는 점이다.

셋째, 역량 개념이 지식의 어떤 측면을 가리키는지가 분명히 논의되지 않았고, 동시에 보다 복잡한 전문적 수준의 교육/훈련을 현재의 핵심 역량의 목록으로 충분히 개념화될 수 없다는 것이다(Jacobus, 2007).

즉, 비록 역량 발달이 형식적인 위계성을 갖고 구성되었지만, 그 내용적 측면에서는 학생들의 어떤 능력, 자질, 혹은 잠재력을 길러주고 있는지가 모호하며, 학교교육의 지식이 어떤 행동적 기술을 증진할 수 있는지에 대한 내용 지식과 기술(역량)의 관계에 대해서도 분명한 개념화가 부족한 채로 적용되고 있는 것이 문제이다.

(3) 지식의 사회적 역할에 대한 관점

역량교육은 지식(교육)의 사회적 역할에 대해 규범적, 현상유지적, 실용주의적 목표에 의존하고 있다. 앞서 논의하였듯이, 역량기반 교육의 이념적 패러다임 속에는 현상유지, 일상적 규범, 실용주의 추구라는 성격이 내재되어 있다. 예를 들어, 역량기반 교육이 보급되기 시작하던 1980년대에 그 지향점과 설계 자체가 현상유지 모형(a status quo model), 즉 당시의 사회경제질서에 순응하기 위한 모형이라는 지적이 있는데(Roberts, 1992), 역량을 통해 개인들에게 기대하는 것은 사회의 변화나 개혁의 차원이 아니라, 현 사회에서 요구하는 바에 순응하기 위한 사회경제적 능력을 요구한다는 것이다.

아울러 역량의 정의 자체에 "일상적 사회생활의 영위와 관련된 개인의 능력을 개발하고 조성하는 것"이라고 내용이 포함되어 있는데(Bates, 2013), 이러한 역량 개념의 핵심은 교육내용과 사회적 목적과의 연관성이 단순하게 설정되어 있었던 전근대적 사회에서는 적합할지 몰라도, 오늘날과 같이 매우 복잡하고 다차원적인 사회에서 요구되는 능력인지는 의문이다.

마지막으로, 역량교육이 지나치게 실용주의적 목표에 토대함으로써 진리를 추구하는 인간의 기본적 호기심, 지적 훈련 자체가 이성발달에 기여하는 역할, 예술, 체육 분야의 교육은 인간의 신체적·정서적 성장에 기여한다. 그러므로 긴 호흡을 가진 지식의 토대화와 확산이 사회에 기여하는 역할 등에 대해 학생들로 하여금 몰이해와 편견을 가지게 할 위험성이 존재하는 것이다.

2) 이념/정치적 문제

역량기반 교육의 이념적 배경에는 신경제학 이론, 신자유주의적 시장중심주의, 교육통제의 담론이 자리하고 있는데, 그러한 이념적 배경이 갖는 한계점을 간략히 살펴보자.

(1) 신경제학 이론

하이랜드(Hyland, 1993)는 역량기반 교육의 이론적 배경이 책무성과 투입-산출의 효율성을 강조하는 1980년대 신경제학 이론의 이데올로기를 옹호하는 역할을 하고 있음을 지적하였다. 이는 역량기반 교육이 60년대의 행동주의 이론의 관점을 이어받은 후, 80년대 효율성, 책무성을 강조하는 신경제학 이론의 등장으로 20세기 초반의 테일러주의(Taylorism)를 재수용한 것임을 보여준다. 이후 역량기반 교육은 1990년대에 이르러 행동주의적 역량의 개념이 가진 편협함에서 벗어나기 위해 "(개인) 역량의 생성과 개발에 있어서 지식과 이해가 기여하는 역할을 규명"하도록 하였으나, 초기 역량 개념이 갖는 본질적인 한계로 인해 여전히 이론적 모호성을 극복할 수 없었다(Hyland, 1993: 59). 결국 역량기반 교육은 투박한 행동주의적 모형에 기초하여 근본적인 지식에 대한 이해보다는 가시적인 성과와 효율성을 강조하여 수행과 책무성에 집중함으로써, 학생의 성장과 전인적 발달이라는 교육의 본질적 역할을 외면하는 결과를 낳게 된 것이다.

(2) 신자유주의적 시장중심주의

역량기반 교육이 학교교육에 있어서 윤리와 가치의 문제를 배제하고 실용적인 '전문 인력의 양성'이라는 이미지를 내세우는 것은 시장에 기반 한 경영적 마인드의 전 사회적 확산에 학교교육도 포섭되고 있다는 현실을 보여준다(Hodkinson & Issit, 1995). 이러한 현상은 1970년대 보울즈와 진티스(Bouls & Gintis, 1976)의 대응이론(The Corresponding Theory)이 지적했던 공교육의 산업시스템 종속 현상과 일맥상통하고, 1980년대 이후에 심화된 노동착취적인 자본주의 사회의 사회경제적 관계성을 반영한 것이다. 여기서 문제점은 역량기반 교육이 특정한 시장중심적 사회구조에 대비하는 것을 학교교육의 목표로 상정해 놓고, 시장중심적 인재상을 교육을 통해 달성하는 것이 합리적이고 공정한 것이라는 논리를 바탕으로 하고 있다는 것이다.

위와 같은 시장중심주의 즉, 교육을 포함한 모든 사회적 인프라와 자원이 자유시장 경제 시스템을 중심으로 재편되는 상황은 최근 들어 급속히 확산되어가고 있는 신자유주의와도 밀접한 관련이 있다(Chappell, Gonczi, & Hager, 2000). 역량기반 교육이 교육의 성과를 확인하기 위한 측정에 의존하고 그 결과를 기능주의적 혹은 시장효율성적 관점에서 평가하도록 하는 것은 교육의 공적 역할을 촉구하기보다는 학습의 결과에 대한 개개인의 자질과 책임을 강조한다는 점에서 신자유주의적 교육모델의 연장선이라 볼 수 있다. 즉, 역량기반 교육은 학생들을 직업기술에만 몰두하게 함으로써 기업중심의 자유시장 경제 속에 피동적인 부속품으로서 기능하게 만드는 결과를 낳고 있는데, 이는 한마디로 교육을 실용적이고 기능적인 관점으로만 인식하고, 그 속에서 개인의 자질(인적 자본의 개발), 책임(자기주도성 여부), 그리고 적응력(생존경쟁)만을 강조하는 신자유주의적 교육

이념을 반영한 것이라고 볼 수 있다.

(3) 교육통제적 담론

최근 우리나라가 핵심역량의 개념을 중심으로 국가교육과정을 재편하는 것은 '공식화된 학교지식과 정책을 촉구하고 이념화하여 학교 현장의 다양한 행위들을 규제하고 영향을 미치는' 교육 담론(pedagogic discourse: Bernstein, 1990)의 차원에서도 이해될 수도 있다. 즉, 역량기반 교육을 통해 가시적 성과, 성취 비교, 효과성 평가(검사), 현장 역량 등의 개념들을 미래지향적인 학교교육의 핵심으로 규정하고 있다는 것이다. 이는 역량교육의 확대로 인해 학교교육의 영역에서 윤리나 철학의 문제는 축소하고, 오로지 생산성과 효율성의 논리가 지배하는 학교교육을 정당화함으로써, 학교교육의 역할을 시장의 논리로 통제하려는 의도를 가졌다는 지적을 피하기 어려운 것이다(Elliot, 1993).

요컨대, 역량기반 교육의 개념은 효율성, 생산성, 시장주의적 성과, 개인주의와 경쟁주의를 강조하는 이념적 한계를 가지고 있으며, 이는 학생들의 학습과 성장의 폭넓은 가능성 영역을 충분히 포함하거나 설명해주지 못한다.

3) 실천적 문제

역량기반 교육이 갖는 실천적 문제는 지금까지 논의한 교육목표 상의 문제를 제외하고, 교육내용, 교육방법 혹은 설계, 교육평가, 그리고 교과교육의 문제의 차원에서 논의해 볼 수 있다.

(1) 내용상의 문제 : 내용 범주화와 체계화

앞서 소개한 유럽의 KCiE, 미국의 P21, 한국의 핵심역량 접근법의 구체적인 내용을 들여다보면 의사소통(communication), 수(numeracy), 정보통신(IT), 문제해결(problem-solving) 등과 관련된 지식이나 기술이 포함되어 있고, 이러한 지식들을 다룰 수 있는 핵심 기술(core skills)을 역량이라고 간주하고 있다. 하지만 현재의 이러한 역량교육의 요소는 초기의 역량 개념이 제시했던 내용하고는 큰 차이가 있는데, 이러한 새로운 역량 개념의 타당성을 확보하기 위해서는 다음과 같은 질문에 응답할 수 있어야 한다.

첫째, 과거 사회가 요구했던 단순한 역량의 개념과 오늘날의 역량개념과는 어떤 차이가 있는가?

둘째, 오늘날의 급속한 사회적 변화(지식의 확장과 정보통신 기술의 발달, 사회의 복잡화 등)에 맞추어 개발된 역량 개념이라면, 그것을 추종하는 것이 과연 올바른 교육의 방향인가?

셋째, 역량의 수준(예, 기초 역량과 고등 역량)과 범주(개인적 역량, 사회적 역량, 직업역량 등)가 사회 및 문화적 맥락에 따라 다를 것인가(특수성) 아니면 동일할 것인가(보편성)?

넷째, 역량들은 독립적인 것인가 아니면 역량들 간의 자질 이동(portability of qualification)이 가능한가 등에 대한 이론적, 실천적 근거가 마련되어야 한다. 다섯째, 역량교육의 적용이 공교육 시스템의 흐름에 부합되게 이루어져야 하는데, 우리보다 앞서 역량교육을 개발하고 있는 외국의 경우에도 어떻게 학교교육을 통해 역량이 발현될 수 있을 것인가에 대한 명확한 계획이나 방법론이 아직까지 거의 논의되지 못하고 있는 상태이다(Green, 2014).

(2) 교육방법상의 문제 : 교육과정 설계

역량을 인지적 기술이 숙달되는 과정이 아니라, 그 결과로서 행동이나 수행으로 판단하는 것은 다음 여러 가지 교육과정 설계상의 문제점을 야기한다.

첫째, 교육내용이 지엽적인 기술적 숙련도만을 지향하게 되며, 학습의 과정을 통해 배울 수 있는 다양한 의미 있는 경험을 배제하거나 등한시할 가능성이 있다(Dall Alba & Sandberg, 1996).

둘째, 역량에 대한 편협한 관점을 바탕으로 수단-목적(means-end)의 구조로 설계된 프로그램은 역량 교육의 잠재적 가능성에 대한 추구나 학생들의 학습과정 자체에 대한 관심보다는 결과에만 초점을 두게 된다. 이러한 입장은 교육을 세부적이고 사전 규정된 목적에의 수단으로 간주하기 때문에, 교육을 인간-기계화(human engineering)의 도구로 전락시킬 위험성이 있다.

셋째, 역량은 교육결과의 평가에 있어서도 측정 가능하고 실용적인 개별적 성과에만 집중한다(Jacobus, 2007). 이는 교육이 갖는 학습과 실천 간의 연결, 수행의 이면에 깔린 특성, 행동 이면에 있는 의미나 의도, 수행이 이루어지는 맥락, 그리고 집단 속 개인의 역할 등을 등한시한다는 비판을 피하기 어렵다.

호주 대학들의 사례를 분석한 연구에 따르면, 대부분의 대학들이 역량기반 교육에 대한 경험(80%)이나 그에 대한 지식(60%)도 없는 상태에서 1980년대부터 역량의 개념을 대학 교육과정에 적용하기 시작하였는데, 그로부터 10년 후의 연구에서 절반 이상이 역량 교육에 대한 부정적인 견해를 가지고 있는 것으로 조사되었다(Bowden & Masters, 1993). 결국 역량기반 접근법에 치중한 학교교육 현장은 행동주의적 목표를 중심으로, 지적으로 편협한 역량기반 활동들에 매달려 지식의 본질적인 의미도 이해하지 못한 채 평가를 위한 가시적인 성취에만 집중하게 될 우려가 있다.

(3) 평가상의 문제

미국의 범국가적 프로젝트인 P21의 평가방안의 하나로, ATC21S 프로그램이 등장한 것처럼 역량기반 교육접근법의 가장 핵심은 역량의 평가시스템을 개발하는 일이다. 이처럼 핵심역량의 평가문제가 해당 접근법의 효과와 성공여부를 가늠하는 지표가 되고 있는데, 거기에는 다음 세 가지 문제점이 제기되고 있다.

첫째, 현재 미국의 CC(Common Core), 즉 국가 표준이나 주 표준교육과정이 43개주에 걸쳐 실시되고 있는데, 그 과정에서 많은 평가의 문제들이 제기되고 있다. 예를 들어, 뉴욕의 공립초등학교 교장들을 대상으로 조사한 연구에 따르면, 공통핵심 교육과정의 성취여부를 평가하는 문항들이 어렵고 혼란스러운 질문들이 많고, 검사 시간도 지나치게 길며, 현장 역량을 검사하는 문항들이(시범적 검사 차원에서) 포함되어 있고, 동일한 기술을 반복적으로 평가하는 문항(수학 문항의 경우)이나, 수업의 방향을 혼란스럽게 만드는 문항(영어의 경우)들이 포함되어 있고, 정답이 여러 개 있을 수 있는 문항들이 섞여 있다고 불만을 토로하고 있다는 것이다(Stotsky, 2012).

둘째, 역량을 중심으로 체계화되고 보편화된 평가시스템은 특정 맥락의 학교나 교실에서 학생들을 지도하는 현장 교사들의 수업장악 및 학생 상호작용의 의욕을 감퇴시킬 우려가 크다는 점이다. 교사들은 주어진 평가시스템의 틀에 맞춰 학생들의 다양한 반응들과 잠재력을 억제하게 되고 가시적인 성과에만 매달리게 될 것이다(Beevers, 1993).

셋째, 역량의 평가에 있어서 학생들의 특정 수행이 표준에 도달했는지 않았는지를 판정하는 방식은 이분법적인 양상을 띠기 쉽다. 표준에 도달하지 못한 학생들은 좌절하게 되고 하급 역량의 수준에 머무르게 되고, 직업세계에서는 그에 따른 대우를 감수할 수밖에 없다. 역량의 표준에 도달한 학생들도 보다 심오한 지식과 기술을 익히기보다는 현재의 수준에 만족할 수 있기 때문에 결과적으로 학생들은 비판적 사고나 창의적 사고를 경험할 기회를 갖지 못하게 되는 것이다(Stevenson, 1993).

(4) 교과교육 차원의 문제

현재까지 역량교육은 거의 교과영역-일반적(subject-general)인 차원에서 논의되어왔다. 따라서 기존의 학교교육에 역량중심적 접근법을 도입하기 위해서는 무엇보다도 교과와 관련된 역량, 즉 교과-특수적(subject-specific) 역량의 개발이 시급하다(소경희 · 강지영 · 한지희, 2013). 하지만 교과 특수적 역량의 개발에 있어서 극복해야 할 중요한 문제들은 다음 네 가지와 같다.

첫째, 교육과정에 지식과 그 지식을 실천하는 기술을 어떻게 통합할 것인가의 문제이다. 지식과 기술의 통합과정에서 양자 사이의 균형 혹은 중심점을 어떻게 설정할 것인가의 문제도 따른다.

둘째, 학습해야할 지식의 수준이 높아질수록 그러한 지식은 쉽게 행동적으로 전환하기 어려운 반면, 이를 기술의 차원과 연결시키고 확인(평가)하기 위해선 해당 지식을 표준화, 단순화, 계량화해야하는 딜레마를 어떻게 극복할 것인가의 문제이다.

셋째, 교과-특수적 역량을 개발하기 위해 각 교과지식만의 독특하고 타당한 역량의 개발이 과연 얼마나 가능할 것인가에 대한 문제이다. 즉, 국어, 수학, 과학 등에 대한 역량이 별도로 존재하는가의 문제이며, 오늘날 지식의 영역에 대한 통합적/융합적 접근이 중요시되는 상황에서 과연 그러한 역량의 개발이 어떤 교육적 의미를 가져올 것인가에 대한 문제이다.

넷째, 실제로 교과-특수적 역량을 개발한 바 있는 외국의 사례를 살펴보면 그 내용이 과연 교과-특수적 역량이라고 할 수 있는지 의문이 드는 경우가 많다. 예를 들어 캐나다 온타리오주의 영어교과 역량범주 네 가지는 '지식과 이해', '사고', '의사소통', 그리고 '적용'이고, 독일 영어교육과정의 역량범주는 수용(듣기, 독해), 인식(사회실용능력, 문법), 생산(쓰기, 말하기)로 구분되어 있다(소경희 · 강지영 · 한지희, 2013 재인용). 여기서 캐나다의 경우는 영어과 역량이라고 보기 어려운 일반적인 내용이고, 독일의 경우는 기존의 언어교육의 일반적 영역범주와 큰 차별점을 찾기 어렵다. 결국 성급하게 교과교육 역량을 개발한다고 서두를 것이 아니라, 교과-특수적 역량이 무엇인가에 대한 근본적인 논의부터 시작해야 할 것이다.

요컨대, 역량기반 교육이 특정하고 구체적인 목표를 달성하기 위한 도구로써 활용되는 것은 그 편협성으로 인해 진정한 학교교육의 역할을 제한할 위험성이 크다. 더욱이 그러한 역량을 표준화하여 일률적으로 평가하는 시스템에 의존한다면, 그로 인해 교육과정 자체가 위축되고 형식화될 수밖에 없으며 학생들의 잠재력이나 발달을 도모하기 어려울 것이다.

결론적으로 본 절에서는 지금까지 역량기반 교육적 접근법의 유래와 기본원리, 그리고 직업교육으로서의 성격에 대해 논의하고, 대표적인 역량교육접근법을 비교하여 분석하였다. 또한 이러한 역량교육접근법에 대한 비판적 재인식의 차원에서 그 한계점을 인식론적, 이념적, 그리고 실천적 문제 차원에서 논의하였다. 이러한 논의를 바탕으로, 현재 교육부가 보급을 준비하고 있는 핵심역량 국가교육과정을 어떻게 이해하고 수용할 것인지에 대해 논의할 필요가 있는데, 역량기반 교육이 단순한 직업준비 교육에서 탈피하여 학교교육의 본질적 역할에 부응하기 위해서는 다음 네 가지 사항들에 대해 고민할 필요가 있다.

첫째, 역량의 개념이 대한 재논의를 통해 그 인식론적, 실천이론적, 그리고 이념적 의미를 명확히 하는 작업과 역량개발의 주체인 학습자의 정체성 및 자율성 문제에 대한 논의(즉, 학생들은 어떤 존재이며, 역량의 학습과정에서 어떤 역할을 할 것인가?)가 필요하다.

둘째, 역량기반 교육을 실행하는 주체로서의 학교교육의 역할에 대한 문제이다. 학교교육과정이 기반하고 있는 가치나 원칙들은 무엇이고, 그것이(학교)교육의 목적에 어떻게 기여하는가에 대한 이해를 바탕으로 역량교육접근법이 거기에 어떤 기여를 할 것인가를 논의해야 한다.

셋째, 핵심역량접근법을 학교교육과정에 어떻게 정착시킬 것인가의 문제이다. 현재 우리나라에서 핵심역량교육 접근법이 연구되고 추진되는 과정을 보면, 핵심역량 요소의 선정연구에 이어 외국의 사례를 바탕으로 그 평가방법을 제시하는 수준에 머물러 있다. 핵심역량접근법의 성공적인 적용을 위해서는 앞으로 핵심역량의 내용 선정과 조직, 기존 교과지식과의 연계, 교수학습 방법에의 적용, 교사훈련 등의 수많은 과정이 연구과제로 남겨진 상태다.

넷째, 설계된 역량기반 교육접근법이 단순히 역량표준의 성취나 그에 대한 평가방법에만 관심을 두는 것이 아니라, 학생들의 다면적 발달에 대한 이해, 다양한 학생유형에 대한 이해, 그리고 학교나 교실의 환경적 맥락에 대한 이해를 포함해야 할 것이다.

버크(Burke, 2013)는 미국의 공통핵심 교육과정(CCNST)에 대해 시민들이 가진 세 가지 기대, 즉, 교육과정의 국가표준화가 학생들의 세계적 경쟁력을 더 높여줄 것이라는 기대, 국가표준교육과정을 통해 학부모들이 자녀들의 학업성취 정도를 더 잘 판단할 수 있게 되리라는 기대, 그리고 그것이 각 지역마다 다른 교육표준이 가져오는 혼란을 해결해줄 수 있으리라는 기대를 가지고 있다고 지적했다. 하지만 그 실질적 성과는 국가표준교육과정의 존재 자체가 가져오는 것이 아니라, 그것이 어떻게 구성되고 활용되느냐에 달려있을 것이다. 결국 우리는 미래사회가 요구하는 인재상과 그에 대비한 학교교육의 역할과 내용이 무엇인가에 대한 근본적인 고민을 다시 할 필요가 있다. 문제는 '미래의 인재상'에 대한 담론이 산업계나 자본주의의 현실에 의해 좌우되게 할 게 아니라, 시민사회가 그 담론의 적극적인 주도자의 역할을 하고 그에 따라 학교교육에 역할을 부여하는 과정이 필요할 것이다. 그러한 논의를 바탕으로 핵심역량 교육과정의 구체적 적용방안이 고민할 필요가 있다.

4. 다문화 역량의 적용 : 고령 다문화사회[5)]

1) 다문화역량 범주 확대

노인심리학 분야에서 어떤 특정 심리적 자질로서의 문화적 역량(cultural competence)에 대해 연구한지는 30여 년이 지났지만, 다문화역량을 노령화사회의 맥락에서 어떻게 이해할 수 있는가에 대해서는 아직 많은 연구가 이루어지지 않았고, 단지 소수인종에 대한 지원의 적절성 차원에서 논의되었을 뿐이었다(Sue & Sue, 2003). 그러다 최근에서야 연령이 다문화역량에서 매우 중요한 요인이 된다는 것이 학계에서 널리 받아들여지기 시작한 상황이다(AOA, 2001; APA, 2004). 그렇다면 다문화 역량의 개념범주에 고령화 즉 연령의 변수를 고려한다는 것은 어떤 의미인가?

고령 다문화 계층에 대한 사회 및 개인 차원의 인식은 인종, 종족, 출생지, 종교, 장애, 연령, 성, 성적 취향과 같은 다양한 사회문화적 배경들과 노년층의 특징들을 어떻게 함께 고민할 것이냐의 문제인데, 이러한 문제에 대처할 수 있는 사회적 준비도의 표준이 바로 다문화역량(multicultural competence)이라고 할 수 있다. 미국 소수민건강복지부(Department of Health and Human Services Office of Minority Health)에 따르면, 문화는 "인종, 종교, 민족 및 사회적 집단의 언어, 사고, 소통, 행위, 풍습, 신념, 가치 등의 차원에서 인간행동의 통합적 패턴"이고, 역량(Competence)은 "공동체 구성원들에 의해 제기된 문화적 신념, 행동, 필요 등의 맥락 속에서 개인이나 기관이 효과적으로 기능할 수 있는 능력"으로 정의된다. 또한 다문화역량은 "시스템, 대리인, 혹은 전문가들에게 종합적으로 드러나는 조화로운 행위, 태도, 정책으로써 교차문화적(cross-cultural)인 상황 속에서 효과적인 역할을 할 수 있는 능력"으로 정의되어 있다(OMH, 2006: 1). 이러한 정의에 따르면, 다문화 역량은 개인과 기관의 차원에서 다음 <표 8-6>과 같은 하위요소를 포함한다고 볼 수 있다:

5) 본 절의 논의는 박휴용 · 여영기 · 반상진(2014)의 일부를 수정한 것이다.

표 8-6 개인과 기관의 다문화역량 내용 범주

개인의 다문화 역량	기관의 다문화 역량
• 차이에 대한 자각과 수용 • 자기고유한 문화적 가치에 대한 자각 • 차이의 역동성에 대한 이해 • 문화적 지식의 개발 • 문화적 맥락에 맞추어 실행하는 능력	• 다양성에 대한 존중(valuing diversity) • 자기 평가의 수행 • 차이의 역동성 관리 능력 • 문화적 지식의 기관화(institutionalizing) • 정책, 구조, 서비스에 다양성 적용

즉, <표 8-6>에서 제시된 개인과 기관(조직)의 다문화 역량의 요소들에 고령(화) 변수에 대한 이해를 추가하는 것이 고령 다문화 역량이라고 볼 수 있다. 여기서 고령(화) 변수는 다양한 사회적 구성요인(social constructs), 성(gender), 성적 취향(sexual orientation), 장애여부(disability), 계층(social class), 언어문제(language barriers), 종교(religious and spiritual orientations) 등의 변수에 연령(age) 변수를 추가하여 사회 내 다양한 집단의 다층적인 이해관계를 고려할 수 있는 태도를 기르는 것이다(Curry & Jackson, 2003; Yeo, 2003). 예를 들어, 미국에도 상당수의 노인심리상담사, 노인치료사, 노인치료전문가들의 수요가 있지만, 실제 활동하는 전문가들은 턱없이 부족하고, 그들 중에서도 다문화적 역량을 갖춘 전문가들은 더욱 희박하다고 한다(U.S. Department of Health and Human Services, 2007). 이처럼 고령 다문화사회를 맞이하여 개인들의 고령 다문화 계층에 대한 이해 및 인식의 전환은 물론이고 각종 사회 기관들에 의한 정책 방향, 서비스 정신, 프로그램 구성, 관련 직원 및 전문가 훈련에 있어서 고령계층에 대한 충분한 이해와 그에 대응하기 위한 전문역량을 갖추는 것이 필요하다고 할 것이다.

2) 고령 다문화사회의 걸림돌 : 연령주의

고령 다문화사회를 위한 올바른 다문화적 가치를 정립하기 위해서는 연령에 대한 편견과 차별의 근간이 되는 연령주의에 대한 이해가 필요하다. 올포트(Allport)의 사회범주화 이론(Social Categorization Theory)에 따르면, 차별은 사람들이 내부인과 외부인에 대한 편가름에서 시작된다. 일반적으로 사회적 활동의 전면에서 물러난 노년층들은 점차 시대에 뒤쳐진 자 혹은 외부자로 간주되어 차별의 대상이 되는 경향이 있다. 이때 노년층을 대상으로 한 사회적 편견의 대표적 예가 연령주의(ageism)인데, 연령차별(age discrimination)이라고도 불리는 이 연령주의는 "사회구성원들이 '늙었다'라고 규정하는 연대기적 나이에 해당하는 개인이나 집단에 대해 가진 편견, 전형화, 혹은 차별"을 가리킨다(APA, 2009). 즉, '외로운', '고독한', '병약한', '의존적인', '우울한', '완고한', '상대하기 어려운' 등의 이미지로, 대중들에게 각인된 노년층에 대한 이미지 자체가 사회가 갖고 있는 연령주의적 편견을 드러내는 것이다(Hinrichsen, 2006).

연령주의라는 사회적 편견은 노년층이 매우 다양하고 이질적인 경험을 가진 집단이라는 사실과, 개인차도 크고 여러 장점과 긍정적인 측면을 가지고 있다는 사실이 간과하게 만든다. 레비와 바나지(Levy & Banaji, 2002)는 사람들의 연령에 따라 젊음(young)과 늙음(old)에 대한 선호도가 어떻게 바뀌는지를 조사하였는데, 나이가 들수록 '늙음'에 대한 선호도가 겉으로는(explicit) 증가하였지만, 속으로는(implicit) 젊을 때와 거의 비슷한 수준에 머문다는 것을 발견했다. 즉, 노인들의 노화에 대한 자기인식 수준이 겉으로 표현되는 것과는 달리 매우 부정적인 수준에 머물고 있다는 것이다. 그러므로 긍정적 자기 인식을 가진 노인들은 부정적인 자기 인식을 가진 노인들보다 약 7.5년이나 오래 산다는 연구결과도 있듯이, 노화에 대한 긍정적인 자기 인식은 보다 건강한 신체를 유지하는데 매우 중요한 요인이 될 것이다. 하지만 연령주의가 팽배한 사회에서는 노년층들 스스로 그러한 편견을 내재화하여 자신들의 건강과 윤택한 삶의 영위에 악영향을 미치게 된다.

문제는 이러한 연령주의가 주류 계층 보다는 특히 비주류인 소수민 노년층에 대해 그들을 성별, 인종, 종족, 장애, 그리고 성적 취향 측면에서 차별하거나 획일적 판단의 대상으로 간주하면서 더 잘 나타난다는 사실에 있다(Munoz & Mendelson, 2005). 따라서 고령 다문화 계층은 이중적 차별과 편견의 대상이 될 위험에 있으므로, 앞으로 노인복지와 다문화정책의 방향은 두 가지 사회적 요소를 어떻게 다룰 것인가를 진지하게 고민해야 한다.

3) 고령 다문화사회의 긍정적 효과

저출산 및 고령화에 직면한 우리나라의 사회 및 경제발전에 다문화는 걸림돌이나 장애요인이 아니라 원동력으로 발전시키고, 고령 다문화사회로 인한 비용을 부정적 차원에서 만이 아니라 긍정적 요소로서 인식하는 대책이 필요하다. 여기서는 고령 다문화사회의 긍정적 측면을 지역균형발전 효과, 사회통합 효과, 그리고 사회복지시스템 보완 효과 차원에서 논의하도록 한다.

첫째, 지역균형발전 효과는 고령 다문화사회가 특히 농산어촌 지역의 매우 중요한 지역사회적 특징이 될 것이라는 점에 근거한다. 예를 들어, 남초 현상이 두드러진 농산어촌에서 국제결혼은 매우 흔한 일이 되었으며, 그로 인해 여성 결혼이민자 비율이 2000년 여성 생산가능 인구(302만 여명) 중 1.27%를 차지했던 것이 2010년 여성 생산가능 인구(262만 여명) 중 4.19%를 차지할 만큼 급격히 늘고 있다(농촌진흥청, 2012). 이와 같이 농촌경제에 영향을 미치는 다문화가족의 기여도 지수를 조사한 결과, 다문화가족의 증가가 농촌지역의 고령화 지연이나 생산가능 인구(15～64세 인구) 비율의 증가에 상당한 기여를 하는 것으로 나타났다(양순미, 2013). 즉, 앞으로 고령 다문화사회에 대한 사회적 대비 및 지원책은 농산어촌지역의 지역경제 유지 및 발전에 매우 중요한 역할을 할 것이다.

둘째, 사회통합 효과는 고령 다문화사회에 대비하는 것은 현재와 같이 이주민노동자의 단순 노동력에 의지한 다문화사회의 성격이 아니라, 보다 장기적으로 다문화가족을 중심으로 한 사회통합정책이 필요하다는 정책방향과도 일치한다(김양희 · 강유덕 · 손기태 · 김은지 · 이현진, 2010). 네덜란드의 경우를 예를 들면, 단순 노동력을 끊임없이 수입하는 것보다 이민가족정책을 통해 교육, 훈련, 복지 차원의 장기적인 대비책을 세우는 것이 사회안정화와 경제발전에 더 도움이 될 것이라는 분석이 있다(Muysken, 2008). 앞으로 생산가능 노동력 부족이나 농촌의 성비불균형 문제 등의 문제로 인해 이주민노동자나 국제결혼에 대한 사회적 인식이 급속도로 바뀔 것이고, 그들이 우리 사회에 기여하는 사회문화적, 경제적 기여는 매우 의미 있는 수준에 이르게 될 것인데(이삼식, 2010), 그러한 미래에 대비하기 위해서는 고령 다문화사회에 대한 장기적 사회정책이 필요하다는 것이다.

셋째, 사회복지시스템의 보완 효과이다. 이는 성장과 복지의 상생효과라고도 볼 수 있는데, 복지가 성장에 미치는 영향이 생산요소의 질적 · 양적 측면에 미치는 경로와 총 요소생산성에 미치는 경로로 나눈다면, 전자는 인적자본, 노동력, 물적 자본 등 '투자적 성격의 사회지출'이고, 후자는 사회적 안정성 증대 등을 통하여 총 요소생산성에 영향을 주는 '보험적 성격의 사회지출'이라 할 수 있다(김양희 · 강유덕 · 손기태 · 김은지 · 이현진, 2010). 최근 다문화정책에 대한 여러 논란이 일었던 서유럽국가들의 경우에도, 다문화사회를 긍정적으로 수용하고 대비함으로써 현재 고령화된 국가로써 사회복지 서비스 차원에서 고령 다문화사회에 성공적으로 대비해야 한다는 연구들처럼(Oorschot & Boos, 1999), 고령 다문화사회에 대한 적극적 대비는 복지정책의 안정화를 바탕으로 성장동력의 원천을 새롭게 탐색할 수 있는 기회가 될 수 있을 것이다.

요컨대, 고령 다문화사회에 대한 대비는 대부분 선진 국가에게 필수적 정책적 결정사안이 되고 있다. 우리나라도 고령 다문화사회에 대한 이해와 선제적 대응을 통해, 이를 위기로만 볼 것이 아니라, 지역균형, 사회통합, 복지시스템의 준비라는 측면의 기회로 삼아 장기적 대책을 마련해야 한다.

4) 역량교육의 미래

지금까지의 논의를 바탕으로, 현재 우리나라가 준비하고 있는 핵심역량 국가교육과정을 어떻게 이해하고 수용할 것인지에 대한 네 가지 논의점을 제시하도록 한다. 역량기반 교육이 단순한 직업준비 교육에서 탈피하여 학교교육의 본질적 역할에 부응하기 위해서는 다음과 네 가지 사항들에 대해 고민할 필요가 있다.

첫째, 역량의 개념이 대한 재논의를 통해 그 인식론적, 실천이론적, 그리고 이념적 의미를 명확히 하는 작업과 역량개발의 주체인 학습자의 정체성 및 자율성 문제에 대한 논의(즉, 학생들은 어떤 존재이며, 역량의 학습과정에서 어떤 역할을 할 것인가?)가 필요하다.

둘째, 역량기반 교육을 실행하는 주체로서의 학교교육의 역할에 대한 문제이다. 학교교육과정이 기반하고 있는 가치나 원칙들은 무엇이고, 그것이(학교)교육의 목적에 어떻게 기여하는가에 대한 이해를 바탕으로 역량교육모형이 거기에 어떤 기여를 할 것인가를 논의해야 한다.

셋째, 핵심역량모형을 학교교육과정에 어떻게 정착시킬 것인가의 문제이다. 현재 우리나라에서 핵심역량모형이 연구되고 추진되는 과정을 보면, 핵심역량 요소의 선정 연구에 이어 외국의 사례를 바탕으로 그 평가방법을 제시하는 수준에 머물러 있다. 핵심역량모형의 성공적인 적용을 위해서는 앞으로 핵심역량의 내용 선정과 조직, 기존 교과지식과의 연계, 교수학습 방법에의 적용, 교사훈련 등의 수많은 과정이 연구과제로 남겨진 상태다.

넷째, 설계된 역량기반 교육모형이 단순히 역량표준의 성취나 그에 대한 평가방법에만 관심을 두는 것이 아니라, 학생들의 다면적 발달에 대한 이해, 다양한 학생유형에 대한 이해, 그리고 학교나 교실의 환경적 맥락에 대한 이해를 포함해야 할 것이다.

버크(Burke, 2013)는 미국의 공통핵심 교육과정(CCNST)에 대해 시민들이 가진 세 가지 기대, 즉 교육과정의 국가표준화가 학생들의 세계적 경쟁력을 더 높여줄 것이라는 기대, 국가표준교육과정을 통해 학부모들이 자녀들의 학업성취 정도를 더 잘 판단할 수 있게 되리라는 기대, 그리고 그것이 각 지역마다 다른 교육표준이 가져오는 혼란을 해결해줄 수 있으리라는 기대를 가지고 있다고 지적했다. 하지만 그 실질적 성과는 국가표준교육과정의 존재 자체가 가져오는 것이 아니라, 그것이 어떻게 구성되고 활용되느냐에 달려 있을 것이다. 결국 우리는 미래사회가 요구하는 인재상과 그에 대비한 학교교육의 역할과 내용이 무엇인가에 대한 근본적인 고민을 다시 할 필요가 있다. 문제는 '미래의 인재상'에 대한 담론이 산업계나 자본주의의 현실에 의해 좌우되게 할 게 아니라, 시민사회가 그 담론의 적극적인 주도자의 역할을 하고, 그에 따라 학교교육에 역할을 부여하는 과정이 필요하다. 그러한 논의를 바탕으로 핵심역량 교육과정의 구체적인 적용방안을 고민해야 한다.

Chapter

09

다문화 예술교육

본 장에서는 다문화 예술교육의 변천과 다문화 예술교육의 개념을 정리하고, 이를 바탕으로 다문화시대의 예술교육이 견지해야 할 시각과 예술의 사회참여, 그리고 다문화 예술교육의 전략에 대해 논의하도록 한다.

1. 다문화 예술교육의 변천

초기 북미의 흑인들(African American)에 대한 연구는 그들이 미국 문화 전반에 끼친 영향에 대한 관심에서 출발한 것이었다(Banks, 1993). 즉, 다문화교육의 초기 단계는 바로 흑인들에 대한 민속적 연구라고 볼 수 있다. 이러한 아프리카계 미국인들 연구는 기존의 미국 교육에서의 앵글로-유럽적(Anglo-European) 헤게모니에 대항하는 역할을 하였고, 그 후 다른 많은 소외 그룹(여성, 장애인, 소수인종 등)에 대해 학자들의 관심을 불러일으키는 계기로 작용하였다. 이러한 인종연구(ethnic studies)가 관심을 갖게 된 1960년 중반 이후, 학교교육의 개혁은 그들을 위한 시민권 운동, 그들에 대한 편견으로 가득 찬 교과서 내용에 대한 비판적 분석, 그리고 그들을 결핍의 개념(deficiency orientation)으로 바라보는 태도에 대한 도전이라는 세 가지 동력이 결합되어 추진되게 되었다(Sleeter & Grant, 1988; Gay, 1983).

이중 문화결핍 개념(The cultural deficiency orientation)[1]은 1960년대 전 기간 동안 동화주의자(assimilationist)들의 실천의 근거역할을 해 왔다(Duesterberg, 1998; Sleeter & Grant, 1988). 이 기간 동안 예술교육가였던 준 맥피(June McFee, 1961-1970)는 문화 연구에 대한 인류학적인 접근을 활용해야 한다는 것과 예술적 실천과 독특한 문화적 정체성을 유지하도록 하는 노력이 문화집단에 따라 다르게 나타남을 강조하는 『예술교육을 위한 준비(Preparation for Art)』라는 저서를 출간하였다. 이 저서를 통해 그동안 상식적으로 받아들여졌던 '예술이

1) 바라츠와 바라츠(Baratz & Baratz, 1970)에 의해 처음 지적된 이 관점은 사회과학이나 인류학이 중산층 앵글로색슨계 백인들의 문화적 표준이 모든 다른 문화들을 판단하는 모델이 되고, 그들의 표준에 미치지 못하는 삶의 양상들은 문화적 결핍으로 간주되는 현상을 가리킨다(Sleeter & Grant, 1988).

보편적 진실을 표현한다'는 관념에 금이 가기 시작했던 것이다(Smith, 1996).

그동안의 학교교육의 구조는 객관적인 지식을 전파하고, 지배적인 이데올로기를 자연스럽고 의심할 바 없이 본유적인 것으로써 받아들이게끔 하는 역할을 하고 있었다. 지식이 객관적인 사실들의 집합으로 인식됨으로써 지식이 형성되는 정치적 차원을 직시하지 못하게 했던 것이다. 이러한 맥락 속에서 그동안 예술교육 분야의 다문화 연구자들은 예술에 대한 엘리트주의적 개념을 강조하는 차원에 머물러 있었던 것이다. 그 대표적인 예가 1980년대에 등장한 학문기반 예술교육(discipline-based art education : DBAE)인데, 이 개념은 예술을 보편적인 지식과 기술, 과정, 사실들의 집합체로 가르치는 것이었고, 유럽의 전통과 가치들이 월등한 예술적 유산인 것처럼 가르쳐졌던 것이다. 그동안의 이러한 보편주의적 예술관에 반발하여, 맥피와 디기(McFee & Degge, 1980) 등이 시도한 문화적 연구에 대한 인류학적인 접근과 하위문화의 다양성을 강조하는 연구들이 나타나기 시작했다(Kantner, 2002).

Tip

다문화주의 개념의 출발에 대한 상이한 시각

예술교육 학자들이 언급한 바와 같이(Collins & Sandell, 1992; Delacruz, 1995a; Smith, 1996), 다문화교육 비평가들은 다문화주의가 유럽 중산층들의 가치와 전통에서 출발하였고, 그에 따라 다문화주의를 실천하는 것은 유럽주의적 헤게모니를 심화하는 것이라는 지적이 있다. 이러한 비평가들의 주장이 토대하고 있는 가정은 바로 다문화주의가 유럽적 전통에서 출발했다는 것이다. 이러한 주장에 반해, 뱅크스(Banks, 1996a)는 다문화교육의 뿌리를 초기 아프리칸 아메리칸을 연구한 학자들이 백인유럽인들의 헤게모니와 지배에 저항하는 차원에서 다문화주의를 정착시켰다고 주장한다. 뱅크스의 논문들은 다문화주의가 유럽에 토대를 두고 있다는 주장 자체가 유럽중심적이고 헤게모니적 관점이며, 그러한 관점들이 다문화사회에서 소외된 계층들의 정체성과 목소리를 침묵시키는 역할을 하고 있다고 주장한 것이다.

* 헤게모니란 지배집단의 통제와 영향력을 다른 집단에게 물리적 힘이나 이데올로기의 전파를 통해 내재화함으로써, 사람들의 의식 혹은 무의식 속에 그러한 지배에 동의하게끔 만드는 상태를 가리킨다.

출처 : Kincheloe & McLaren(2000).

그러던 중, 1970년대 중반에 이르러 막시즘과 네오막시즘을 바탕으로 한 비판적 갈등이론이 교육이론에서 많이 다루어지면서, 사회경제적 위계성에 대한 문제의식과 교육과정이 계급을 바탕으로 한 사회적 불평등을 재생산하는 데 기여한다는 주장들이 불거져 나오기 시작했다. 즉, 학교교육이 지배와 종속의 사회적 구조를 강화시킨다고 주장했던 것이고, 학교는 사회화를 담당하는 기관으로서 사회적 구조가 변하지 않으면 학교교육도 변하기 어렵다고 보았던 것이다(Bowles & Gintis, 1976; Willis, 1977). 이렇듯 갈등이론자들은 미국 사회에 사회적 불평등이 존재한다는 전제에서 출발하여, 소외된 계층이 이러한 상황에서 벗어날 수 있도록 도와주어야 한다는 시각을 강조했던 것이다. 한편, 학교교육이 사회적 갈등을 줄이는 역할을 하는 게 아니라, 오히려 학생들로 하여금 사회적 규범을 내재화하게 만든다는 것을 강조한 헤게모니 이론(Gramsci, 1971)을 바탕으로, 애플(Apple, 1979)은 잠재적 교육과정에 깔린 암묵적인 이데올로기를 들추어내는 데 집중하였다. 여기서 애플은 어떤 지식이 학교교육에서 공식적(official) 권위를 갖고 통용되는가를 지적하면서, 교육과정이 보수적인 운영방식을 통해 지배적인 문화적 가치들과 성향들을 전달하는 수단으로 작용하고 있는 점을 비판하였던 것이다.

1990년대에 들어서 미국에서 다문화교육이 큰 관심을 얻게 되면서, 다문화 예술교육 분야도 전환점을 맞이하게 되었다. 1992년에 있었던 학문기반 예술교육학회(Getty Center Discipline-Based Art Education [DBAE] and Cultural Diversity)에서 다문화 예술교육을 위한 포럼이 열렸는데, 여기서 그동안의 학문중심예술교육(DBAE) 기반 예술교육이 엘리트주의적이고, 유럽중심적이며, 보편적 형식주의의 접근이었고, 문화적 다양성에 대한 인식이 결핍되었다는 것에 대한 비판과 반성이 있었다(Kantner, 2002). 이로 인해 DBAE 교육과정에서 다문화적 개혁을 자극하는 계기가 되었고, 오늘날 예술교육에 다문화적 요소를 포함시키는 것이 미국 교육에 자리 잡게 되었던 것이다. 1987년에는 국가교사교육인증위원회(the National Council for Accreditation of Teacher Education)는 다문화주의를 포함하는 교육표준안을 만들었고, 이 표준안은 2000년과 2002년에 각각 개정 및 추인되었다(Banks, 2004). 전미미술교육협회(The National Art

Education Association : NAEA)는 그들의 교육목표를 국가 시각예술표준안(the National Visual Arts Standards)에 맞추면서, 두 협회의 교육표준에 다문화주의가 의무적으로 포함되게 되었다. NAEA는 또한 1999년에 예술교사준비표준(he Standards for Art Teacher Preparation)을 개정하여 예술교사로 인정받기 위해서는 다문화주의에 대한 소양을 반드시 갖추어야 하는 인증절차도 마련되게 되었던 것이다(Kantner, 2002; Chin, 2013에서 재인용)

2. 다문화 예술교육의 개념

오늘날 많은 학자들은 미술교육자들로 하여금 다문화사회와 글로벌화된 세계에서 학생들이 자신의 삶의 경험들을 보다 더 큰 세상과 연결시키는 방향으로 예술을 해석하고, 창조하려는 인식을 가질 수 있도록 가르쳐야 한다고 말한다(Cahan & Kocur, 2011; Clark, 1996; Delacruz, 1995, 2009; Garber, 2004; Stuhr, 1994). 예술을 통해 더 큰 세계와 더 다양한 사람들의 삶을 이해한다는 것은 무슨 의미일까? 그리고 예술이 어떻게 자신과 타인의 관계를 연결하고, 그로 인해 보다 더 나은 사회를 만들어가는 도구로 사용될 수 있을 것인가? 이 질문들에 대한 대답이 바로 다문화 예술교육의 방향을 제시하게 될 것이다.

다문화 예술교육의 접근에 관한 몇 가지 구분이 있는데, 그중 대표적으로 사회적 재건주의(social reconstructionism : Stuhr, 1994)와 사회적 이슈를 통한 교육이 있다(Delacruz, 1995). 스투어(Stuhr, 1994)는 다문화예술을 위한 접근을 문화소수자를 위한 관점, 인간관계적 관점, 독특한 문화집단 관점, 그리고 사회재건주의적 관점 등으로 구분한 바 있다. 각각 다문화예술을 문화소수자를 위한 것으로 보는 것, 서로 다른 문화적 배경을 가진 사람들의 예술적 관점을 상호이해하고 비교하는 것으로 보는 관점, 독특한 문화집단과 그들의 문화에 대한 관심의 차원, 그리고 예술교육을 통해서 다문화적 이해와 더불어 사회변혁의 기회를 모색하는 관점이 그것이다.

교육철학자인 그린(Greene, 1995)은 학생들에게 다원주의를 가르치는 것이 중요한데, 예술작품들이 그러한 토론을 위한 영감을 제공할 수 있다고 보았다. 예술가들이 사회적 갈등과 민감성을 자신들의 경험을 통해 형상화시키는데, 다문화 예술교육은 학생들에게 그러한 예술가들의 삶의 경험과 그것이 형상화된 작품들을 통해 세계의 다양한 경험, 관점, 맥락 들을 이해하고 평가할 수 있는 기회를 제공해준다는 것이다. 그런 의미에서 스타우트(Stout, 1997)도 예술은 사회적 상처를 치유하고 갈등을 드러내며, 사람들에게 현실의 벽을 넘어설 수 있는 새로운 관점과 열정을 불러일으키는 역할을 해야 한다고 강조하였다. 앞의 구분에서 스투어(1994)는 "예술은 삶 속에서 경험되는 것과 마찬가지의 방식으로 사회적 문화적 맥락 속에서 가르쳐질 수 있다"고 주장하면서(p. 176), 예술을 통해 인간관계를 가르치는 것이 다문화 예술교육의 한 접근법이 되어야 된다고 강조하였다. 최근 들어 테크놀로지와 매체들의 영향으로 점점 사회적 관계성의 영역이 좁아지고 있고, 세계화 및 다문화화로 인해 학교 내에 서로 다른 배경을 가진 학생들이 섞여 있기 때문에 다문화 예술교육은 학교교육의 가장 중요한 목표가 되어야 한다고 본 것이다.

한편, 델라크루즈(Delacruz, 1995: 90)는 다문화 예술교육을 민속관광(ethnic tourism), 디자인과 매체 문식성(design and media literacy), 문화적 전승(cultural heritage), 그리고 사회적 이슈 교육의 관점 네 가지로 구분하였다. 이는 각각 세계의 여러 문화적 유산을 감상하고 이해하는 것(민속관광), 문화적 보편성을 탐색하면서 각 문화 속에 나타나는 양식들을 도구적 관점에서 디자인과 매체를 통해 이해하고 학습하려는 접근법(디자인과 문식성), 세계 문화의 여러 역사적 유산들을 감상하고 평가하려는 교육적 접근(문화적 전승), 그리고 다문화 예술교육을 통해 사회를 이해하고 사회의 문제를 해결하기 위한 원동력으로 삼으려는 접근(사회적 이슈)으로 구분할 수 있다.

델라크루즈(1995)는 기본적으로 예술을 하나의 문화적 전승(cultural heritage)으로서, 학생들이 서로 다른 문화의 예술을 이해하고 향유함으로써 문화적 이해를 증진시키는 계기로 삼아야 한다고 보았다. 학생들은 서로의 문화를 존중하고 인종, 국적, 경제적 배경, 성별 등에 대한 포용력을 배워야 하는 것이다. 이를 위해서는 학생들이 다른 사람들과의 관계성 속에서 자신의 정체성을 확인하고 편견과 오해, 그리고 미성숙한 의식을 줄여나가는 것이 다문화 예술교육을 통해 촉진될 수 있다고 보았던 것이다.

또한 델라크루즈는 한 발 더 나아가서, 다문화 예술교육의 목표가 학생들의 사회적 의식을 고양시키고 사회적 참여의 동기를 활성화시키는 것이라고 주장하였다. 사회재건주의 차원에서 다문화 예술교육은 학생들이 사회적 이슈를 비판적으로 인식할 수 있는 능력을 기르고(Sturken & Cartwright, 2009), 비판적 사고력(critical thinking skills)을 통해 학생들이 사회적 이슈에 대해 예술을 통해 자신의 삶의 경험을 인식할 수 있게 되는 것이다. 이것이 자기 진술(self statement)로서의 예술이 우리 사회의 재건에 기여할 수 있는 방식이라고 믿었던 것이다.

한편, 21세기에 들어서며 예술교육이 수많은 사회적 이슈들에 관심을 가지면서 자연스럽게 다문화 예술교육의 이해와 범주가 넓어지기 시작했다. 가버(Garber, 2004)는 예술교육에서 사회적 이슈들에 페미니즘 연구, 인종 연구, 장애인 인권 문제, 정체성 연구, 환경문제, 공동체 문제, 비판적 교육학, 수행적 교수(performance pedagogy), 사회재건주의, 시각문화 등의 영역들이 포함될 수 있다고 보았다. 이것이 예술의 사회적 기능으로, 개인들이 자신들이 경험한 것과 발견한 것을 타인과 소통하기 위해 예술행위를 시도하므로 '모든 예술적 행위들은 사회적이다'라고 보았던 것이다(Dewey, 1934; Lord & Lord, 2010).

최근 안드레슨(Anderson, 2010)은 "사회적 정의의 관점에서 예술작품들은 우리를 지적이면서도 정서적으로 인간에 대한 이해로 이끌어주는 민감한 도구이며, 사회 재건과 사회적 정의의 목표로 나아가게 해 준다"(p. 5)고 강조하면서, 사회재건주의적 예술교육의 입장을 확인하기도 하였다. 예술과 예술교육은 사람들이 예술을 이해하고 삶의 경험을 숙고하게끔 이끌어주고, 사회정의 교육의 궁극적 목적이 사람, 환경, 다른 생명체들 간의 조화라면(Garber, 2004), 예술교육은 그 역할을 담당하는 데 충분한 잠재력을 가지고 있다고 본 것이다(Anderson, 2010; Garber, 2004; Goldblatt, 2006).

요컨대, 점차 복잡해지고 다양화되어가는 현대 사회 속에서 다문화에 기반을 둔 예술교육을 통해 학생들이 개방적 시각을 갖고 문화의 차이와 타인을 이해함으로써 자신들의 문화적 맥락을 더욱 잘 이해할 수 있는 좋은 기회를 얻을 수 있다.

3. 다문화 예술교육을 위한 새로운 시각

1) 자아개념으로서의 예술(Art as a Sense of Being)

디쌔나야크(Dissanayake, 1988)는 예술을 인간이 삶의 의미를 추구하기 위해 수행하는 것으로써, 다른 것으로는 대체불가능한 활동이라는 정의를 내리기도 했다. 즉, 인간의 사회적 활동은 경제적, 사회관계적, 육체적 욕구 등에 의해 촉발되기는 하지만, 그런 행위들로 충족될 수 없는 삶의 의미에 대한 갈망이 예술적 활동으로 표출 혹은 승화된다는 것이다.

그러나 그러한 삶의 의미는 결국 개인의 존재감을 반영하는 행위를 통해 탐색되고, 그 행위의 결과물인 예술작품들은 인간의 문화, 자기정체성, 거주하는 곳, 공동체 등에 대한 인식(sense)을 드러낸다. 이것이 바로 존재감(a Sense of Being)의 반영으로서의 예술이 갖는 의미이다.

예술은 인간의 예술적 활동의 결과물(artifacts)을 통해 이해할 수 있는 것이 아니라, 예술작품 이전의 예술가들의 사고, 느낌, 그리고 모든 정신적 관념 자체이다. 그렇기 때문에 예술의 출발점은 예술가 자신이고, 세상과 소통하는 자신에 대한 인식, 즉 자아개념이 중요한 역할을 할 수밖에 없다. 이러한 자아개념을 바탕으로 예술가를 포함하여 모든 사람들의 삶은 주변의 세계에 참여하고 자신의 감각들을 통해 주변의 모든 사건들을 경험하는 것이다. 예술적 작업도 그 과정의 하나로써, 예술가가 자신의 느낌과 자신에 대해 표현하는 자기진술(self-statements)의 과정이고, 그러한 자기진술을 타인과 공유함으로써 삶의 의미를 확인하는 작업이라고 볼 수 있다.

예술가의 자아개념과 자아정체성의 문제에 대해서는 지금까지 많은 논의가 이루어지지 못했다. 그 이유는 크게 두 가지를 꼽을 수 있는데, 첫째는 앞에서 언급한 것처럼 예술적 결과물에 보다 큰 관심이 치중되었던 현실 때문이었고, 둘째는 예술가를 한 개인으로써만 바라보는 개인중심의 예술계의 토양이 지배적이었기 때문이라고 볼 수 있다. 개인주의적 예술관은 예술적 창작의 아이디어 및 결과가 대부분 예술가 개개인의 관념, 창의성, 독자성에 의존해왔던 과거의 경험에서 확인할 수 있고, 이는 더 나아가 예술계의 엘리트주의적 성향에도 기여하기도 했다.

이와 같은 자기 정체성은 자신의 삶에 대한 인식일 뿐 아니라, 다른 사람들의 관점이나 이해로부터 형성되기도 하는데, 그런 의미에서 예술가의 정체성은 다중적 차원을 가질 뿐 아니라 사회적으로 형성되는 것이다(Abes, Jones & McEwen, 2007; Jones & McEwen, 2000; Jones, 2009). 즉, 자아정체성에 대한 인식을 통해 예술은 자신과 타인을 돌아보는 작업이고, 그 과정에서 다양한 개인들, 집단들, 문화들, 그리고 삶의 양식들에 대한 느낌, 이해, 성찰을 반영하는 작업이라는 사실을 깨달을 수 있다. 그리하여 예술작업은 사람들의 삶 속에서 나타난 여러 이야기들, 문화들, 그리고 논점들을 묘사하는 과정을 포함하고 예술은 자신과 타인의 존재 의미를 표출하는 독창적이고 강력한 도구가 될 수 있는 것이다(Anderson & Milbrandt, 2005; Efland, 2002; Eisner, 2002).

Tip

듀이(Dewey, 2005/1934)의 감각 개념과 예술적 경험

듀이는 감각이란 경험에 의해 직접적으로 체화됨으로써 그 자체의 의미가 조명을 받는 상태라고 보았기 때문에, 감각기관들이 완전하게 구현되었을 때 그 기관들의 기능을 드러내 보여주는 유일한 징표가 감각이라고 주장하였다. 이때 감각들이 생명체가 자신을 둘러싼 세계와의 끊임없는 상호작용에 직접적으로 참여하는 생체기관 자체가 되는 것이다. 이러한 참여가 이 세계의 다양한 놀랍고 멋진 경험들을 그 생명체가 경험하는 질적 수준에 따라 그에게 드러내 보여주게 된다는 것이다(p. 22). 이러한 듀이의 관점에서 보면, 예술은 변화하는 삶의 경험들의 총합이 형상화된 결과물인 셈이다.

2) 문화적 은유 및 척도로서의 예술

예술은 또 다른 성격은 문화적 은유(Cultural Metaphor)로서의 예술이다. 문화가 사람들의 삶에 미치는 영향을 이해하기 위해서는 보이지 않은 문화적 영향들을 가시적으로 형상화하는 작업이 필요한데, 예술이 그런 역할을 하는 것이다. "심오하고 시적인 이해만이 예술적 작업으로서의 문화의 본질을 깨닫게 해 준다"(Friedrich, 1996: 80)거나 "문화는 사람들이 자신에게 던지는 실재의 본질에 대한 환류체계이다"(Singley & Anderson, 1989)라는 말처럼, 문화의 본질을 드러내고 이해하고 소통할 수 있게 해주는 행위가 바로 예술 행위인 셈이다. 예술은 우리로 하여금 그러한 이해를 가질 수 있도록 돕고 그 사회의 문화를 직간접적으로 드러내는 역할, 즉 문화적 은유의 역할을 한다.

동시에 예술은 문화적 척도(Barometer)의 역할도 한다. 이는 특히 다양한 문화, 사고, 그리고 삶이 공존하는 다문화사회에 있어서 더 큰 역할을 한다. 예술적 자유, 예술가적 활동의 범위, 그리고 예술작품의 다양성은 그 사회의 문화적 수준을 가늠하는 척도가 될 수 있는데, 그런 의미에서 문화적 다양성과 예술적 다양성은 같은 뜻의 다른 표현인 셈이다. 결국 예술적 행위와 작품들을 통해 우리는 문화적, 사회적, 정치적, 경제적 요인들이 우리의 삶에 미치는 영향을 이해할 수 있는 통찰을 얻게 되고, 그 배경에는 문화적 다양성이 핵심적인 역할을 하는 것이다 (Chapman & Crimmin, 2007: 43).

3) 공동체적 삶의 표현으로서의 예술

위대한 일은 충동적으로 이루어지는 것이 아니라, 작은 것들이 한데 어울러지는 일련의 과정을 통해 이루어진다.(Vincent van Gogh)

이 문장은 조노 바콘(Jono Bacon, 2012)의 저서 『공동체의 기교』(The Art of Community) 1장 첫 머리에 고흐의 말을 인용한 것이다. 마르크스의 사상으로 대변되는 사회주의에 대한 열망이 실험수준에서 끝나버린 20세기 초반 이후 100년이 더 지난 오늘날, '공동체'는 과연 우리 시대에 어떤 의미를 갖고 있는지 돌이켜 생각해보아야 한다. 공동체(community), 협력(collaboration), 소통(communication)은 모두 같은 접미어(co-)를 갖고 '나눔'이라는 같은 의미를 지향한다. 나눔은 음식, 도구와 같은 사물에서부터 지식, 아이디어, 감정/정서, 그리고 재화에 이르기까지 다양한 방식으로 이루어질 수 있으며, 예술 분야에서의 나눔도 예외일 수는 없다.

나눔(sharing)은 자기와 타인의 교류나 분배와 같은 지엽적인 행위만을 의미하는 것이 아니라, 모든 소통의 기본 원리이다. 예를 들어, 혼자만의 지식은 성립하지도 않고, 의미를 가질 수도 없다. 그런 의미에서 모든 지식은 사회적이고, 공유되는 것이다. 공유되지 않는 지식 혹은 배타적으로 소유할 수 있는 지식은 존재 자체가 불가능하다. 나만이 알고 있는 어떤 '사실'은 그 사실을 전달하거나 공유할 상대(혹은 집단)가 없으면 무용지물이고, 그러므로 아무런 의미도 없다. 그러한 여러 사실이 모여 구조화, 체계화됨으로써 형성되는 '지식'도 마찬가지로 사회적이고 공유적일 수밖에 없다.

예술도 마찬가지이다. 일시적인 예술적 감성, 느낌, 아이디어, 행위가 존재할 수 있고, 그 자체만의 가치도 있지만, 그러한 예술성이 지속되거나 평가되거나 공유되거나 타인과의 교류를 통해 재구성되는 모든 과정은 사회적으로 이루어진다. 예술이 어떤 방식으로건 인간의 감정, 정서, 아이디어 등의 표현(expression)이자, 삶의 재현(representation)이라면, 그 많은 부분은 사회적인 형태를 통해서 이루어지고 있다. 이 주장은 '인간은 사회적 동물'이라는 경구를 떠올리는 것만으로도 쉽게 이해할 수 있다.

여기에서 굳이 '예술은 사회적 과업'이라는 것을 강변하고 있는 이유는 바로 예술이 '개인적인 과업'이라는 관념이 널리 퍼져있는 현실 때문이다. 지금까지의 예술에 대한 대중의 관념을 세 가지 특징으로 요약하자면, 개인주의, 엘리트주의, 형식주의이다. 즉, 예술은 집단적 행위라기보다는 지극히 개인적 역량이 발휘되는 과업이고(개인주의), 재능이 뛰어난 소수의 사람들이 향유하는 영역이며(엘리트주의), 그 방식은 특정 기술(technique), 형태(genre), 과정(process), 그리고 결과물(artifacts)을 통해 인정받을 수 있다(형식주의)는 생각이 대중의 인식에 강하게 자리 잡고 있다는 것이다. 이러한 현상의 원인은 결국 인류역사에서 예술이 혹은 예술가가 사회적으로 어떤 인식 혹은 대우를 받으며 존재해왔는가를 돌이켜 보면 어렵지 않게 추측할 수 있다.

여기에서는 개인적 과업으로서의 예술이나 엘리트주의, 그리고 형식주의 자체에 대해 비판하는 것이 아니라, 그러한 측면이 마치 전부인 것처럼 받아들이는 인식에서 벗어날 필요가 있다는 것을 강변하는 것이다. 그것이 바로 '공동체적 삶의 표현'으로서의 예술에 주목하자는 필자의 생각이다. 공동체적 삶의 표현으로서의 예술은 다음의 세 가지 가치를 추구한다.

첫째, 자유(freedom)와 문화(culture)와의 관계를 회복하는 것이다. 예술은 인간의 존엄성, 자유, 민주주의, 정의 등이 사회 속에서 살아 숨 쉬게 하는 영감과 아이디어와 동기(motif) 혹은 추동력(driving force)을 제공하는 역할을 해야 한다. 예술적 영감과 활동이 사회 구성원들로 하여금 공정하고 개방적이며 민주적인 시민으로서의 삶을 지속적으로 추구하고 영위하게 할 수 있는 사고의 원천을 제공해야 한다는 것이다(Wyszomirski, 2000). 그리하여 예술은 인간의 본성으로서의 자유라는 이데아(idea)와 인간의 삶의 다양한 양식이라는 현실(realia)을 잇는 가교의 역할을 하게 되는 것이다.

둘째, 엘리트주의에 기반한 예술관을 극복하고, 모든 인간의 고유한 본성의 발현으로서의 예술의 성격과 의미를 개발하는 것이다. '모든 인간은 평등하다'라는 오늘날 너무 당연시 받아들여지고 있는 관념이 존재하기 이전의 전 근대적 사회에서는 계급주의(classism) 혹은 계급주의 이념(class ideology)이 지배해 왔다. 이러한 전 근대적 사회에서 예술이 귀족들을 위한 활동이자 소수의 재능 있는(talented) 사람들에 의한 결과물로 여겨져 왔던 전통의 흔적이 우리의 관념 속에 여전히 남아 있다는 것이다. 그러한 관념적 흔적의 가장 대표적인 사례가 예술과 창의성의 관련성에 대한 사람들의 관성적 기대이다. 다시 말해, 창의성에 대한 환상(즉, 창의성의 본질에 대한 오해)과 더불어 그러한 창의성이 '뛰어난' 예술가들의 영감에 의해(서만) 드러날 수 있다는 착각이 바로 엘리트주의적 예술관 속에 고스란히 드러나 있는 것이다.

이러한 지적에 대한 반론은 주변에서 쉽게 목격되는 '뛰어난' 예술적 재능 혹은 예술적 결과물(즉, 탁월한 음악가, 미술가, 무용가 등의 재능과 그들의 업적)들을 놓고 예술의 본질이라고 생각하는데 근거하고 있다. 결국 그러한 생각이 바로 엘리트주의적 예술관인 것이다. 이는 예술뿐 아니라 다른 모든 분야에 있어서도 마찬가지인데, 주변의 학식이나 운동기능이 남다르게 뛰어난 사람들을 놓고 학식이나 운동기능이 오직 소수의 엘리트들만의 전유물이라고 여기는 것과 같은 논리이다. 예술뿐만 아니라, 학문이나 운동기능 등의 영역과 관계없이 소수의 뛰어난 사람만이 이루어낼 수 있는 어떤 영역이 있다고 여기는 것은 모두 엘리트주의적 사고이다. 요컨대, 엘리트주의를 인정하느냐 마느냐의 문제만 논란으로 남는 것이고, 공동체적 삶의 표현으로서의 예술은 그러한 엘리트주의적 예술관을 극복 혹은 거부하자는 것이다.

셋째, 사회의 변화를 예술의 목적으로 삼는 것이다. 이는 순수예술의 영역보다는 개념예술, 그리고 예술교육의 영역에서 더욱 절실히 요구되는 사항이다. 카이(Kay, 2000)는 예술이 새로운 세대의 교육에 참여하고, 폭넓은 영역에서 공동체의 개발을 위한 프로그램에 적극 참여해야 한다고 강조하였고, 같은 맥락에서 울브리히트(Ulbricht, 2005)는 예술교육을 통해 교사는 학생들로 하여금 현실 세계에 적극 참여하도록 하고, 그들의 예술적 활동이나 노력들을 통해 현실 사회의 중요한 이슈들에 대응해야 한다고 강조하였다.

물론 모든 인간의 활동이 삶의 변화나 사회의 변화를 지향해야 한다는 것은 사실 너무도 당연한 명제이지만, 그러한 문제의식을 갖지 않는 입장들도 존재하고, 사회적 변화에 참여하는 정도와 방법에 대한 여러 접근들이 존재한다.

4. 예술의 사회참여

미국의 사회참여 예술(socially engaged art)은 1960년 후반에 뿌리를 두고 있다. 알란 카프로(Alan Kaprow)의 영향과 페미니즘 교육이론을 바탕으로 행위 예술가였던 찰스 가로리안(Charles R. Garoian, 1923~)의 교육학적 통찰 등을 통해 사회참여 예술의 아이디어와 실천이 이 시기에 이루어진 것이다. 예술의 사회참여에 대한 아이디어는 예술 행위도 하나의 사회적 행위(social practice)이다. 따라서 사회적 현실에 대해 인식하고, 사회상을 반영하며, 아울러 사회의 변화나 사람들의 삶과 사고에 영향을 줄 수 있어야 한다는 인식을 바탕으로 한다.

사회참여 예술은 예술적 결과물, 즉 작품 자체에만 관심을 갖는 것이 아니라,

예술작품을 창조하는 경험 자체를 예술의 핵심적인 요소로 간주하는 예술 행위를 중요시한다. 사회참여적 예술이 강조하는 '예술적 행위'(performative arts)는 인간의 신체를 활용한 신체적 동작, 표현, 혹은 신체 자체가 예술적 작품의 일부가 되는 '행위 예술'(performance arts : 연극, 댄스, 음악연주)이나 인간의 예술적 표현이 실행되는 다양한 양식을 가리키는 보다 다양한 '예술적 행위'(performing arts : 영화, 비디오, 그림그리기, 조각, 마임, 시 구연, 독백, 서커스 등)와는 다른 개념이다. 여기서 '행위 예술'은 행위자(performer), 관객(audience), 예술적 행위 자체로 구분되고, 그 행위는 관객들 앞에서 표현되는 순간 사라지는 것이며, '예술적 행위'는 다양한 매체를 활용하며 보존될 수도 있다. 그에 비해 사회참여예술은 예술이 인간의 삶의 일부이자, 사회라고 하는 인간의 공동체 속에서 그 참된 의미를 찾을 수 있다는 생각을 바탕으로 '인간의 삶과 함께 하는 예술' 혹은 '삶 속에 구현된 예술'을 추구하는 모든 사회적 예술 행위를 가리킨다(Carlson, 1996).

이러한 사회참여 예술을 이해하기 위해서는 다음 세 가지 점을 염두에 둘 필요가 있다.

첫째, 기본적으로 예술교육은 예술 작품을 해석하고 자신의 경험을 반영할 수 있는 능력을 키우는 것이다. 이 과정을 바라보는 시각이 실용주의적 관점(Dewey, 1934)도 있고 문화인류학적 관점(R. Anderson, 2004; Dissanayake, 1988)도 있지만, 예술의 가치와 기능은 결국 인간의 삶의 맥락 속에서 어떤 의미를 갖는가를 이해하는 데서 결정될 것이다(Anderson & Milbrandt, 2005). 그런 의미에서 사회참여 예술은 개념적 과정 예술[2)]의 전통에 속한다. 이는 사회참여 예술이 예술적 결과물 자체에 관심을 갖는다기보다는 인간의 예술적 행위의 참된 의미를 찾으려는 시도를 바탕으로 하고 있다는 것이다. 그리하여 예술을 개념화하는 개념주의 사고과정 자체를 예술 작품으로 승격시켰고, 그 결과로 인해 예술 작품의 물질성(즉, 예술의 정신을 물질로 구현하느냐의 문제)은 필연적인 것이 아니라 선

2) 개념예술 : 예술노동자연합은 1969년 1월 뉴욕 시에서 미술가, 영상제작자, 작가, 비평가 미술관 관계자등이 결성한 단체이다. 이 단체는 미술의 사회적 역할과 미술인들의 정치적, 미학적, 윤리적 실천에 대한 재고를 바탕으로 예술이 순수주의와 형식주의를 벗어나 사회와 세계의 변화에 적극 동참해야 한다고 주장하였다.

택의 문제가 되었다.

둘째, 앞서 언급한 바와 같이 사회참여 예술이 추구하는 '개념주의'는 예술의 참 의미에 대한 통찰을 모색하는 것이다. 그런데 그러한 통찰을 다루는 두 가지 서로 다른 방식이 바로 상징적인 예술 행위와 실질적인 예술 행위이다. 사회참여 예술은 이 두 가지 문제 사이에서 어떻게 균형을 잡을 수 있을까?

이 문제를 하버마스의 의사소통행위 이론(1981)을 통해서 논의해보자. 하버마스에 따르면, 사회적 행위는 원하는 목적을 달성하기 위해 개인이 상황을 조작하는 것(전략적 이성 혹은 도구적 이성을 활용하는 것) 이상을 의미한다. 그보다는 의사소통 행위(개인들 사이의 소통과 이해를 촉진하는 사회적 행위)가 진정한 해방의 힘으로서 정치와 문화의 영역에 지속적인 영향을 미칠 수 있다고 보았다 (Helgera, 2011: 26). 즉, 올바른 사회적 행위란 도구적 이성을 활용하여 환경을 통제하는 것 이상으로 개인들 간의 소통을 통해 상호 간 이해와 공동체의 변화를 모색하는 것이라는 의미이다. 이러한 하버마스식의 의사소통 행위이론을 사회참여 예술에 적용해보면, 도구적 이성에 의한 행위로서의 예술과 관계적 이성에 의한 행위로서의 예술인 두 가지 차원에서 생각해볼 수 있다.

표 9-1 사회참여 예술의 가치 지향점

의사소통행위이론		예술이론	
이성의 역할	소통의 목적	예술적 지향점	예술행위의 성격
도구적 이성	도구적 소통	심미주의	상징적 예술
관계적 이성	관계적 소통	개념주의	실질적 예술

<표 9-1>에서 보듯이, 사회참여예술은 관계적 이성에 의한 관계적 소통의 차원에서 일어나는 예술 행위이고, 개념주의적 입장에 기반하여 실질적 예술의 측면을 더욱 추구한다고 이해할 수 있다. 심미주의는 미학의 추구를 본질로 하고 이는 궁극적으로 상징적인 형태를 띨 수밖에 없다고 주장하지만, 개념주의는 상징화를 포함한 모든 예술적 행위는 궁극적으로 인간의 삶과 사회에 어떤 의미를 갖는가를 놓고 판단하기 때문에, 예술적 행위의 실질적 의미를 추구하는 것이다. 물

론 상징적 예술과 실질적 예술은 상호 대립적이거나 우열의 개념으로 이해할 것이 아니라, 상호보완적으로 이해해야 할 것이다.

셋째, 사회참여 미술에서의 참여방식의 문제이다. 사회참여미술은 예술가와 관객의 사이에 명확한 경계를 긋지 않는다. 더 나아가, 관객들 혹은 대중들로 하여금 예술적 행위에 적극적으로 참여하도록 유도한다. 그것이 바로 하버마스가 강조한 관계적 소통의 한 방식이고, 모든 예술적 행위는 그로 인해 사회적인 행위가 된다. 대중들이 예술에 참여하는 방식은 그 정도에 따라 여러 수준으로 나누어질 수 있다.

표 9-2 대중의 예술 참여의 수준

참여의 수준	사례	설명/특징
A. 명목적인 참여	미술관, 전시회 방문자	가장 전통적인 참여방식이고, 예술가와 관객이 구분된다.
B. 지시된 참여	방문객의 쪽지 나무	예술가의 의도에 의해 관객의 행위가 연출된다. 관객은 자발적이면서도 피동적이다.
C. 창의적인 참여	특정 프레임 안에서 참여자들의 독창적 표현	• 예술가는 일정한 구도와 범주만 설정해놓고 관객들의 의도가 충분히 표현될 수 있다. • 관객의 자발성과 창의성이 요구되므로, 결과를 완전히 예측할 수 없다.
D. 협업수준의 참여	다양한 형태의 공공미술 프로젝트	• 예술가와 관객이 공통된 계획과 협업에 의해 예술작품을 창작한다. • 예술가와 관객은 평등관계이며, 공동의 선을 추구한다.
E. 가상의 참여	소셜미디어, 플래시몹	• 인터넷 및 가상현실 시대의 새로운 참여예술의 형태이다. • 예술가와 관객의 구분이 없고, 뚜렷한 주도자가 없다. • 다중(multitude)적이며 포스트모던적 성격(비체계적, 일시적, 분산적, 무정형적)을 띤다.

<표 9-2>와 같은 여러 수준의 참여예술은 오늘날과 같은 다문화적, 다원주의적

사회에서 더욱 다양하게 구현될 수 있고, 특히 인터넷과 정보통신의 발달로 정보가 넘치는 사회에서 예술의 고유성(originality), 진정성(authenticity), 그리고 소유권(authorship)의 개념은 과거와는 사뭇 다르게 이해되고 논의될 것이다.

5. 다문화 예술교육의 전략

친(Chin, 2013)은 다문화 예술교육의 전략들을 제시한 바 있는데, 그 내용을 기반으로 크게 교사의 역할과 학생의 역할을 나누어 교육철학, 교육내용 및 방법, 교사의 태도 등의 차원에서 정리하면 다음과 같다.

1) 교사의 역할

다문화적 예술교육을 담당하는 교사는 다음 사항들을 유념해야 한다.

(1) 교육 철학의 문제

첫째, 학생들 자신이 교육과정 내용의 일부, 학습 과정의 일부, 그리고 학습목표의 일부가 되어야 하는데, 이는 학생들이 배우는 모든 교육과정 속에서 자신의 모습을 돌아볼 수 있도록 함으로써 이루어질 수 있다(Grant, 2012).

둘째, 학생들로 하여금 예술가적인 자기표현과 탐색을 할 수 있는 충분한 기회를 제공함과 동시에, 다른 사람의 예술적 표현을 편견이나 배제 없이 자유롭게 나누고 공감할 수 있는 마음가짐을 기르도록 해야 한다(Brunson, 2002; Slayton, 2012).

셋째, 학생들이 가질 수 있는 개인적 편견을 솔직하게 들여다보고, 서로 다른 사람들의 관점을 이해하고 토론할 수 있도록 지속적으로 장려해야 한다(Brunson, 2002).

넷째, 학생들이 사회적 문화적으로 소외된 사람들의 기본적 요구나 생각들에 귀를 기울이고, 사회적 공동체의 구성원으로서 그들의 성장을 도울 수 있는 방안을 고민할 수 있도록 해야 한다(Grant, 2012; Sleeter, 1991).

다섯째, 학생들의 학습이 학교울타리에 국한될 필요는 없다는 사실이다. 한 사회적 공동체 속에서 존재하는 학교는 그 공동체의 삶 자체에 스며들어 있을 때 가장 의미 있는 역할을 할 수 있다(Bequette, 2007; Willis, 2002).

(2) 교육내용 및 방법상의 유의점

첫째, 학생들이 자신들의 세계관을 재검토할 수 있도록 그들의 자발적 참여를 유도하여 그 속에서 들어나는 교육적 탁월함이 평가할 수 있어야 한다(Nussbaum, 1997; Slayton, 2012; Brunson, 2002).

둘째, 학생들에게 문화적 전유(appropriation)보다는 문화적 감식력(appreciation)의 실천을 가르쳐야 한다(McFee & Degee, 1980; Schmitt, 2013; Gonzalez, 2007). 문화적 전유는 문화를 배타적으로 사유화하거나 문화적 활동을 다른 목적을 달성하는 수단으로 이용하는 것을 말하고, 문화적 감식력이란 문화를 이해하고 느끼며, 그 자체를 즐길 수 있는 것을 말한다.

셋째, 문화의 내용과 관련된 다양한 공동체 구성원들을 그들 각자의 전문성을 존중하여 학습현장으로 초대할 수 있어야 하고, 그 과정에 학생들도 나름의 전문가로서 인정받을 수 있다는 사실을 깨닫게 해야 한다(Tobell & O'Donnell, 2013, Brunson, 2002).

넷째, 학생들이 배우는 교과 내용의 단원의 구조를 각자의 맥락에 맞추어 재구성하여, 교과 지식이나 학습 방식의 형식적인 틀에 얽매이지 않아야 한다(Willis, 2002).

다섯째, 학습경험을 돕는 여러 가지 감각들을 활용하여 기억으로 이어질 수 있도록 해야 한다(Schmitt, 2013).

(3) 교사의 태도의 문제

첫째, 교사는 예술교육의 촉매자 역할을 하되, 학생들이나 공동체의 구성원으로부터 자신도 배우려는 개방적인 태도를 가져야 한다(Brunson, 2002).

둘째, 학습의 과정에서 드러나는 여러 가지 전형성들과 편견들을 비판적으로 인식할 수 있어야 한다(Clements & Wachowiak, 2010).

셋째, 다양한 집단, 인종, 민족 등을 지칭하는 언어 사용에 있어서도 신중하고 사려 깊은 태도를 익혀야 한다(Clements & Wachowiak, 2010).

넷째, 최신의 관련성 높고, 사실에 기반한 교육적 주제들이 충분한 맥락적 지식을 바탕으로 논의될 수 있는 기회를 제공해야 한다(Bequette, 2007).

다섯째, 적절한 교수 자료를 학생들에게 제공하되, 항상 그 진정성 혹은 진실성(authenticity)에 초점을 맞추어야 한다(Cho, 1998; McFee & Degee 1980; Basso, 1990).

2) 학생의 역할

첫째, 진리의 탐구를 위한 열정을 가지고 자신이나 동료들에게 항상 '무엇이 진실인지'를 고민할 수 있어야 한다(McFee & Degge, 1980).

둘째, 자신의 장점을 인식하고 신뢰하면서 '내가 알고 있는 것이 무엇이고', 그것을 어떻게 아는지를 자문할 수 있어야 한다(McFee & Degee, 1980).

셋째, 새로운 내용을 학습하거나 예술적인 창작을 하는 과정에서 자신의 감정이나 직관이 개입되는 것을 허락해야 한다(Willis, 2002).

넷째, 자신들이 무엇인가를 강요받고 있다고 느낄 때 자신의 그 인식을 재검토할 수 있어야 한다(Willis, 2002).

다섯째, 안정적 공간에 안주하지 않고 위험을 감수하고 도전하는 정신을 유지해야 한다(Clements & Wachowiak, 2010; Brunson, 2002).

여섯째, 성과에 집착하지 말고 창작의 과정 자체에 중점을 두어야 한다(Dewey, 1934).

일곱째, 자신들이 말하거나 행하는 일들에 대한 책임감을 가져야 한다(Clements & Wachowiak, 2010; Brunson, 2002).

여덟째, 자신들이 배운 내용이 자신의 삶과 관련되도록 동료나 교사들의 도움을 수용해야 한다(Bolin & Blandy, 2003; Acuff, 2013).

아홉째, 교실의 벽을 넘나들면서 가정이나 마을 공동체에 적용할 수 있어야 한다(Bequette, 2007; Willis, 2002).

다문화 예술교육의 실천을 위해서는 위에서 언급한 교사와 학생의 역할 외에도 교육과정의 개편, 교수학습 전략의 개발, 교실안팎의 교육환경적 측면의 다양한 부분에서 기존의 학교의 모습과는 다른 변화가 필요할 것이다.

참고문헌

[국문 참고문헌]

곽준혁(2007). 다문화 공존과 사회적 통합. 대한정치학회보, 15(2), 23-42.

교육혁신위원회(2007). 학습 사회 실현을 위한 미래교육 비전과 전략(안)공청회 자료집. 서울: 교육혁신위원회.

김광수 · 이정모 · 최명원 · 이혜문 · 신현준 · 이은주 외(2010). 융합인지과학의 프런티어. 서울: 성균관대학교출판부.

김규현 · 서경희 · 박용예(2000). 초등학교에서의 영어몰입학습프로그램 실시방안연구. 영어교육, 55(2), 281-307.

김순언(1989). Durkheim의 교육사회학 연구. 서울: 정각당.

김영옥(2007). 새로운 시민들의 등장과 다문화주의 논의. 아시아여성연구, 46(2), 129-159.

김주훈 · 심재호 · 서민철 · 이근호 · 김덕근 · 이재영 · 박석순(2010). 지속가능발전 개념의 교육과정 구현 방안: '환경과 녹색성장' 교육과정을 중심으로[환경과 녹색성장 교육과정 개정 시안 연구개발(연구보고 CRC 2010-3-2)]. 서울: 한국교육과정평가원.

김창근(2009). 다문화 공존과 다문화주의: 다문화 시민성의 모색. 윤리연구, 73, 21-50.

김태훈(2004). 도덕성발달이론과 교육. 서울: 인간사랑.

남아프리카공화국(2002). Department of Education. Revised National Curriculum Statement Grades R-9(Schools) Policy, *Arts and Culture*. Pretoria: Government Printer.

남아프리카공화국(2005). The Revised National Curriculum Statement.

뉴질랜드(2007). 교육과정 총론.

대한민국(2007). 2007 개정교육과정 총론. 교육인적자원부장관 고시(2007. 2. 28.)

독일(2009). Berlin Cosmopolitan School의 교육이념.

미국(2009). 연방교육위원회 교육표준.

박노자(2005). 우승優勝 열패劣敗의 신화 – 사회진화론과 한국 민족주의 담론의 역사, 서울: 한겨레신문사.

박민정(2009). 역량기반 교육과정의 특징과 비판적 쟁점 분석: 내재된 가능성과 딜레마를 중심으로. 교육과정연구, 27(4), 71-94.

박순경 · 이광우 · 이미숙 · 정영근 · 민용성 · 이근호 외(2008). 초 · 중등학교 교육과정 선진화 개혁 방안 연구(Ⅰ) – 총괄. 한국교육과정평가원 연구보고(CRC 2008-28-1).

박연미 · 최경미(2001). 몰입영어교육 효과에 영향을 미치는 요인분석. 언어연구, 17(1), 101-121.

박휴용(2006). 세계화시대의 영어학습열기에 대한 비판적 담론분석: 사회적 기호화과정의 탐색. 사회언어학, 14(2), 169-196.

박휴용(2008). 영어몰입교육의 공교육도입에 대한 비판적 고찰. 사회언어학, 16(1), 131-158.

박휴용(2010). 교육과정 이념으로써의 세계시민주의에 대한 비판적 담론분석. 교육과정평가연구,

13(2), 1-27.

박휴용(2012a). 교육과정 이념으로서의 다문화주의와 지속가능발전교육론에 대한 비판적 논의. 교육과정연구, 30(1), 1-26.

박휴용(2012b). 다문화주의에 대한 비판적 논의와 비판적 다문화교육론. 교육철학연구, 34(2), 49-77.

박휴용(2012c). 다문화교육의 형평성과 수월성에 대한 비판적 고찰. 다문화교육연구, 5(2), 147-172.

박휴용 · 여영기 · 반상진(2014). 고령 다문화사회: 개념과 성격, 그리고 사회정책의 방향. 노인복지연구, 65, 131-157.

삼성경제연구소(2010). 다문화사회 정착과 이민정책. CEO Information, 756호.

소경희 · 이화진(2001). 지식기반사회에서의 학교 교육과정 구성을 위한 기초연구(Ⅱ). 한국교육과정평가원(연구보고 RRC-2001).

신경아 · 김경자(1998). 한국의 초등 영어 몰입 프로그램 사례분석. 교과교육학연구, 2(1), 221-239.

양영자(2007). 분단-다문화시대 교육이념으로서의 민족주의와 다문화주의의 양립 가능성 모색. 교육과정연구, 25(3), 23-48.

양옥승(2010). 유아 다문화교육: 다문화주의의 의미와 적용. 유아교육연구, 30(4), 305-318.

영국(2009). Statement of aims for the secondary curriculum. *In National Curriculum*, 52-53.

유길상(2004). 외국인력제도의 국제비교, 한국노동연구원, 147-148.

유문무(2010). 다문화사회로의 전환과 다문화 담론 모색. 아시아연구, 13(2), 83-109.

유팔무 외(2000). 세계화와 한국사회의 미래[강치원 역]. 서울: 도서출판 백의.

유현숙 · 이정미 · 최정윤 · 임후남 · 권기석 · 서영인 · 류장수(2011). 고등교육 미래비전 2040 수립을 위한 정책 연구. 한국교육개발원 연구보고(CR2011-24).

윤민봉(1990). 형식중심 도덕교육론의 한계점. 국민윤리연구, 29, 197-198.

윤지관 역(2007). 영어, 내 마음의 식민주의. 서울: 당대.

윤현진 · 김영준 · 이광우 · 전제철(2007). 미래 한국인의 핵심 역량 증진을 위한 초 · 중등학교 교육과정 비전 연구(Ⅰ): 핵심역량 준거와 영역 설정을 중심으로. 한국교육과정평가원 연구보고(RRC 2007-1).

이광우(2009). 핵심역량 기반 초중등학교 교육과정 설계 방안. 핵심역량 기반 초 · 중등학교 교육과정 설계 방안 탐색을 위한 세미나[ORM 2009-20], 1-53, 서울: 한국교육과정평가원.

이광우 · 민용성 · 전제철 · 김미영(2008). 미래 한국인의 핵심 역량 증진을 위한 초 · 중등학교 교육과정 비전 연구(II): 핵심 역량 영역별 하위 요소 설정을 중심으로. 한국교육과정평가원 연구보고(RRC 2008-7-1).

이광우 · 전제철 · 허경철 · 홍원표 · 김문숙(2009). 미래 한국인의 핵심 역량 증진을 위한 초 · 중등학교 교육과정 설계 방안 연구. 한국교육과정평가원 연구보고(RRC 2009-10-1).

이근호 · 곽영순 · 이승미 · 최정순(2012). 미래사회 대비 핵심역량 함양을 위한 국가 교육과정 구상. 한국교육과정평가원 연구보고(RRC 2012-4).

이근호 · 김기철 · 김사훈 · 김현미 · 이명진 · 이상하 · 이인제(2013). 미래 핵심역량 계발을 위한 교과 교육과정 탐색: 교육과정, 교수 · 학습 및 교육평가의 연계를 중심으로. 한국교육과정평가원 연구보고(RRC 2013-2).

이근호 · 이광우 · 박지만 · 박민정(2013). 핵심역량 중심의 교육과정 재구조화 방안 연구. 서울: 교육부.

이삼열(2007). 지속가능발전교육의 개념과 원칙. 지속가능한 미래를 위한 교육 [유네스코한국위원회 보고서]. 서울: 유네스코한국위원회.

이수현(2005). 피부 생김새는 달라도 우리는 하나-마이크를 잡은 이주노동자들, 매일노동뉴스, http://www.kctpi.re.kr (2005. 7.).

이원봉(2011). 칸트 윤리학과 도덕교육론: 도덕교육의 형식과 내용의 통합 가능성. 생명연구, 21, 165-205.

이원웅(연대미상). 세계인권선언의 현시대적 의미.

이인식(2010). 기술의 대융합: 21세기 창조의 원동력은 어디에서 오는가. 서울: 고즈윈.

이종선(2002). 한국의 신자유주의적 구조개혁과 노동시장 변화. 한국사회학, 36(3), 25-45.

이중원 · 홍성욱 외(2008). 필로테크놀로지를 말한다: 21세기 첨단 공학기술에 대한 철학적 성찰. 서울: 해나무.

이현정(2009). 우리의 미래 다문화에 달려 있다. 서울: 소울메이트.

일본(1998). 문부과학성 산하 교육과정위원회가 제정한 국가 교육과정 표준 개혁안.

임채완(1999). 중앙아시아 고려인의 언어정체성과 민족의식, 국제정치논총, 한국국제정치학회.

장하준(2002). 사다리 걷어차기. 서울: 출판사 부키.

정기선(2003). 외국인 노동자의 문화접촉, 사회적 '거리감과 인상변화'(석현호 외 공저), 외국인 노동자의 일터와 삶, 서울: 지식마당.

정상수(2014). 제국주의(개념사 14). 서울: 책세상.

조정환(2005). 제국기계 비판. 서울: 갈무리.

최경미(2001). 초등학생 영어능력에 영향을 미치는 요인들의 다변량분석. 산업기술, 11, 21-33.

최경미 · 박연미(2002). 중학생 몰입영어교육 효과분석. 응용통계연구, 15(1), 9-20.

최도성(2005). 지속가능발전을 위한 교육. 지방의제21. 전국지속가능발전협의회.

최영환(2008). 초등학교 국어교실 현장의 다문화교육 방향. 41회 정기학술대회 자료집. 서울: 국어교육학회.

최정의팔, 끊임없는 이주의 악순환 고리를 끊는 귀환과 통합 프로그램. http://ijunodong.prok.org

최현(2014). 개념사 01: 인권. 서울: 도서출판 책세상.

추병완(2011). 다문화사회에서 학교 통일교육의 새 활로. 교육과정평가연구, 14(1), 55-78.

추병완(2004). 도덕교육의 이해. 서울: 백의.

포르투갈(2009). St. Julian's School(http://www.stjulians.com/).

프랑스(2009). 고등학교 교육과정. 한국교육과정평가원(2009), KICE 교육과정 교육평가 국제동향 스크린 1(1).

한건수(2004). 타자만들기: 한국사회와 이주노동자의 재현(최협 외 편저), 한국의 소수자, 실태와 전망, 서울: 한울아카데미.

한국교육과정평가원(2007). KICE 교육과정 교육평가 국제동향 스크린 1(1).(http://kice.re.kr/ko/board/view.do? article_id=80799&menu_id=10436)

한국노동연구원(2003). 외국인 근로자 고용실태조사.

허경행(1984). 에밀 뒤르껭의 도덕교육론에 관한 연구: 사회학적 배경의 분석과 비판을 통하여. 서울: 이화여대 석사학위논문.

호주(2009). 국가교육과정.

홍성태(2002). 정보제국주의와 한국사회: 제국주의와 A 한국사회. 서울: 한울아카데미.

홍원표 · 이근호(2010). 역량기반 교육과정의 현장 적용 방안 연구: 캐나다 퀘벡의 사례를 중심으로. 교육과정연구, 29(1), 67-86.

KICE(2003). 제2외국어과 교육목표 및 내용체계연구(I). 서울: 한국교육과정평가원.

EBS PD 리포트. 학교에 가고 싶어요, 외국인 노동자의 자녀들.(2003. 2. 27.)

[영문 참고문헌]

Abbott, H. P.(2002). *The Cambridge Introduction to Narrative*. Cambridge: Cambridge University Press.

Abdulla, S.(1999). The bilingual brain. *Nature Science Update*(June 17, 1999). Retrieved on.

Achieve(2011). Closing the Expectations Gap 2011: Sixth Annual 50-State Progress Report. Retrieved October 4, 2014(http://www.achieve.org/ClosingtheExpectationsGap2011)

Achieve(with The Education Trust, & The Thomas B. Fordham Foundation)(2004). *Ready or Not: Creating a High School Diploma that Counts*. Washington, DC: American Diploma Project. Retrieved October 15, 2014(http://www.achieve.org/ReadyorNot)

Adesope, O. O., Lavin, T., Thompson, T., & Ungerleider, C.(2010). A systematic review and meta-analysis of the cognitive correlates of bilingualism. *Review of Educational Research, 80*(2), 207-245.

Agrawal, A.(1995). Dismantling the divide between indigenous and scientific knowledge. *Development and change, 26*(3), 413-439.

Aikenhead, G. S., & Ryan, A. G.(1992). The Development of a New Instrument: Views on Science-Technology-Society(VOSTS). *Science Education, 76*(5), 477-491.

Allport, G. W.(1921). Personality and character. *Psychological Bulletin, 18*(9), 441-455.

Allport, G. W.(1931). What is a trait of personality? *Journal of Abnormal and social psychology, 25*, 368-372.

Allport, G. W.(1937). *Personality: A psychological interpretation*. New York: Holt, Rinehart, & Winston.

Allport, G. W., & Odbert, H. S.(1936). Trait-names: A psycho-lexical study. *Psychological Monographs, 47*, 211.

Amabile, T. M.(1996). *Creativity in context*. Boulder, CO: Westview Press.

Appiah, K. A.(2006). *Cosmopolitanism: Ethics in a world of strangers*. New York: W.W. Norton.

Appiah, K. A., & Gutmann, A.(1996). *Color Conscious: The Political Morality of Race*. Princeton, NJ: Princeton University Press.

Aristotle(1962). *The Nichomachean Ethics*(M. Oswald, Trans.). New York: The Bobs-Merrill.

Arndt, J., Greenberg, J., Solomon, S., Pyszczynski, T., & Schimel, J.(1999). Creativity and terror management: Evidence that creative activity increases guilt and social projection following mortality salience, *Journal of Personality and Social Psychology, 77*, 19-32.

Ashworth: D., & Saxton, J.(1990). On Competence. *Journal of Further and Higher Education,*

14(2), 3-25.

ATC21S(2015). The Assessment and Teaching of 21st-Century Skills. Retrieved October 15, 2014, from http://atc21s.org/

Bacon, J.(2012). *The art of community: Building the new age of participation.* O'Reilly Media.

Bain, B.(1975). Toward an integration of Piaget and Vigotsky: Bilingual considerations. *Linguistics, 16*, 5.

Baker, G., & Morris, K.(2002). *Descartes' dualism.* Routledge.

Baker, S. C., & McIntyre P. D.(2003). The role of gender and immersion in communication and second language orientations. *Language Learning, 53*,(supp. 1), 65-96.

Bakhtin, M.(1981). *The dialogic imagination, M. Holquist*(Trans). Austin: The University of Texas Press.

Bamgbose A.(2001). World Englishes and globalization. *World Englishes, 20*(3), 357-363.

Banks, F.(2009). Competency based training in the UK. In A. Jones & de Vries, Marc(Eds.), International Handbook of Research and Development in Technology Education. *International technology Education Series, 5,* 555-568. Rotterdam: Sense.

Banks, J. A. & Banks, C. A. M.(2001). *Multicultural education: Issues and perspectives*(4th ed.), Boston: Allyn & Bacon.

Banks, J. A.(1993). Multicultural education: Characteristics and goals. In J. A. Banks & C. A. M. Banks(Eds.), *Multicultural education: Issues and perspectives,* 3-28, Boston: Allyn & Bacon.

Banks, J. A.(1994). *An introduction to multicultural education.* Boston: Allyn & Bacon.

Banks, J. A.(2007). *Educating citizens in a multicultural society*. New York: Columbia University Press.

Barac, R., & Bialystok, E.(2011). *Cognitive development of bilingual children. Language Teaching, 44*(1), 36-54.

Barba, R. H.(1993). A study of culturally syntonic variables in the bilingual/bicultural science classroom. *Journal of Research in Science Teaching, 30*(9), 1053-1071.

Barbour, I. 저, 이철우 역.(2002). 과학이 종교를 만날 때. 서울: 김영사.

Barman, L., Silén, C., & Laksov, K. B.(2014). Outcome based education enacted: teachers' tensions in balancing between student learning and bureaucracy. *Advances in Health Sciences Education, 19*(5), 629-643.

Barrow, J. 저, 고종숙 역.(2003). 무, 영, 진공. 서울: 해나무.

Bassett-Jones, N.(2005). The paradox of diversity management, creativity and innovation. *Creativity and Innovation Management, 14*, 169-175.

Bates I.(2002). The competence and outcomes movement: the landscape of research, 1986-1996. *School of Education*, University of Leeds. Education-Line. Retrieved October 22, 2014, from http://www.leeds.ac.uk/educol/documents/00002216.htm

Bates, I.(2013). The competence and Education: Training and the Future of Work II. *Developments in Vocational Education and Training, 98.*

Beane, D. B.(1988). *Mathematics and science: Critical filters for the future of minority students.*

Washington, DC: The Mid-Atlantic Center.

Beck, U.(2002). The cosmopolitan society and its enemies. *Theory, Culture and Society, 19*(1-2), 17-44.

Beck, U.(2004). The truth of others: A cosmopolitan approach. *Common Knowledge, 10*(3), 430-449.

Bennett, C. I.(2007). *Comprehensive multicultural education: Theory and practice*(6th ed.), Boston: Pearson.

Berger, P. L., & Luckman, T.(1991). *The Social Construction of Reality*. London: Anchor Books.

Bernstein, B.(1990). The structure of pedagogic discourse: Class, Codes and Control, 4. London: Routledge.

Bers, T. H.(2008). The role of institutional assessment in assessing student learning outcomes. *New Directions for Higher Education, 141*, 31-39.

Bhabha, H.(1994). *The Location of Culture*. London: Routledge.

Bhatia, T. K.(2011). The multilingual mind, optimization theory, and Hinglish. *Chutneying English: The Phenomenon of Hinglish*, 37-52.

Bialystok E.(2001). *Bilingualism in Development: Language, Literacy, and Cognition*. Cambridge: Cambridge University Press.

Bialystok E., & Craik F. I. M.(2010). Cognitive and linguistic processing in the bilingual mind. *Curr. Dir. Psychol. Sci. 19*, 19-23.

Bialystok E., Craik F. I. M., Klein R., & Viswanathan M.(2004). Bilingualism, aging, and cognitive control: evidence from the Simon task. *Psychol. Aging. 19*, 290-303.

Bialystok E., Craik F. I. M., & Ryan J.(2006). Executive control in a modified anti-saccade task: effects on aging and bilingualism. J. Exp. Psychol. *Learn. Mem. Cogn. 32*, 1341-1354.

Bialystok, E.(2010). Global-local and trail-making tasks by monolingual and bilingual children: Beyond inhibition. *Developmental psychology, 46*(1), 93.

Bink, M. L., & Marsh, R. L.(2000). Cognitive regularities in creative activity. *Review of General Psychology, 4*, 59-78.

Binkley, M., Erstad, O., Herman, J., Raizen, S., Ripley, M., Miller-Ricci, M. et al.,(2012). Defining twenty-first century skills. *In Assessment and teaching of 21st century skills.* 17-66, Springer Netherlands.

Bishop, R.(2005). *Freeing ourselves from neocolonial domination in research: A Kaupapa Maori.*

Block & D. Cameron(Eds.). *Globalization and language teaching,* 117-133. London: Routledge.

Bloom, B. S.(1956). T*axonomy of Educational Objectives, I: Cognitive Domain*. London: Longman.

Bloom, B. S., Hastings, J. T., & Madaus, G. F.(1971). *Handbook on Formative and Summative Evaluation of Student Learning*. New York: McGraw-Hill.

Bloor, D., & Barnes, B.(1998). *Sociology of knowledge*. London: Routledge encyclopedia of philosophy.

Boddice, R.(Ed.).(2011). *Anthropocentrism: Humans, Animals, Environments*. Boston: Brill.

Bode(2005). *Multicultural art education: Voices of art teachers and students in the postmodern area.*

Bohla, H. S.(2004). A discourse on educational leadership: Global themes, postmodern perspectives. *Studies in Philosophy and Education, 21*(2), 181-202.

Bolonyai, A.(2005). *Who was the best?: Power, knowledge and rationality in bilingual girls' code choices*. Oxford: Blackwell Publishing.

Bomgbose, A.(2001). World Englishes and globalization. *World Englishes, 20*(3), 357-363.

Bonilla-Silva E.(2010). *Racism without racists*. Plymouth, UK: Rowman & Littlefield.

Bourdieu, P.(1977). *Outline of a Theory of Practice*. Cambridge University Press.

Bourdieu, P.(1991). Raymond, G. and Adamson, M.(trans.). *Language and Symbolic Power*. Cambridge: Polity Press.

Bourn, D.(2009). Globalisation and sustainability: The challenges for education. *Environmental Scientist, 18*(1), 12-14.

Bowden, J. A., & Masters, G. N.(1993). *Implications for Higher Education of a Competency-based Approach to Education and Training*. Australian Government Publishing Service: Canberra.

Bowers, C. A.(2001). *Educating for Eco-Justice and Community*. Athens, GA: The University of Georgia Press.

Bowers, C. A.(2003). *Mindful conservatism: Rethinking the ideological and educational basis of an ecologically sustainable future*. Lanham, MD: Rowman & Littlefield.

Bowles, S., & Gintis, H.(1976). *Schooling in capitalist America, 57,* New York: Basic Books.

Braver, T. S.(2012). The variable nature of cognitive control: a dual mechanisms framework. *Trends in cognitive sciences, 16*(2), 106-113.

Brecher, J., & Costello, T.(2000). *Globalization from below: The power of solidarity*. Cambridge, Mass.: South End Press.

Brecher, J., Costello, T., & Smith, B.(2000). *Globalization From Below: The Power of Solidarity*. Cambridge: South End Press.

Briggs, J., & Peat, D.(1990). *Turbulent mirror*[혼돈의 과학(김광태 · 조혁 역)]. 서울: 범양사출판부.

Bronfenbrenner, U.(1979). *The Ecology of Human Development: Experiments by Nature and Design*. Cambridge, MA: Harvard University Press.

Brown, R.(1995). *Prejudice: Its Social Psychology*. London: John-Wiley & Sons.

Brubaker, R.(1992). *Citizenship and Nationhood in France and Germany*. Cambridge, MA: Harvard University Press.

Brundtland Report.(1987). *Out Common Future*. Oxford: Oxford University Press.

Bruner, J. S.(1996). *The Culture of Education*. Cambridge, MA: Harvard University Press.

Brutt-Griffler, J.(1998). Conceptual questions in English as a world language: Taking up an issue. *World Englishes, 17*(3), 381-92.

Buenfil-Burgos, R.(2003). Partnerships as a floating and empty signifier within educational policies: The Mexican case. In B. Franklin, M. Block & T. Popketwiz(Eds.), Educational Partnership and the State: The Paradoxes of Governing Schools, *Children and Families,* 55-83, New York: Palgrave Macmillan.

Bull, H.(1985). The Use of Behavioural Objectives. *Journal of Further and Higher Education, 9*(1), 74-80.

Bullard, R. D.(1990). *Dumping in Dixie: Race, Class, and Environmental Quality,* Boulder, CO:

West view Press.

Burke, J. W.(Ed.)(1989b). *Competency Based Education and Training.* Lewes: Falmer.

Burke, L., Corona, B., Marshall, J. A., Sheffield, R., & Stotsky, S.(2013). *Common Core National Standards and Tests: Empty Promises and Increased Federal Overreach Into Education.*

Bush, B.(2006). *Imperialism and Postcolonialism.* London: Pearson Longman.

Calabria M., Hernández M., Branzi F. M., Costa A.(2012). Qualitative differences between bilingual language control and executive control: evidence from task-switching. Front. *Psychol. 2,* 399.

Calavita, K.(2005). *Immigrants at the Margins: Law, Race, and Exclusion in Southern Europe.* Cambridge: Cambridge University Press.

Callender, C.(1992). *Will NVQs Work?: Evidence from the Construction Industry.* Sussex, University of Sussex/Institute of Manpower Studies.

Calvin(2012). 생각의 탄생(윤소영 역), 128, 사이언스북스.

Cameron, D.(2002). Globalization and the teaching of communication skills. In D. Block & D. Cameron(Eds.), *Globalization and language teaching,* 67-82, London: Routledge.

Canagarajah, A. S.(2002). Celebrating local knowledge on language and education. Journal of Language, *Identity and Education, 1*(4), 243-261.

Canagarajah, S.(2004). Subversive identities, pedagogical safehouses, and critical learning. In B. Norton & K. Toohey(Eds.), *Critical pedagogies and language learning,* 116-137, Cambridge: Cambridge University Press.

Carlson, M.(1998/first 1996). *Performance: A Critical Introduction.* New York: Routledge.

Castells, M.(1997). *The Power of Identity.* 1st(ed.), Vol. 2. Malden, MA: Blackwell.

Chappell, C., Gonczi, A., & Hager(2000). *Competency-based education. In Understanding Adult Education and Training*(G. Foley, Ed.). St. Leonards: Allen & Unwin.

Chen, S., & Andersen, S. M.(1999). Relationships from the past in the present: Significant-other representations and transference in interpersonal life. In M. P. Zanna(Ed.), *Advances in experimental social psychology,* 31, 123-190, San Diego, CA: Academic Press.

Children's scientific reasoning in the context of bilingualism(2014). *International Journal of Bilingualism,* April 10, 2014.

Chin, C.(2013). Key dimensions of a multicultural art education curriculum. *International Journal of Education & the Arts, 14*(14), Retrieved [date] from http://www.ijea.org/v14n14/.

Chiu, C-y., & Cheng, S. Y-y.(2007). Toward a social psychology of culture and globalization: Some social cognitive consequences of activating two cultures simultaneously. *Social and Personality Psychology Compass, 1,* 84-100.

Chiu, C-y., & Hong, Y.(2005). Cultural competence: Dynamic processes. In A. Elliot & C. S. Dweck(Eds.), *Handbook of motivation and competence,* 489-505, New York: Guilford Press.

Chiu, C-y., & Hong, Y.(2006). *The social psychology of culture.* New York: Psychology Press.

Chiu, C-y., & Hong, Y-y.(2007). Cultural processes: Basic principles. In April 2008 E. T. Higgins, & A. E. Kruglanski(Eds.), *Social psychology: Handbook of basic principles,* 785-806, New York: Guilford Press.

Chiu, C-y., Morris, M. W., Hong, Y-y., & Menon, T.(2000). Motivated cultural cognition: The impact of implicit cultural theories on dispositional attribution varies as a function of need for closure. *Journal of Personality and Social Psychology, 78*, 247.259.

Christoffels, I. K., Kroll, J. F., & Bajo, M. T.(2013). Introduction to Bilingualism and Cognitive Control. *Frontiers in psychology, 4.*

Cobern, W.(2000). Defining "science" in a multicultural world. *Science Education, 85*(1), 50-67.

Cole, M. & Engestrom, Y.(1993). A cultural-historical approach to distributed cognition. In G. Salomon(Ed.) *Distributed Cognitions: Psychological and Educational Considerations*. New York: Cambridge University Press.

Collins, J., & Porras, J.(1994). *Built to Last*. London: Century.

Colzato L. S., Bajo M. T., van den Wildenberg W., Paolieri D., Nieuwenhuis S. T., La Heij W., Hommel B.(2008). How does bilingualism improve executive control? A comparison of active and reactive inhibition mechanisms. *J. Exp. Psychol. Learn. Mem. Cogn. 34*, 302-312.

Common Core State Standards Initiative(2014). *Resources: FAQ*. Retrieved on March 2, 2015, from http://www.corestandards.org/

Cook, V. J.(2003), Introduction: The changing L1 in the L2 user's mind. In V. J. Cook(Ed.), *Effects of the second language on the first,* 1-18, Clevedon: Multilingual Matters.

Costa, R. T., & McCare, R. R.(1992). *Revised NEO Personality Inventory(NEO PI-R) and NEO Five-Factor Inventory(NEO-FFI) professional manual*. Odessa, FL: Psychological Assessment Resources.

Couture, J., & Nielsen, K.(1995). Introduction: The Ages of Metaethics. In J. Couture & K. Nielsen(Eds.). *On the Relevance of Metaethics: New Essays in Metaethics,* 1-30, Calgary: University of Calgary Press.

Crisp, R. J., & Turner, R. N.(2011). Cognitive adaptation to the experience of social and cultural diversity. *Psychological bulletin, 137*(2), 242.

Crowder, G.(2013). *Theories of Multiculturalism: An Introduction*. Polity Press.

Cruikshank, B.(1999). *The will to empower: Democratic citizens and other subjects*. Ithaca: Cornell University Press.

Csikszentmihalyi, M.(1988). *Society, culture, and person: A systems view of creativity*. Cambridge: Cambridge University Press.

Csikszentmihalyi, M.(1996). *Creativity: Flow and the psychology of discovery and invention*. New York: Harper Collins.

Cummins, J.(1976). The influence of bilingualism on cognitive growth: A synthesis of research findings and explanatory hypothesis. *Working Papers on Bilingualism, 9,* 1-43.

Cummins, J.(1989). *Empowering Minority Students*. Sacramento, Calif, California Association for Bilingual Education.

Cummins, J.(1994). The Socioacademic achievement Model in the context of coercive and collaborative relations of power. In R. DeVillar, C. Faltis & J. Cummins(Eds.) *Cultural Diversity in schools: From Rhetoric to Practice*. State University of New York Press.

Cummins, J.(1999). Alternative paradigms in bilingual education research: Does theory have a place? *Educational Researcher, 28*(7), 26-32.

Cummins, J. P.(1981). The role of primary language development in promoting educational success for language minority children. In California Department of Education(Ed.), *Schooling and Language Minority Students*. Los Angeles: Evaluation, Assessment, and Dissemination Center.

Cummins, J. P.(1986). Empowering minority students: A framework for intervention. *Harvard Education Review, 56*, 18-36.

Cushen, P. J., & Wiley, J.(2011). Aha! Voila! Eureka! Bilingualism and insightful problem solving. *Learning and Individual Differences, 21*(4), 458-462.

Dahlberg, G., Moss, & Pence, A.(1999). *Beyond quality in early childhood education*. London: Routledge Falmer.

Dallalba, G., & Sandberg, J.(1996). Educating for competence in professional practice. *Instructional science, 24*(6), 411-437.

Daly, H.(1996). *Beyond Growth: The economics of sustainable development*. Boston: Beacon.

Darcy, N. T.(1953). A review o fthe literature on the effects of bilingualism upon the measurement of intelligence. *Journal of Genetic Psychology, 82*, 21-57.

Davies.(1988). 현대물리학이 발견한 창조주(류시화 역). 서울: 정신세계사.

Davis, K.(1995). Qualitative theory and methods in applied linguistics research. *TESOL Quarterly, 29*(3), 427-453.

De Vos, G. A.(1995). Ethnic pluralism: Conflict and accommodation. In L. Romanucci-Ross & G. A. De Vos(Eds.), *Ethnic identity: Creation, conflict and accomodation,* 15-47, London: Altamira Press.

Deleuze, G.(1999). *Nietzsche*. Presses Universitaires de France.

Dennis, M. J.(2014). *Competency-based degrees: The quiet revolution?*(February 14, 2014) Issue N. 307.

Densin, N. K.(2005). Emancipatory discourses and the ethics and politics of interpretation. In Denzin, N. K., & Lincoln, Y. S. *The Sage handbook of qualitative research,* 933-958, Thousand Oaks, CA: Sage Publications.

Denzin, N. K., & Lincoln, Y. S.(2005). Introduction: The discipline and practice of qualitative research. In Denzin, N. K., & Lincoln, Y. S. *The Sage handbook of qualitative research,* 1-32, Thousand Oaks, CA: Sage Publications.

Derman-Sparks, L.(Ed.)(1989). *Anti-Bias Curriculum: Tools for Empowering Young Children*. Washington, DC: National Association for the Education of Young Children.

DES(Department of Education & Science).(2007). *Developing a National Strategy on Education for Sustainable Development in Ireland*. DES: Ireland.

DeSanctis, G., & Poole, M. S.(1994). Capturing the complexity in advanced technology use: Adaptive structuration theory. *Organization science, 5*(2), 121-147.

Dewey, J.(2005). *Art as Experience. Penguin.*(Original work published in 1934)

Dijkstra T., van Heuven W. J. B.(1998). The BIA model and bilingual word recognition. *In Localist Connectionist Approaches to Human Cognition(*eds.), 189-225, Grainger J., Jacobs A., editors, Hillsdale, NJ: Erlbaum.

Dimermen(2009). *Character is the key*. London: Wiley & Sons.

Donato, R.(2000). Sociocultural contributions to understanding the foreign and second language classroom. In J. P. Lantolf(Ed.), *Sociocultural theory and second language learning,* 27-50, Oxford: Oxford University Press.

Driessen P.(2002). Sustainable development: The book and the ideology. In J. Morris(Ed.), *Sustainable Development: Promoting Progress or Perpetuating Poverty?* London: Profile books.

Driver, R., Asoko, H., Leach, J., Scott, & Mortimer, E.(1994). Constructing scientific knowledge in the classroom, *Educational researcher, 23*(7), 5-12.

Duhn, I.(2006). The making of global citizens: traces of cosmopolitanism in the New Zealand early childhood curriculum, *Te Whaariki. Contemporary Issues in Early Childhood, 7*(3), 191-202.

Duncan S. E., De Avila E.(1979). Bilingualism and cognition: some recent findings. *NABE J. 4*, 15-50.

Dupre, J.(2002). *Human nature and the limits of science*. Oxford: Oxford University Press.

During, S.(1993). Introduction. In S. During(Ed.), *The Cultural studies reader*. New York: Routledge.

Durkheim, E.(1961). *Moral Education*. New York: Free Press.

Earman, J.(1986). *A primer on determinism, 37,* London: Springer.

Eger, J. M. (2013). Culture May Be the key to Creativity. Become a fan Director of the Creative Economy Initiative at San Diego State University(SDSU) is also the Van Deerlin Endowed Chair of Communications and Public Policy(http://www.huffingtonpost.com/john-m-eger/culture-may-be-the-key-to_b_ 4305732. html)

Einstein A, Calaprice A(2000) *The expanded quotable Einstein*. Princeton, NJ: Princeton University Press.

Elliot, J(Ed.)(1993). *Reconstructing Teacher Education*. London: Falmer.

Eronen, M.(2008). Reductionism, explanatory pluralism and invariance. *Sydney Tilburg Conference on Reduction and the Special Sciences*(RSS2008). Tilburg, Netherlands.

European Commission(2009). *Study on the Contribution of Multilingualism to Creativity: Final Report*. Available at: http://eacea.ec.europa.eu/llp/studies/study_on_the_contribution_of_multilingualism_tt_creativity_en.php

European Communities(2007). *Key Competences for Lifelong Learning*. Luxembourg: Office for Official Publications.

Fairclough, N.(1992). *Discourse and Social Change*. Cambridge: Polity Press.

Fairclough, N.(1995). *Critical discourse analysis: The critical study of language*. Harlow: Longman.

Falk, Richard.(1994). The Making of Global Citizenship. In B. Van Steenbergen(Ed.), *The Condition of Citizenship*. London: Sage Publications.

Feist, G. J.(1998). A meta-analysis of personality in scientific and artistic creativity. *Personality and Social Psychology Review, 2*(4), 290-309.

Feist, G. J., & Brady, T. R.(2004). Openness to experience, non-conformity, and the preference for abstract art. *Empirical Studies of the Arts, 22*(1), 77-89.

Fejes, A.(2006). *Constructing the adult learner: A governmentality analysis*. Linköping, Liu-Tryck.

Feldman, D. H., & Benjamin, A. C.(2006). Creativity and education: An American retrospective. *Cambridge Journal of Education, 36*(3), 319-336.

Fill, A. & Mulhauser, P.(Eds.)(2001). *The ecolinguistics reader: Language ecology and environment*. New York: Continuum International.

Finke, R. A., Ward, T. B., & Smith, S. M.(1992). *Creative cognition: Theory, research, and applications*. Cambridge, MA: MIT Press.

Fletcher Jr., Bill(Eds.)(2004). 정체성 싸움(지주형 옮김). 서울: 미세기.

Fletcher, J. D.(1966). *Situation Ethics*. Westminster John Knox Press.

Flynn, B. C.(1983). Descartes and the Ontology of Subjectivity. *Man and World, 16*(1), 3-23.

Fort, D. C., & Varney, H. L.(1989). How Students See Scientists: Mostly Male, Mostly White, and Mostly Benevolent. *Science and Children, 26*(8), 8-13.

Foucault, M.(1972). *The archaeology of knowledge*. London: Routledge.

Foucault, M.(1991). On Governmentality. In G Burchell, C. Gordon, & P. Miller(Eds.), *The Foucault Effect: Studies in Governmentality*, 87-105, Chicago: The University of Chicago Press.

Foucault, M.(2003). The subject and power. In P. Rabinow & N. Rose(Eds.) *The essential Foucault: Selections from the essential works of Foucault 1954-1984*. New York: The New Press.

Foucault, M.(C. Gordeon, Ed.)(1980). *Power/Knowledge: Selected Interviews and Other Writings: 1972-77*, Brighton: Harvester.

Fowers, B. J.(2012). Placing virtue and the human good in psychology. *Journal of Theoretical and Philosophical Psychology, 32*(1), 1-9.

Freire, P.(2007). *Pedagogy of the Oppressed*. New York: Continuum.

Freire(1985). *The politics of education: Culture, power, and liberations*. South Hadley.

Friedman, R. S., & Förster, J.(2001). The effects of promotion and prevention cues on creativity. *Journal of Personality and Social Psychology, 81*, 1001-1013.

Friedrich, P.(1996). *The culture in poetry and the poetry in culture*, 37-57, Berkeley, Los Angeles & London: University of California Press.

Fu, H-y., Morris, M. W., Lee, S-l., Chao, M-c., Chiu, C-y., & Hong, Y-y.(2007). Epistemic motives and cultural conformity: Need for closure, culture, and context as determinants of conflict judgments. *Journal of Personality and Social Psychology, 92*, 191.207.

Fuhrmann, M.(2003). Cosmopolitan imperialists and the ottoman port cities: Conflicting logics in the urban social fabric. *Cahiers de la Mediterranne, 67*.

Galinsky, A. D., Maddux, W. W., & Ku, G.(2006). The view from the other side of the table: Getting inside your counterpart's head can increase the value of the deal you walk away with. Here's how to do it. *Negotiation, 9*, 1-5.

Galinsky, A. D., Magee, J. C., Inesi, M. E., & Gruenfeld, D. H.(2006). Power and perspectives not taken. *Psychological Science, 17*, 1068-1074.

Gallagher, S.(1992). *Hermeneutics and education.* Albany: State University of New York Press.

García, O., & Wei, L.(2013). *Translanguaging: Language, bilingualism and education.* Palgrave Macmillan.

Garner, M & Borg, E.(2005). An ecological perspective on content-based instruction, *Journal of English for Academic purposes, 4*, 119-134.

Garner, M.(1995). Communication, education, and the academic skills adviser. In M. Garner, K. Chanock, & R. Clerhan(Eds.), *Academic skills: Toward a discipline,* 17-29, Melbourne: Victorian Language and Learning Network.

Gay, P.(2007). *Modernism: The Lure of Heresy.* New York: W. W. Norton.

Gee, J.(1996). *Social Linguistics and Literacies: Ideology in Discourse.* London: Taylor and Francis.

Gee, J.(2004). Discourse analysis: What makes it critical? In R. Rogers(Ed.), *An Introduction to Critical Discourse Analysis in Education,* 19-50, Mahwah, NJ: Lawrence Erlbaum.

Geisinger, A.(1999). *Sustainable development and the domination of nature: Spreading the seed of the western ideology of nature.* Boston, MA: Boston College Environmental.

Gergen, K.(1999). *An invitation to social construction.* Thousand Oaks: Sage.

Ghonsooly, B., & Showqi, S.(2012). The effects of foreign language learning on creativity. *English Language Teaching, 5*(4), 161.

Gibbs, T. H. & Howley, A.(2000). World-Class Standards and Local Pedagogies: Can We Do Both? *Thresholds in Education*[ERIC Publications], 51-55.

Gibson, J. J.(1979). *The ecological approach to visual perception.* Hillsdale, NJ: Lawrence Erlbaum Associates.

Giddens, A.(1990). *The consequences of modernity.* Cambridge: Polity Press.

Gill, S.(2001). Constitutionalising capital: EMU and disciplinary neoliberalism. In A. Bieler & A. Morton(Eds.), *A Social Forces in the Making of the New Europe: the Restructuring of European Social Relations in the Global Political Economy.* Basingstoke: Palgrave.

Gleick, J.(1987). *Chaos.* Penguin Books.

Glouberman, M.(1986). *Descartes: The probable and the certain.* Neumann, Amsterdam: Rodopi.

Glover, J. A., Ronning, R. R., & Reynolds, C. R.(Eds.).(1989). *Handbook of creativity.* New York: Plenum.

Goldstein, B.(Ed.).(2004). *Bilingual language development and disorders in Spanish-English speakers.* Baltimore, MD: Paul H. Brookes.

Gonczi, A.(1997). Future directions for vocational education in Australian secondary schools. *Australian and New Zealand Journal of Vocational Education Research, 5*, 77-108.

Grabe, W.(1992). What every ESL teacher should know about reading in English. In R. A. Rodriguez, R. L. Ortega & F. Macarthur(Eds.), *New directions in foreign language teaching theory and practice.* Salamanca: Universidad.

Grant, A. M., Langer, E. J., Falk, E., & Capodilupo, C.(2004). Mindful creativity: Drawing to draw distinctions. *Journal of Creativity Research, 16*, 261-265.

Grant, C. A, & Sleeter, C. E.(2007). *Doing Multicultural Education for Achievement and Equity.*

London: Routledge.

Grant, G. et al.,(1979). *On Competence: A Critical Analysis of Competence- based Reforms in Higher Education.* San Francisco: Jossey-Bass.

Graziosi, M.(2008). Durkheim's sociology of morality: is it still valid? Working Paper 6/08, Università degli Studi di Milano. http://www.socpol.unimi.it/papers/ 2006-04-16_ Mariolina%20Graziosi.pdf/ 2012. 12. 15.

Green D. W.(1998). *Mental control of the bilingual lexico-semantic system. Biling.(*Camb. Engl.) 1, 67-81.

Green J. A.(2004). Cultural and Ethnic Fundamentalism: The Mixed Potential for Identity, Liberation, and Oppression. In C. Schick, J. Jaffe, & A. Watkinson(Eds.), *Right Thinking: Fundamentalism Across Themes*. Halifax: Fernwood Press.

Green, A.(1998). Core skills, key skills and general culture: in search of the common foundation in vocational education. *Evaluation & Research in Education, 12*(1), 23-43.

Green, A.(2014). Core skills, general education and unification in post-16 education. Dearing and Beyond. Qualifications, *Frameworks and Systems, 88*, 14-19.

Green, D. W., & Abutalebi, J.(2013). Language control in bilinguals: The adaptive control hypothesis. *Journal of Cognitive Psychology, 25*(5), 515-530.

Green, J. A.(2003). Cultural and Ethnic Fundamentalism: The Mixed Potential for Identity, Liberation, and Oppression. SIPP: The Scholar Series. University of Regina. http://www.uregina.ca/sipp/documents/pdf/SSfall03_green_final.pdf에서 2013. 1. 5.

Greenberg, J., Solomon, S., & Pyszczynski, T.(1997). Terror management theory of self-esteem and cultural world views: Empirical assessments and conceptual refinements. In M. P. Zanna(Ed.), *Advances in experimental social psychology,* 29, 61-139, New York: Academic Press.

Grosjean, F.(1999). The bilingual's language modes. In J. Nicol(Ed.), *One mind, two languages: Bilingual language processing,* 1-22, Oxford, England: Blackwell.

Guba. E.(1990). *The paradigm dialogue*. Newbury Park, CA: Sage.

Guilford, J. P.(1959). Traits of creativity. In H. H. Anderson(Ed.), *Creativity and its cultivation*, 142-161, New York: Harper.

Guimera`, R., Uzzi, B., Spiro, J., & Amaral, L. A. N.(2005). Team assembly mechanisms determine collaboration network structure and team performance. *Science, 308*, 697.702.

Gunew, S.(2004). *The Haunted Nations: the colonial dimensions of multiculturalism.* London: Routledge.

Gutmann, A.(2004). Unity and diversity in democratic multicultural education. In J. A. Banks(Ed.), *Diversity and citizenship education: Global perspectives*, 71-98, San Francisco: Jossey Bass.

Gutmann, A., & Thompson, D.(1996). *Democracy and Disagreement*. Cambridge: Harvard University Press.

Gutting, G.(2012). How Reliable Are the Social Sciences? The New York Times(May 18, 2012). Retrieved on July 11, 2013 from http://opinionator.blogs.nytimes.com/2012/05/17/howreliable-are-the-social-sciences/?_php=true&_type=blogs&_r=0

Hackett, S.(2001). Educating for competency and reflective practice: Fostering a conjoint approach in education and training. *Journal of Workplace Learning, 13*(3), 103-112.

Haidt, J., & Graham, J.(2007). When Morality Opposes Justice: Conservatives Have Moral Intuitions That Liberals May Not Recognize. *Social Justice Research, 20*(1), 98-116.

Hakuta, K. & Diaz, R.(1984). The relationship between bilingualism and cognitive ability: A critical discussion and some new longitudinal data. In K. E. Nelson(Ed.), *Children's language, 5,* 319-344, Hilladale, NJ: Lawrence Erlbaum.

Hakuta, K.(1986). *Mirror of language: The debate on bilingualism.* New York: Basic Books.

Hall, J. K.(1995). (Re)creating our worlds with words: A sociohistorical perspective of face-toface interaction. *Applied Linguistics, 16*, 206-232.

Hall, N., & Rhomberg, V.(1995). *The affective curriculum: Teaching the anti-bias approach to young children.* Toronto: Nelson Publishing.

Halliday, M. K.(1973). *Explorations in the Functions of Language.* London: Edward Arnold.

Hammer, C. S., Miccio, A. W., & Rodrigues. B. L.(2004). Bilingual language acquisition and the child socialization Process. In C. Goldstein(Ed.), *Bilingual language development and disorders in Spanish-English speakers,* 315-343, Baltimore: Paul H. Brooks.

Harris, L.(2003). The cosmopolitan illusion. *Policy Review, 118*, 45-59.

Harvey, D.(2005). *The new imperialism.* Oxford: Oxford University Press.

Harvey, D.(1990). *The condition of postmodernity: An enquiry into the origins of cultural change.* Oxford: Blackwell.

Hathaway, B.(2011). Human prejudice has ancient evolutionary roots. Yale News March 17, 2011.(http://news.yale.edu/2011/03/17/human-prejudice-has-ancient-evolutionary-roots) 2012. 12. 20.

Haugen, E.(1971). The ecology of language. In D. Anwar(Ed.)(1972), *The Ecology of Language: Essays by Einar Haugen*, Stanford: Stanford University Press.

Hawkins, M.(2004). Researching English language and literacy development in schools. *Educational Researcher, 33*, N. 3, 14-25.

Hawkins, M.(2005). ESL in elementary education. In E. Hinkel(Ed.), *Handbook of Research in Second Language Learning and Teaching*, Lawrence Erlbaum Associates.

Hayward, T.(1995). *Ecological thought: An introduction.* Cambridge: Polity Press.

Heilbron, J. L.(2003). *The Oxford Companion to the History of Modern Science.* New York: Oxford University Press.

Held, D.(2001). Globalization, Cosmopolitanism, and Democracy. *Constellations, 8*(4).

Helgera, P.(2011). 사회참여예술이란 무엇인가?(고기탁 역). 서울: 열린책들.

Heller, M.(Eds.)(1988). Introduction. *Code-switching: Anthropological and Sociolinguistic Perspectives.* Berlin: Mouton de Gruyter.

Heller, Monica(2003) Globalization, the new economy, the new commodification of language and identity. *Journal of Sociolinguistics, 7*(4), 473-492.

Heller, T. C., & Brooke-Rose, C.(Eds.)(1986). Reconstructing Individualism: Automony,

Individuality, and the Self in Western Thought. Stanford University Press.

Hervais-Adelman, A. G., Moser-Mercer, B., Golestani, N.(2011). Executive control of language in the bilingual brain: integrating the evidence from neuroimaging to neuropsychology. Front. *Psychol, 2,* 234.

Hinman, L.(2006). *Kant and Kantian ethics*. Ethics Updates.

Hobsbawm, E.(1990). *Nations and Nationalism Since 1780.* Cambridge: Cambridge University Press.

Hodkinson: , & Issitt, M.(1995). The Challenge of Competence. *Professionalism through Vocational Education and Training*. London: Cassell Pub..

Hodson, D.(1993). In search of a rationale for multicultural science education. *Science Education, 77*(6), 685-711.

Hoffman, D. M.(1999). Culture and comparative education: Toward decentering and Hommel, B., Colzato, L. S., Fischer, R., & Christoffels, I. K.(2011). Bilingualism and creativity: benefits in convergent thinking come with losses in divergent thinking. *Frontiers in psychology, 2.*

Hong, Y., Wan, C., No, S., & Chiu, C-y.(2007). Multicultural identities. In S. Kitayama & D. Cohen(Eds.), *Handbook of cultural psychology,* 323-346, New York: Guilford Press.

Horn, D. B.(2006). Creativity in Product Design. In W. Karwowski(Ed.), *International Encyclopedia of Ergonomics and human factors,* 1559-1562, vol. 2, London: Taylor & Francis.

Hornberger, N.(2001). Multilingual language policies and the continua of biliteracy: An ecological approach. *Language policy, 1,* 27-51.

Hornberger, N.(2003). Afterword: Ecology and ideology in multilingual classrooms. *International journal of bilingual education and bilingualism, 6*, No. 3 & 4, 296-302.

Huang, L., Treisman, A., Pashler, H.(2007). Characterizing the limits of human visual awareness. *Science, 317*, 823-825.

Hultqvist. K., & Dahlberg, G.(2001). *Governing the child in the new millennium.* New York: RoutledgeFalmer.

Hyland, T.(1993). Professional Development and Competence-based Education. *Educational Studies, 19*(1), 123-32.

Hyland, T.(1997). Reconsidering competence. *Journal of Philosophy of Education, 31*(3), 491-503.

Ingram, D.(1990). *Critical Theory and Philosophy.* New York: Palgrave.

Ip, G. W-m., Chen, J., & Chiu, C-y.(2006). The relationship of promotion focus, need for cognitive closure, and categorical accessibility in American and Hong Kong Chinese university students. *Journal of Creative Behavior, 40*, 201.205.

Jacques, P., Dunlap, J., Riley, E. & Freeman, M.(2008). 'The organization of denial: Conservative think tanks and environmental scepticism. *Environmental Politics, 17*(3), 349-385.

Jantsch, E.(1980). *The self-organizing universe*. NY: Pergamon Press.

Jeon, M.(2007). Language ideologies and bilingual education: A Korean-American perspective.

Language awareness, 16(2), 114-130. *Jerome Bruner: Language, culture, self.* Thousand Oaks, CA: Sage Publications.

Jickling, B.(1999). Beyond sustain ability: Should we expect more from education? *Southern African Journal of Environmental Education, 19*, 60-67.

Johnson, D. W., & Johnson, R. T.(2002). *Multicultural education and human relations*. Boston: Allyn & Bacon.

Jones, K.(2009). *Culture and creative learning: A literature review*. Newcastle, UK: Creativity, Culture and Education.

Jones, L. & Moore, R.(1995). Appropriating Competence: The competency movement, the New Right and the 'culture change' project. British Journal of *Sociology of Education and Work, 8*, 78-92.

Jones, L., Engstrom, D. W. Hilliard, T., & Diaz, M.(2007). Globalization and the trafficking of persons, *Journal of Sociology and Social Welfare, 34*(2), 107-122.

Jones, R. H.(2013). *Analysis & the Fullness of Reality: An Introduction to Reductionism & Emergence*. New York: Jackson Square Books.

Jordan, C.(1985). Translating culture: From ethnographic information to education program. *Anthropology & Education Quarterly, 16*(2), 104-123.

Joseph, G.(1987). Foundations of eurocentrism in mathematics. *Race and Class, 28*(3), 13-28.

Jost, J. T., Glaser, J., Sulloway, F., & Kruglanski, A. W.(2003). Political conservatism as motivated social cognition. *Psychological Bulletin, 129*, 339-375, June 8, 2006.(http://www.nature.com/nsu/990617/990617-6.html)

Kahler, M.(1998). *Capital Flows and Financial Crisis*. Ithaca, NY: Cornell University Press.

Kang, Y.(2014). Art as a mirror and window on cultural diversity in South Korea: A critical analysis of artworks by three contemporary artists with implications for art education(Doctoral dissertation, The Florida State University).

Kang, Y.(2015). Art and Art Education in the Multicultural Society of South Korea. *Journal of Art for Life, 6*(1). Advance online publication.(http://diginole.lib.fsu.edu/jafl/vol6/iss1/6)

Kant, E.(1784). *What is Enlightenment?*

Kanu, Y.(2003). Curriculum as Cultural Practice: Postcolonial Imagination. *Journal of the Canadian Association for Curriculum Studies, 1*(1), 67-81.

Kashima, E. S., Halloran, M., Yuki, M., & Kashima, Y.(2004). The effects of personal and collective mortality salience on individualism: Comparing Australians and Japanese with higher and lower self-esteem. *Journal of Experimental Social Psychology, 40*, 384-392.

Kaufman, J. C., & Beghetto, R. A.(2009). Beyond big and little: The four c model of creativity. *Review of general psychology, 13*(1), 1.

Kaufman, J. C., & Sternberg, R. J.(Eds.)(2010). *The Cambridge handbook of creativity*. Cambridge University Press.

Kay, A.(2000). Art and community development: the role the arts have in regenerating communities. *Community development journal, 35*(4), 414-424. the arts have a role in regeneration and at a local level can be used as a tool within a wider community development programme.

Kekes, J.(1992a). The Incompatibility of Liberalism and Pluralism. *American Philosophical Quarterly, 29*(2), 141-151.

Kekes, J.(1992b). Pluralism and Conflict in Morality. *The Journal of Value Inquiry, 26*, 37-50.

Kemmis, S., & McTaggart R.(2005). Participatory action research: communicative action and the public sphere. In Denzin, N. K., & Lincoln, Y. S. *The Sage handbook of qualitative research,* 559-604, Thousand Oaks, CA: Sage Publications.

Kerka, S.(1998). Competency-Based Education and Training. Myths and Realities. *Center on Education and Training for Employment*. Columbus, OH: Ohio State University Press.

Kharkhurin, A. V.(2010a). Bilingual verbal and nonverbal creative behavior. *International journal of bilingualism, 14*(2), 211-226.

Kharkhurin, A. V.(2010b). Sociocultural differences in the relationship between bilingualism and creative potential. Journal of Cross-Cultural *Psychology, 41*(5-6), 776-783.

Kharkhurin, A. V.(2011). The role of selective attention in bilingual creativity. *Creativity Research Journal, 23*(3), 239-254.

Kharkhurin, A. V., & Wei, L.(2014). The role of code-switching in bilingual creativity. *International Journal of Bilingual Education and Bilingualism*,(ahead-of-print), 1-17.

Khubchandani, L. M.(1994). "Minority" cultures and their communication rights. *Contributions to the Sociology of Language, 67*, 305-315.

Killen, M., & Rutland, A.(2011). *Children and Social Exclusion: Morality, Prejudice, and Group Identity*. UK, West Sussex: Wiley-Blackwell.

Kincheloe, J. L., & Mclaren, P.(2000). Rethinking critical theory and qualitative research. In Denzin, N. K., & Lincoln, Y. S. Handbook of critical and indigenous methodologies(pp. 279-314). Sage.

King, K.(2000). *Language revitalization processes and prospects: Quecha in the Ecuadorian Andes,* Multilingual Matters.

Kiwan, D.(2005). Human Rights and Citizenship: an Unjustifiable Conflation? *Journal of Philosophy of Education, 39*(1), 37-50.

Klein, G.(2012). 인튜이션: 이성보다 더 이성적인 직관의 힘(이유진 역). 서울: 한국경제신문.

Kohler, G., & Chaves, E.(Eds.)(2003). *Globalization: Critical perspectives. Haupauge*, New York: Nova Science Publishers.

Kohnert, K.(2002). Picture naming in early sequential bilinguals: A 1-year follow-up. *Journal of Speech, language, and hearing research, 45,* No. 4, 759-71.

Kostandyan, M. E., & Ledovaya, Y. A.(2013). How the Age of Language Acquisition Relates to Creativity. *Procedia-Social and Behavioral Sciences, 86*, 140-145.

Kozulin, A.(1998). *Psychological tools: A Sociocultural Approach to Education.* London: Harvard University Press.

Kraehe, A. M., & Acuff, J. B.(2013). Theoretical Considerations for Art Education Research With and About "Underserved Populations". *Studies in Art Education, 54*(4), 294.

Kramsch, C.(Ed.)(2002). *Language acquisition and language socialization: Ecological perspectives.*

London: Continuum.

Kramsch, C., & Thorne, S.(2002). Foreign language learning as global communicative practice. In D. Block, & D. Cameron(Eds.), *Globalization and language teaching,* 83-100. London: Routledge.

Kruglanski, A. E., & Webster, D. M.(1996). Motivated closing of the mind: "Seizing" and "freezing." *Psychological Review, 103*, 263-283.

Kruglanski, A., & Freund, T.(1983). The freezing and un-freezing of lay-inferences: Effects on impressional primacy, ethnic stereotyping and numerical anchoring. *Journal of Experimental Social Psychology, 19*, 448.468.

Krugly-Smolska, E.(1997). Science education in an evolving multicultural education. In K. McLeod(Ed.), *Multicultural education: The challenges and the future.* Winnipeg: Canadian Association of Second Language Teachers.

Kumaravadivelu, B.(2002). From colonality to globality:(Re)visioning English language education in India. *Indian Journal of Applied Linguistics, 28*(2), 45-61.

Kumaravadivelu, B.(2003). Critical language pedagogy: A postmethod perspective on English language teaching. *World Englishes, 22*, 539-550.

Kymlicka, W.(2001). From enlightenment cosmopolitanism to liberal nationalism. *In Politics in the Vernacular: Nationalism, Multiculturalism and Citizenship,* 203-221, Oxford: Oxford University Press.

La Heij W.(2005). *Lexical selection in monolinguals and bilinguals, in Handbook of Bilingualism,*(Eds.) Kroll J. F., de Groot A. M. B., editors. New York: Oxford University Press. 289-307.

Laccarino, M.(2003). Science and culture. *EMBO reports. 4*(3), 220-223.

Lam, T. W., & Chiu, C-y.(2002). The motivational function of regulatory focus in creativity. *Journal of Creative Behavior, 36*, 138-150.

Lambert, W. E.(1975). Culture and language as factors in learning and education. In A. Wolfgang(Ed.), *Education of immigrant students issues and answers*. Toronto: Ontario Institute for Studies of Education.

Lambert, W. E.(1977). The effects of bilingualism on the individual: cognitive and socio-cultural consequences. In P. Hornby(Ed.), *Bilingualism: Psychological, social and Educational implications,* 15-28, New York: Academic Press.

Lambert, W. E., Tucker, G. R., & d'Anglejan, A.(1973). Cognitive and attitudinal consequences of bilingual schooling: The St. Lambert project through grade five. *Journal of Educational Psychology, 65*, 141.159.

Langer, E.(2000). Mindful learning. *Current Directions in Psychological Science, 9*, 220-223.

Lantolf, J. P.(Ed.)(2000). *Sociocultural theory and second language learning*, Oxford: Oxford University.

Laufer, W.(2003). Social accountability and corporate green washing. *Journal of Business Ethics, 43*(3), 253-261.

Leckie, J.(1995). Silent immigrants? Gender, immigration and ethnicity. In S. Greif(Ed.), *New*

Zealand. In Immigration and National Identity in New Zealand, 50-76, Palmerston North: Dunmore Press.

Lee, H., & Kim, K. H.(2010). Relationships between bilingualism and adaptive creative style, innovative creative style, and creative strengths among Korean American students. *Creativity Research Journal, 22*(4), 402-407.

Lee, H., & Kim, K. H.(2011). Can speaking more languages enhance your creativity? Relationship between bilingualism and creative potential among Korean American students with multicultural link. *Personality and Individual Differences, 50*(8), 1186-1190.

Leikin, M.(2013). The effect of bilingualism on creativity: Developmental and educational perspectives. *International Journal of Bilingualism, 17*(4), 431-447.

Lemons, J.(1996). *Scientific uncertainty and environmental problem solving.* London: Blackwell.

Leung, A. K., Maddux, W., Galinsky, A. D. & Chiu, C. (2008). Multicultural Experience Enhances Creativity: The When and How. *American Psychologist, 63*(3), 169-181 DOI: 10.1037/0003-066X.63.3.169

Leung, A. K. Y., & Chiu, C. Y.(2010). Multicultural experience, idea receptiveness, and creativity. *Journal of Cross-Cultural Psychology.*

Leung, A. K. Y., Maddux, W. W., Galinsky, A. D., & Chiu, C. Y.(2008). Multicultural experience enhances creativity: the when and how. *American Psychologist, 63*(3), 169.

Leung, A. K-y., & Chiu, C-y.(2010 in press-a). Multicultural experience, idea receptiveness, and creativity. *Journal of Cross-Cultural Psychology Sage.*

Leung, A. K-y., & Chiu, C-y.(2008 in press-b). Interactive effects of multicultural experiences and openness to experience on creative potential. C*reativity Research Journal. 63*(6), 169-181.

Levine, J. M., & Moreland, R. L.(2004). Collaborations: The social context of theory development. *Personality and Social Psychology Review, 8*, 164-172.

Lloyd, B.(2009). *The growth delusion. Sustain ability, 1*, 516-536.

London, P.(1994). Step Outside: Community-Based Art Education. *Heinemann, 361 Hanover Street*, Portsmouth, NH 03801-3912.

Longhurst, R.(2000). Geography and gender: masculinities, male identity and men. *Progress in Human Geography, 24*(3), 439-444.

Louden, R. B.(2000). *Kant's Impure Ethics*. Oxford: Oxford University Press.

Lucas, T., Henze, R., & Donato, R.(1990). Promoting the success of Latino language minority students: An exploratory study of six high schools. *Harvard Educational Review, 60*(3), 315-340.

Macnamara, J.(1966). *Bilingualism and primary education.* Edinburgh: Edinburgh University Press.

Maddux, W. W., & Galinsky, A. D.(2007, September). *Cultural borders and mental barriers: Living in and adapting to foreign cultures facilitates creativity.*(Working Paper No. 2007/51/OB). Fontainebleau, France: INSEAD.

Maehr, M. L., & Yamaguchi, R.(2001). Cultural diversity, student motivation and achievement. In F. Salili & C-y. Chiu(Eds.), *Student motivation: The culture and context of learning,* 123-148, New York: Plenum.

Malinowski, B.(1930). In Supplement to C. Ogden, & I. Richards, The problem of meaning in primitive languages.(3rd ed.) *The meaning of meaning*. London: Kegan Paul.

Marks, R.(1994). Standards in the States. *Competence and Assessment, 26,* Sheffield: Employment Department.

Mason, M.(2001). The Ethics of Integrity: Educational Values Beyond Postmodern Ethics. *Journal of Philosophy of Education, 35*(1), 47-69.

Mazurski, K.(2002). The New Ecological Policy In Poland-Towards Human Beings And Sustain ability-A Viewpoint. *International journal of environmental studies, 59*(6), 707-715.

McCarthy, T.(1998). Legitimacy and Diversity: Dialectical Reflections on Analytical Distinctions. In M. Rosenfeld & A. Arato(Eds.), *Habermas on Law and Democracy,* 115-153, Berkley: University of California.

McCathy, T.(1999). *Enlightenment and the idea of public reason.*

McClellan, B. E.(1999). *Moral Education in America: Schools and the Shaping of Character from Colonial Times to the Present*. New York: Teachers College Press.

McCrae, R. R., & Costa, P. T.(1987). Validation of the five-factor model of personality across instruments and observers. J*ournal of Personality and Social Psychology, 52,* 81-90.

McCrea, S. M.(2010). Intuition, insight, and the right hemisphere: Emergence of higher sociocognitive functions. *Psychological Research of Behavior Management, 3*, 1-39.

McDonough, K., & Feinberg, W.(2003). *Citizenship and education in liberal-democratic societies: Teaching for cosmopolitan values and collective identities*. Oxford: Oxford University Press.

McLaren, P.(2010). Revolutionary Critical Pedagogy. *UCLA Journal of Education and Information Studies, 6*(2), 1-11.

McLaren: , & Farahmandpur, R.(2003). The globalization of capitalism and the new imperialism: Notes towards a revolutionary c ritic al pedagogy. In G. Dimitriadis & D. Carlson(Eds.) *Promises to keep: Cultural studies, democratic education and public life*(pp. 39-76). New York: Routledge.

McNeely, C. L.(1995). *Constructing the Nation-State: International Organization and Prescriptive Action*, 1945-1985. Greenwood: Westport.

Meadows, D.(1997). Places to Intervene in a System. *Whole Earth, 91*, 78-84.

Meadows, D. H., Meadows, D. L., & Randers, J.(1992). Beyond the Limits: Global Collapse or a Sustainable Future. *Context, 32,* Retrieved March, 5, 2011, from http://www.context.org/ICLIB/IC32/Meadows.htm

Mecedo, D.(1990). *Literacies of power: What Americans are not allowed to know*. Boulder, CO: Westview press.

Mehralizadeh, Y., Salehi, E., & Marashi, S. M.(2013). Higher education and the debate on key/generic skills. *Canadian Journal of University Continuing Education, 34*(1), 95-117.

Mehta, P. B.(2000). Cosmopolitanism and the Circle of Reason. *Political Theory, 28*(5), 619-639.

Melvin R. A.(2004). *Dual Skills Approaches to Reading Instruction: A working paper presented at the 20th world congress on reading, 26,* July, 2004, Shangri-la Hotel, Manila.

Meyer, J. W., Boil, J., Thomas, G. M., Ramirez, F. O.(1997). World society and the nation-state. *American Journal of Sociology, 103*, 144-181.

Meyer, J., Ramirez, F., & Soysal Y.(1992). World Expansion of Mass Education, 1870-1980. *Sociology of Education, 65*, 128-49.

Mignolo, W. D.(2002). The many faces of cosmo-polis: Border thinking and critical cosmopolitanism. In Carol A. Breckenridge, Sheldon Pollock, Homi K. Bhabha, and Dipesh Chakrabarty, *Cosmopolitanism*(pp. 157-188). London: Duke University Press.

Milne, M. J., Tregidga, H., & Walton, S.(2009). Words not actions! The ideological role of sustainable development reporting. Accounting, Auditing & *Accountability Journal, 22*(8), 1211-1257.

Misgeld, D.(1975). Emancipation, enlightenment, and liberation: An approach toward foundational inquiry into education. *Interchange, 6*(3), 23-37.

Morales, J., Gómez-Ariza, C. J., & Bajo, M. T.(2013). Dual mechanisms of cognitive control in bilinguals and monolinguals. *Journal of Cognitive Psychology, 25*(5), 531-546.

Morgan, B., & Ramanathan, V.(2005). Critical literacies and language education: Global and local perspectives. *Annual Review of Applied Linguistics, 25*, 151-169.

Morris, M.(2002). Ecological Consciousness and Curriculum. *Journal of Curriculum Studies, 34*(5), 571-587.

Morrison, D. E., & Dunlap, R. E.(1986). Environmentalism and Eliticism: A Conceptual and Empirical Analysis. Environmental Management, 10, 581-589.

Muhlhausler:(2000). Language planning and language ecology. *Current Issues in Language Planning, 1*(3), 306-367.

Nagel, T.(1979). The Fragmentation of Value. *In Mortal Questions*(pp. 128-41). Cambridge: Cambridge University Press.

Nantais, K. M., & Schellenberg, E. G.(1999). The Mozart effect: An artifact of preference. *Psychological Science, 10*(4), 370-373.

Negri, A.(2006). *Multitude and Metropolis*.[다중과 제국](정남영 · 박서현 공역, 2011). 서울: 갈무리.

Nemeth, C., & Kwan, J.(1987). Minority influence, divergent thinking and detection of correct solutions. *Journal of Applied Social Psychology, 17*, 788-799.

Nemeth, C., & Wachtler, J.(1983). Creative problem solving as a result of majority vs. minority influence. *European Journal of Social Psychology, 13*, 45-55.

Nettle, D. & Romaine, S.(2000). 사라져버린 목소리들 – 그 많던 언어들은 모두 어디로 갔을까? (김정화 역, 2003), 서울: 이제이북스.

Nettle, D., & Romaine, S.(2000). *Vanishing voices: The extinction of the world's languages*. Oxford: Oxford University Press.

Nieto, S.(2000). *Affirming diversity: The sociopolitical context of multicultural education*(3rd ed.). New York: Teachers College Press.

Noftle, E. E., Schnitker, S. A., & Robins, R. W.(2011). Character and personality: Connections between positive psychology and personality psychology. In K. Sheldon, T. Kashdan, & M. Steger,(Eds.), *Designing the future of positive psychology: Taking stock and moving forward*(pp. 207-227). New York: Oxford University Press.

Norton P. B.(1995). Social identity, investment, and language learning. T*ESOL Quarterly, 29*(1), 9-31.

Norton, B., & Toohey, K.(2004). An Introduction. In B. Norton, & K. Toohey. *Critical Pedagogies and Language Learning*(pp. 1-18). Cambridge: Cambridge University Press.

NSF(2013). *Women, minoritities, and persons with disabliities in science and engineering: 2013.* Arlington, VA: NSF. Retrived on July 21, 2013, from www.nsf.gov/statistics/wmpd/

Nusbaum, E. C., & Silvia, P. J.(2011). Are intelligence and creativity really so different?: fluid intelligence, executive processes, and strategy use in divergent thinking. *Intelligence, 39*(1), 36-45.

Nussbaum, M. C.(1994). Patriotism and Cosmopolitanism. *Boston Review, 19*(5), 3-34.

Nussbaum, M. C.(1997). Cultivating humanity. *A classical defense of reform in liberal education.* Cambridge: Harvard University Press.

Nussbaum, M. C.(J. Cohen, Ed.)(1996). *For Love of Country?* Boston, Beacon Press.

Oakes, J.(1990). *Multiplying inequalities: The effects of race, social class, and tracking on opportunities to learn mathematics and science*. Santa Monica: The Rand Corporation.

Ochs, E., & Shieffelin, B.(1984). "Language acquisition and socialization: Three developmental stories and their implications." R. Shweder & R. Levine(Eds.), *Culture theory: Essays on mind, self, and emotion*. Cambridge: Cambridge University Press.

OECD(2002). OECD Science, *technology and industry outlook*. Paris: OECD Publications. Retrieved on May 19, 2013, from http://www.oecd.org/sti/inno/2762979.pdf

OECD(2003). *Networks of innovation: Towards new models for managing schools and systems*. France: OECD Publications Service.

OECD(2003). *The Definition and Selection of Key Competecies*, Executive Summary. Paris: OECD.

Ogunniyi, M. B., Jegede, O. J., Ogawa, M., Yandila, C. D., & Oladele, F. K.(1995). Nature of worldview presuppositions among science teachers in Botswana, Indonesia, Japan, Nigeria, and the Philippines. *Journal of Research in Science Teaching, 32*(8), 817-831.

Ohta, A.(2000). Re-thinking interaction in SLA: Developmentally appropriate assistance in the zone of proximal development and the acquisition of L2 grammar. In J. P. Lantolf (Ed.), *Sociocultural theory and second language learning*. New York: Oxford University Press.

Ohta, A.(2001). *Second language acquisition processes in the classroom learning Japanese*. New Jersey: Lawrence Erlbaum Associates.

Okazaki, K.(2005). Critical consciousness and critical language teaching. *Second Language Studies, 23*(2), 174-202.

Online Etymology Dictionary.(2013). *Science*. Retrieved on August 11, 2013(http://www.etymonline.com/index.php).

Parekh, B.(2000a). *Rethinking Multiculturalism*, Palgrave, Basingstoke.

Park, H.-Y.(2006). On the mother tongue variable influencing ESL learners' perception of English tag questions. *Foreign Languages Education, 13*(4), 47-76.

Park, H.-Y.(2007). Emerging consumerism and the accelerated 'education divide': The case of specialized high schools in South Korea. *Journal for Critical Education Policy Studies, 5*(2).

[Online journal].

Park, N. Peterson, C., & Seligman, M.(2004). Strengths of character and well-being. *Journal of social and Clinical Psychology, 23*, 603-619.

Pavlenko A & Lantolf J.(2000). Second language learning as participation and the(re)construction of selves, In J. P. Lantolf(Ed.), *Sociocultural theory and second language learning*. New York: Oxford University Press.

Peal, E., & Lambert, W. E.(1962). The relation of bilingualism to intelligence. *Psychological Monographs: general and applied, 76*(27), 1.

Pearson, D., Moje, E., Greenleaf, C.(2010). Literacy and science: Each in the service of the other. *Science, 328*, 459-463.(http://ijunodong.prok.org)

Pennycook, A.(2001). *Critical applied linguistics: A critical introduction*. Mahwah, NJ: Lawrence Erlbaum.

Pennycook, A.(2003). Global Englishes, Rip Slyme, and performativity. *Journal of Sociolinguistics, 7*, 513-533.

Pezzey, J.(1989). Economic Analysis of Sustainable Growth and Sustainable Development. *Environmental department Working Paper, 15*. World Bank.

Phillipson, R. & Skutnabb-Kangas, T.(1996). English Only Worldwide or Language Ecology?, *TESOL Quarterly*, *30*, No. 3.

Phillipson, R.(1992). *Linguistic imperialism*. Oxford: Oxford University Press.

Pinar, W.(Ed.)(2004). *Contemporary Curriculum Discourses: Twenty Years of Jct*. New York: Peter Lang.

Pinch, T. J., & Bijker, W. E.(1984). The social construction of facts and artefacts: Or how the sociology of science and the sociology of technology might benefit each other. *Social studies of science*, 399-441.

Piner W. F.(1999). The reconceptualization of curriculum studies. In D. Flinders & S. Thornton(Eds.) *The curriculum studies reader*(pp. 121-129). New York. Routledge.

Plumwood, V.(1996). Androcentrism and Anthrocentrism: Parallels and Politics. *Ethics and the Environment, 1*(2), 119-152.

Policar, A.(1990). Racism and its Mirror Images. *Telos, 83*, 88-108.

Pollock, S.(2002). Cosmopolitan and vernacular in History. In C. A. Breckenridge, S. Pollock, H. K. Bhabha, & D. Chakrabarty, *Cosmopolitanism*(pp. 15-53), London: Duke University Press.

Pomeroy, D.(1994). Science education and cultural diversity: Mapping the field. *Studies in Science Education, 24*, 49-73.

Popkewitz, T. S., & Lindblad, S.(2000). Educational governance and social inclusion and exclusion: some conceptual difficulties and problematics in policy and research. *Discourse: studies in the cultural politics of education, 21*(1), 5-44.

Popkewitz, T. S., & Lindblad. S.(2004). Historizing the future: Educational reform, systems of reason, and the making of children who are the future citizens. *Journal of Educational Change, 5*, 229-247.

Popkewitz, T.(2008). *Cosmopolitanism and the age of school reform: Science, education and making society by making the child.* New York: Routledge.

Porter, R. P.(1990). *Forked tongue: The politics of bilingual education.* New York: Basic Books.

Porter, T. B.(2005). Identity Subtexts in the Discursive Construction of Sustainability [online]. *Electronic Journal of Radical Organisation Theory, 9*(1), 102-115.

Portes, A., & Rumbaut. R. G.(2001). *Legacies: The story of the immigrant second generation.* Berkeley: University of California Press.

Poulisse N., & Bongaerts T.(1994). First language use in second language production. Appl. *Linguist,15*, 36-57.

Poulsen, F. E.(2008). On Nussbaum, *cosmopolitanism and patriotism(and nationalism).*

Prigogine, I.(1984). *Order out of chaos*. New York: Bantam Books.

Proverbio, A. M., Cok, B., & Zani. A.(2002). Electrophysiological measures of language processing in bilinguals. J*ournal of Cognitive Neuroscience, 14*, 994-1017. Cambridge: The MIT Press.

Pugh, S.(1990). Introducing multicultural science teaching to a secondary school. *Secondary Science Review, 71*(256), 131-135.

Ramanathan, V.(2002). The politics of TESOL education. New York: Routledge.

Ranciere, J.(2006). *Hatred of Democracy*(S. Corcoran, Trans.). New York: Verso.(Original work published 2005).

Rattansi, A.(2011). *Multiculturalism*, Oxford University Press, Oxford.

Rauscher, F. H., Shaw, G. L., & Ky, K. N.(1993). Music and spatial task performance. *Nature*, 365, 611.

Reagan, T.(2004). Objectification, positivism and language studies: A reconsideration. *Critical Inquiry in Language Studies: An International Journal, 1*(1), 41-60.

Reed, E. S.(2001). Towards a cultural ecology of instruction. In(Ed.) D. Backhurst & S. G. Shanker, *Jerome Bruner: Language, Culture, Self.* London: Sage Publications.

Ricoeur, P.(1981). *Hermeneutics and the Human Sciences*. Cambridge, MA: Cambridge University Press.

Roberts, N. C.(1992). Roberts: public entrepreneurship and innovation. *Review of Policy Research, 11*(1), 55-74.

Robinson, A.(2010). 천재의 탄생(박종성 역, 2012). 서울: 학고재.

Robinson, D. N.(1999). *Aristotle's Psychology*. New York: Columbia University Press.

Roelofs, A., Piai, V., & Rodriguez, G. G.(2011). Attentional inhibition in bilingual naming performance: evidence from delta-plot analyses. Front. *Psychol. 2,* 184.

Rogers, R.(Ed.)(2003). *An Introduction to Critical Discourse Analysis in Education.* Mahwah, NJ: Lawrence Erlbaum.

Romaine, S.(1995). *Bilingualism.* Oxford: Blackwell publishers Ltd.

Root-Bernstein, R. & Root-Bernstein, M.(2001). 생각의 탄생(박종성 역, 2010). 서울: 에코의 서재.

Root-Bernstein, R.(2008). Arts foster scientific success: Avocations of Nobel, National Academy, Royal Society, and Sigma Xi members. *Journal of Psychology of Science and Technology, 1*,

51-63.

Rorty, A. O.(1992). The Advantages of Moral Diversity. *Social Philosophy and Policy, 9*(2), 38-62.

Rorty, A. O., & Wong, D.(1990). Aspects of identity and agency. In A. Rorty & O. *Flanagan, Identity, character, and morals: Essays in moral psychology*(pp. 19-36). Cambridge: MIT Press.

Rose, S.(1997). *Lifelines: Biology Beyond Determinism.* Oxford: Oxford University Press.

Runco M. A.(2007). Creativity. *Theories and Themes: Research, Development, and Practice.* San Diego, CA: Academic Press.

Runco, M. A.(2010). Divergent thinking, creativity, and ideation. *The Cambridge handbook of creativity*, 413-446.

Runco, M. A., & Chand, I.(1995). Cognition and creativity. *Educational Psychology Review, 7*, 243-267.

Rychen, D. S., & Salganik, L. H.(Eds.). *Final report in 2003: Key Competencies for a Successful Life and a Well-Functioning Society.* Hogrefe & Huber, Göttingen.

Said, E.(1993). *Culture and imperialism.* New York: Vintage Books.

Said, E.(1994). *The pen and the sword: Conversations with David Barsamian.* Monroe. ME: Common Courage Press.

Salzmann, Z.(2004). *Language, culture, and society: An introduction to linguistic anthropology.* Boulder, CO: Westview Press.

Sarbin, T. R. & Kitsue, J. I.(Eds.)(1994). *Constructing the social.* Thousand Oaks, CA: Sage.

Saussure, F.(1972). *Course in general linguistics.*(R. Harris, Trans.), LaSalle, Illinois: Open Court Publishing Company.

Sawyer, K.(2006). *Explaining creativity: The science of human motivation.* New York: Oxford University Press.

Sawyer, R. K.(2011). *Explaining creativity: The science of human innovation.* Oxford University Press.

Sawyer, R. K.(2014). *Group creativity: Music, theater, collaboration.* Psychology Press.

Schmidt, R. W.(2001). Attention. In P. Robinson(Ed.), *Cognition and Second Language Instruction*(pp. 3-32). New York: Cambridge University Press.

Schooler, J., & Melcher, J.(1994). The ineffability of insight. In S. M. Smith, T. B. Ward, & R. A. Finke(Eds.), *The creative cognition approach*(pp. 97-133). Cambridge, MA: MIT Press.

Schwandt, D.(1997). Integrating strategy and organizational learning: A theory of action perspective. In J. Walsh & A. Huff(Eds.), *Advances in strategic management*(pp. 337-359). JAI Press.

Schwandt, T. A.(1997). *Qualitative inquiry.* Thousand Oaks, CA: Sage.

Shiva, V.(1993). *Monocultures of the Mind: Perspectives on Biodiversity and Biotechnology.* Penang, Malaysia: Third World Network.

Shohat, E. & Stam, R. (2014). *Unthinking Eurocentrism : Multiculturalism and the Media.* New York: Routledge.

Simon, H.(1969). *The science of the artificial.* Boston: MIT Press.

Simonton, D. K.(1997). Foreign influence and national achievement: The impact of open milieus on Japanese civilization. *Journal of Personality and Social Psychology, 72*, 86-94.

Simonton, D. K.(1999). Origins of genius: Darwinian perspectives on creativity. New York: Oxford University Press.

Simonton, D. K.(2003). Scientific creativity as constrained stochastic behavior: The integration of product, person, and process perspectives. *Psychological Bulletin, 129*, 475-494.

Simonton, D. K.(2013). After Einstein: Scientific genius is extinct. *Nature, 493*(7434), 602-602.

Singley, M. K. & Anderson, J. R.(1989). *The transfer of cognitive skills*. Cambridge, MA: Harvard University Press.

Skutnabb-Kangan, T. & Bucak, S.(1994). *Killing a mother tongue-how the Kurds are deprived of linguistic human rights*. In Skutnabb-Kangas, T. & Phillipson, R.(eds.).

Skutnabb-Kangas, T. & Cummins, J.(1988). Multilingualism and the education of minority children. *In Minority education: From shame to struggle*. Clevedon: Multilingual Matters.

Skutnabb-Kangas, T. & Phillipson, R.(1994). 'Linguistic human right, past and present'. *In* Skutnabb-Kangas, T. & Phillipson, R.(eds.) *Linguistics Human Rights: Overcoming linguistic discrimination.* Berlin: Walter de Gruyter & Co.

Skutnabb-Kangas, T. & Toukomaa:(1976). *Teaching migrant children's mother tongue and learning the language of the host country in the context of the socio-cultural situation of the emigrant family*. Helsinki: Finnish National Commision for UNESCO.

Skutnabb-Kangas, T.(1999). Education of minorities. In J. A. Fishman(Ed.), *Handbook of Language and Ethnic identity*(pp. 42-59). New York: Oxford University Press.

Skutnabb-Kangas, T.(2000). *Linguistic Genocide in Education - or Worldwide Diversity and Human Rights?* Mahwah, New Jersey: Lawrence Erlbaum.

Smith, B.(1991). The Changing Role of Government in Comparative Perspective. *In The Changing Role of Government: Management of Social and Economic Activities*. London: Commonwealth Secretariat.

Smith, C.(2007). *International Trade and Globalisation*(3rd ed.). Stocksfield: Anforme.

Smith, D. G.(1999). Economic fundamentalism, globalization, and public remains of education. *Interchance, 30*(1), 93-117.

Smith, P. B., Peterson, M. F., & Schwartz, S. H.(2002). Cultural values, sources of guidance and their relevance to managerial behavior: A 47 nation study. *Journal of Cross-Cultural Psychology, 33*, 188-208.

Soderbaum, P.(2007). Science, ideology and development: Is there a Sustainability Economics? *Post-autistic Economics Review, 43*, 24-41.

Son, J. H.(2012). A study on approaches to practice in multicultural art education. *Korean Elementary Education Association, 31*, 167-190.

Sorell, T.(1994). Scientism: Philosophy and the Infatuation with Science. New York: Routledge.

Sparks, S. D.(2011). Science looks at how to inspire creativity. *Education Week, 31*, 1-16.

Spencer, L. M., & Spencer, S. M.(1993). *Competency at work*. New York: John Wiely.

Sperry, R.(1993). The impact and promise of the cognitive revolution. *American psychologist, 48*,

878-85.

Spiecker, B. & Steutel, J.(1996). Moral identity and education in a multicultural society. *Studies in Philosophy and Education, 15*(1), 159-165.

Spohrer, J. C. & Engelbart, D. C.(2004). Converging technologies for enhancing human performance: Science and business perspectives. In M. C. Roco & C. D. Montemagno(Eds.), *The coevolution of human potential and converging technologies*(pp. 50-82). New York: The New York Academy of Sciences.

Steinberg, S. R. & Kincheloe, J. L.(1997). *Changing Multiculturalism: New Times, New Curriculum.* London: Open University Press.

Stephan, W. G., & Stephan, C. W.(2004). Intergroup relations in multicultural education programs. In J. A. Banks & C. A. M. Banks(Eds.), *Handbook of research on multicultural education*(pp.782-798). San Francisco, CA: Jossey-Bass.

Sternberg, R. J., & Gordeeva, T.(1996). The anatomy of impact: What makes an article influential? *Psychological Science, 7*, 69-75.

Sternberg, R. J., & Lubart, T.(1996). Investing in creativity. *American Psychologist, 51*, 677-688.

Sternberg, R. J., & Lubart, T. I.(1999). The concept of creativity: Prospects and paradigms. *Handbook of creativity, 1*, 3-15.

Sternberg, R. J., & O'Hara, L. A.(1999). Creativity and intelligence. In R. J. Sternberg(Ed.), *Handbook of creativity*(pp. 251-272). New York: Cambridge University Press.

Stevens, C. R. & Campbell, P. J.(2006). Collaborating to connect global citizenship, information literacy, and lifelong learning in the global studies classroom. *Reference Services Review, 34*(4), 536-556.

Stiglitz, J. E.(2002). *Globalization and Its Discontents*. New York: W.W. Norton.

Stocker, M.(1990). *Plural and Conflicting Values*. Oxford: Clarendon Press.

Stolcke, V.(1995). Talking culture: New boundaries, new rhetorics of Exclusion in Europe. *Current Anthropology, 36*, 1-13.

Stotsky, S.(2012). *Common Core Standards Devastating Impact on Literary Study and Analytical Thinking. Issue Brief*(No. 3800). New York: Heritage Foundation.

Sue, D. W., Bingham, R. P., Porche-Burke, L., & Vasquez, M.(1999). The diversification of psychology: A multicultural revolution. *American Psychologist, 54*, 1061-1069.

Suleiman, M. F.(2004). Multiculral education: A blueprint for educators, In G. S. Goodman & K. Carey(Eds.), *Critical multicultural conversations*(pp. 235-256). Cresskill, NJ: Hampton Press.

Surowiecki, J.(2005). 대중의 지혜(홍대운 · 이창근 역, 2005). 서울: 랜덤하우스.

Suzuki, B. H.(1984). Curriculum transformation for multicultural education. *Education and Urban Society, 16*(3), 294-322.

Swing, J.(2000). Schools, Separatism, and Assimilation: the Education of "Others" in Europe. In E. S. Swing, J. Schrievew, & F. Orivel(Eds.), *Problems and Prospects in European Education.* London: Praeger.

Tadmor, C. T., & Tetlock, P. E.(2006). Biculturalism: A model of the effects of second-culture exposure on integrative complexity. *Journal of Cross-Cultural Psychology, 37*, 173-190.

Talisse, R.(2011). Value Pluralism and Liberal Politics. *Ethical Theory and Moral Practice, 14*(1), 87-100.

Tan, Kok-Chor(2005). The Demands of Justice and National Allegiances. *In The Political Philosophy of Cosmopolitanism*(pp. 164-179).(Ed. by G. Brock & H. Brighouse). Cambridge: Cambridge University Press.

Tao L., Marzecová A., Taft M., Asanowicz D., Wodniecka Z.(2011). The efficiency of attentional networks in early and late bilinguals: the role of age of acquisition. Front. Psychol. 2:123.

Tate, W. F.(1994). From Inner City to Ivory Tower Does My Voice Matter in the Academy?, *Urban Education, 29*(3), 245-269.

Taylor, C.(1992). *Multiculturalism and 'The Politics of Recognition'.* Princeton: Princeton University Press.

Taylor, F. W.(1911). *The Principles of Scientific Management*. New York: Harper & Brothers.

Taylor, F. W.(2004). *Scientific management*. London: Routledge.

Taylor, O. L.(1987). *Cross-cultural communication: An essential dimension of effective education.* Washington, DC: Mid-Atlantic Equity Center.

Thomas, I.(2010). Critical Thinking, Transformative Learning, Sustainable Education, and Problem-Based Learning in Universities. *Journal of Transformative Education, 7*, 245-264.

Tobin, K. G.(1991). *Constructivist perspective on teacher learning. Paper presented at the 11th Biennial Conference on Chemical Education*, Atlanta, GA.

Todd, S.(2006). The other is not elsewhere: The rights of belonging and cosmopolitan education. *Philosophy of Education Society of Great Britain.* 2006 Conference.

Tomasello, M.(2000). *Bruner on language acquisition.* In D. Bakhurst, & S. Shanker(Eds.),

Toulmin, S.(1990). Cosmopolis. *The hidden agenda of modernity.* Chicago: The University of Chicago Press.

Turner, R. K.(Ed.).(1993). *Sustainable environmental economics and management.* New York: Halhaven.

Twining, J.(1994). Vocational Qualifications: The European Dimension. *Competence and Assessment, 27*, Sheffield, Employment Department.

Tyler, E. B.(1871). *Primitive culture: Researches Into the Development of Mythology, Philosophy, Religion, Language, Art and Custom*[Vol. 2]. NY: Nabu Press.

Tyler, R. W.(1949). *Basic Principles of Curriculum and Instruction.* Chicago: University of Chicago Press.

Ulbricht, J.(2005). What Is Community-Based Art Education?. *Art Education, 58*(2), 6-12.

UNCED(1992). *The United Nations Conference on Environment and Development.*

UNESCO(1998). *Citizenship Education for the 21st Century.*

Van Lier, L.(1996). *'Contingency' in Interaction in the Language Curriculum: Awareness, Autonomy and Authenticity.* Oxford: Longman.

Van Lier, L.(2000). From input to affordance: social-interactive learning from an ecological perspective. In J. P. Lantolf(Ed.), *Sociocultural theory and second language learning*. New York: Oxford University Press.

Van-Dijk, T. A.(2008). *Discourse and Power*. Houndsmills: Palgrave.

VanPatten, B.(1996). *Input processing and grammar instruction: Theory and research*. Norwood, NJ: Ablex.

Viruru, R.(2005). Postcolonial theories and the practice of teacher education. *Advances in Early Education and Daycare, 14*, 139-160.

Vygotsky, L.(1978). *Mind in society: The development of higher psychological processes*. Cambridge, MA: Harvard University Press.

Wadsworth, B. J.(2004). *Piaget's theory of cognitive and affective development: Foundations of constructivism*. Longman Publishing.

Wan, W., & Chiu, C-y.(2002). Effects of novel conceptual combination on creativity. *Journal of Creative Behavior, 36*, 227.241.

Ward, C., Bochner, S., & Furnham, A.(2001). *The psychology of culture shock*. London: Routledge.

Ward, T. B., Patterson, M. J., Sifonis, C. M., Dodds, R. A., & Saunders, K. N.(2002). The role of graded category structure in imaginative thought. *Memory & Cognition, 30*, 199-216.

Ward, T. B., Smith, S. M., & Vaid, J.(1997). Conceptual structures and processes in creative thought. In T. B. Ward, S. M. Smith, & J. Vaid(Eds.), *Creative thought: An investigation of conceptual structures and processes*(pp. 1.27). Washington, DC: American Psychological Association.

Warschauer, M.(in press). Language, identity, and the Internet. In B. Kolko, L. Nakamura, & G. Rodman(Eds.). *Race in Cyberspace*. New York: Routledge.

Watson, J. D.(2011). *The double helix: A personal account of the discovery of the structure of DNA*. NY: Touchstone books.

Weaver-Hightower, M. B.(2008). An ecology metaphor for educational policy analysis: A call to complexity. *Educational Researcher, 37*(3), 153-167.

Webster, D. W., & Kruglanski, A. W.(1994). Individual differences in need for cognitive closure. *Journal of Personality and Social Psychology, 67*, 1049-1062.

Weisberg, R. W.(1999). Creativity and knowledge: A challenge to theories. In R. J. Sternberg(Ed.), *Handbook of creativity*(pp. 226. 250). Cambridge, England: Cambridge University Press.

Weiss, G., & Wodak, R.(Eds.)(2003). *Critical Discourse Analysis: Theory and Interdisciplinarity in Critical Discourse Analysis*. London: Palgrave.

Widdowson, H.(1997). EIL, ESL, & EFL: Global issues and local interests. In M. Hasman, A. Mbaye, & A. Thomas(Eds.), *Across the West African Divide*(pp. 22-34). Dakar: British Council and USIS.

Williams, B.(1981). *Conflicts of Values. In Moral Luck*(pp. 71-82). Cambridge: Cambridge University Press.

Williams, C., Gannon, S., & Sawyer, W.(2013). A genealogy of the 'future': Antipodean trajectories and travels of the '21st century learner'. *Journal of Education Policy, 28*(6),

792-806.

Wilson, E. O.(1998). *Consilience: The Unity of Knowledge*(1st ed.). New York: Vintage Books.

Wilson, T. D.(12 July 2012). 'Soft' sciences don't deserve the snobbery. *The Los Angeles Times*. Retrieved on July 30, 2013(http://articles.latimes.com/2012/jul/12/opinion/la-oe-wilson-social-sciences-20120712)

Wray, D. & Medwell, J.(1991). *Literacy and Language in the Primary Years*. London: Routledge.

Yencken, D.(1994). Values, knowledge and action. In L. Grove, D. Evans & D. Yenchen(eds.), *Restoring the Land-Environmental Values*(pp. 217-236). Melbourne, Australia: Melbourne University Press.

Yi, X., Hu, W., Scheithauer, H., & Niu, W.(2013). Cultural and bilingual influences on artistic creativity performances: Comparison of German and Chinese students. *Creativity Research Journal, 25*(1), 97-108.

Zizek, S.(1997). Multiculturalism, or, the cultural logic of multinational capitalism. *New Left Review(I)*, 225, 37-40.

▪ 박휴용(Park, Hyu-Yong)

1992년 연세대학교 교육학과 졸업(B. A.)
1994년 연세대학교 대학원 교육학과 졸업(M. A.)
2008년 위스콘신대(University of Wisconsin-Madison), 교육과정 및 수업(Curriculum and Instruction) 전공, 박사(Ph. D.)
2016년 현재, 전북대학교 교육학과 교수

현, 한국교육과정학회, 한국인격교육학회, 한국다문화교육학회 이사
등재지 [교육종합연구] 편집위원장
등재지 [교육과정연구] 편집위원

연구 관심 분야

교육과정 이론 및 철학, 다문화교육, 언어발달 및 언어와 인지, 외국어교육 이론 및 정책

최근 주요 연구업적

박휴용 · 김미정(2014). Affordance of Braille music as a mediational means: significance and limitations. *British Journal of Music Education*, April, 2014, 1-19. [SSCI]

박휴용·여영기(2014). 한국의 저출산 현상의 원인과 유아교육보육 정책의 방향 분석. 한국영유아보육학, 85, 69-95.

박휴용(2014). 과학과 문화의 연관성을 바탕으로 한 다문화사회 과학교육의 재개념화. 철학논총, 77(3), 181-212.

박휴용(2015). 인지자본주의 시대의 교육담론에 대한 비판적 고찰. 교육사상연구, 29(2), 45-71.

Park, H-Y.(2015). Lost in between colonialism and corporatism: A critical review of the case of South Korean academia. *Issues and Ideas in Education, 3*(1), 9-27. DOI: 10.15415/iie.2015.31002

Park, H-Y.(2015). Is Braille music useful?: A critical review. *International Journal of Disability Development and Education, 16*(42), 1-18. [SSCI]

박휴용(2015). 자유학기제 실행 과정에서의 정체성 갈등에 대한 비판적 담론 분석. 교육과정연구, 33(3), 1-28.

정경연·박휴용(2015). 노년층 전환학습 프로그램 개발: Mezirow의 전환학습이론을 바탕으로 한 시안. 교육종합연구, 13(3). 189-213.

박휴용(2015). 핵심역량기반 교육에 대한 비판적 고찰. 교육사상연구, 29(4), 49-78.

다문화교육론

Theories in Multicultural Education

초판 1쇄 인쇄 / 2016년 2월 22일
초판 1쇄 발행 / 2016년 3월 2일

●

저 자 / 박 휴 용
발행인 / 이 중 수
발행처 / **동 문 사**

●

서울특별시 서대문구 홍제원 1길 12
(홍제동 137-8)
Tel : 02)736-3718(대), 736-3710, 3720
Fax : 02)736-3719
등록번호 : 제9-17호
가격 : 17,000원

●

ISBN : 978-89-8251-792-1 (93370)
E-mail : dong736@naver.com
www.dongmunsa.com